人力资源管理系列丛书

员工培训与开发管理

杜跃平　王林雪　方　雯 编著

西安电子科技大学出版社

内 容 简 介

本书是人力资源管理系列丛书之一，主要针对员工培训与开发的人力资源管理功能进行介绍，内容包括员工培训概述、学习理论与人力资源开发环境、培训的需求分析、培训项目的组织与实施、培训方法与技术、员工分类培训、培训效果评估、培训成果转化、职业生涯规划与管理及职业生涯管理面临的挑战。本书收集、整理了国内外理论与实践研究成果，明确了每章的学习要点，通过导读资料、思考与复习、案例讨论帮助读者加强对理论的学习，并且在每章最后附加一个培训游戏，体现了理论性、实践性和趣味性的统一。

本书可作为高等学校管理类专业的教材，也可作为各类企事业单位人员的管理培训教材或自学教材。

图书在版编目(CIP)数据

员工培训与开发管理 ／ 杜跃平，王林雪，方雯编著. —西安：西安电子科技大学出版社，2020.10

ISBN 978-7-5606-5725-7

Ⅰ. ① 员… Ⅱ. ① 杜… ② 王… ③ 方… Ⅲ. ① 企业管理—职工培训 Ⅳ. ① F272.921

中国版本图书馆 CIP 数据核字(2020)第 096972 号

策划编辑 戚文艳
责任编辑 郑亚娟 雷鸿俊
出版发行 西安电子科技大学出版社(西安市太白南路 2 号)
电 话 (029)88242885 88201467 邮 编 710071
网 址 www.xduph.com 电子邮箱 xdupfxb001@163.com
经 销 新华书店
印刷单位 陕西天意印务有限责任公司
版 次 2020 年 10 月第 1 版 2020 年 10 月第 1 次印刷
开 本 787 毫米×1092 毫米 1/16 印 张 17
字 数 397 千字
印 数 1～3000 册
定 价 40.00 元

ISBN 978-7-5606-5725-7 / F

XDUP 6027001-1

***** 如有印装问题可调换 *****

序

　　人力资源管理引入我国已有二十多年，对我国的改革开放、经济社会发展起到了推动作用。目前我国正在从人口大国向人力资源大国、人力资源强国迈进，以人为中心的管理理念已成为实施人力资源管理的基础，合理地配置、利用、开发人力资源，科学地激发人力资源的贡献，是人力资源管理的核心，也是最终的目标。我国改革开放四十年，经济增长方式的转变、人口结构的变化、社会的发展、农村劳动力的转移、知识型员工队伍的扩大、国际上人才竞争的加剧等，迫使企业管理和社会管理在创新中不得不面对人力资源管理提出的新的问题。尤其是我国人口结构面临老龄化趋势，无论是国家宏观层面上的人力资源管理政策，还是企业、政府、事业单位微观层面上的人力资源管理策略，都面临新的挑战。

　　面对新的问题与挑战，对人力资源管理的重视从关注个体到关注群体，从关注企业到关注政府、事业单位，从关注效率到关注公平。如何更好地实现人力资源与组织战略、组织成长的适应、匹配和一致，是值得我们关注与研究的问题。彭罗斯曲线的基本原理告诉我们："企业现存的人力资源既刺激了扩张，也限制了扩张的速度。即使通过收购和兼并获得的成长也无法逃脱利用现有的管理资源的投入维持组织的一致性所带来的约束。"可见，无论组织如何变化，人力资源管理始终处于关键地位。

　　人力资源管理学科兴起和发展于西方发达国家，是改革开放以来引入我国的一门新兴管理学科。如何在引进、借鉴的基础上，紧密结合中国经济发展、企业管理和社会文化背景，实现集成创新和引进消化吸收再创新，是我国人力资源管理领域所面临的一项重大课题。为了适应人力资源管理教育和培训的新需要，我们在长期的研究、教学和管理实践的基础上，通过大量的调查研究，组织相关人员编写了这套人力资源管理专业系列教材。该系列教材由人力资源管理六大模块、五个核心内容构成，即由五个分册组成，分别是《新编人力资源管理概论》《工作分析与职位评价》《招聘与人员测评》《员工培训开发与管理》《绩效考核与薪酬管理》。该系列教材的作者都是来自高等院校长期从事人力资源管理教学和研究的专业教师，在人力资源管理理论与方法上有一定的研究和积累，在人力资源管理的咨询、教学和企业培训方面有着丰富的经验，这为编写这套富有特色的丛书提供了有利的条件和基础。这套丛书具有以下几方面的特色：

　　一是体系的系统性和重点性相结合。本套丛书的整体策划和分册的设计基本涵盖了这门学科的整个框架，具有系统性；同时，各分册的选题和体例设计中，注重突出人力资源管理学科的核心内容，力求使人力资源管理各个核心模块内容系统、原理准确、重点突出、方法和技术实用，并且技能性和可操作性强。

　　二是原理的一般性与本土实践经验的提炼相结合，突出原创性。人力资源管理作为一门国内外公认的管理学科，它自身基本原理的一般性、共同认可性在编写中必须准确地反映；同时，在案例编写中选择我国背景下的人力资源管理案例，能够体现我国社会和企业的人力资源管理实际，更具有现实感。

三是知识性与实践感、趣味性相结合。本套教材运用统计学知识、测量学知识、数理工具进行人力资源管理的量化分析，注重量化工具的运用和分析能力的培养。同时，在教材中穿插人力资源模拟实训内容和管理游戏内容，提升了学习的实践感和趣味性。

四是体例设计上体现了新的风格。在编写中，我们在各章中按照问题引导、材料阅读思考、原理与方法工具介绍、思考题和案例讨论的顺序进行体例设计。在案例选择上尽可能新颖、典型，使读者在阅读中循着提出问题、分析问题、解决问题、案例讨论、总结反思的逻辑过程，做到理论和实际相结合、原理与案例相结合、传授知识和培养技能相结合、讲授与讨论相结合，以此达到学习目标与实践效果的统一。

本套丛书是西安电子科技大学教材立项项目，西安电子科技大学经济与管理学院教授王林雪任总主编，杜跃平教授任顾问，他们对丛书的选题和体例安排提出了总体要求与设想，经过编辑委员会成员讨论通过后，由分册主编负责组织编写。初稿完成后，总主编对各分册书稿进行了审查、修改、定稿。

人力资源管理学科是一门逐渐走向成熟的学科，许多方面还处于研究和不断完善之中，如何结合我国的实际进行应用和发展，是值得深入研究的问题。作者在对某些问题的长期思考和研究中已经形成了自己的看法和成果积累，在写作中也有选择性地在内容中有所体现，希望与读者共同分享和思考，共同促进人力资源管理的发展。

王林雪

2019 年 4 月

丛书编写委员会

顾　问　杜跃平

总主编　王林雪

编　委　杜跃平　方　雯　宁艳丽

　　　　邵　芳　张　霞　张卫莉

目　录

第1章　员工培训概述

学习要点

➢ 培训与开发的定义
➢ 培训的类型
➢ 培训的基本内容
➢ 培训的目的
➢ 培训的基本原则
➢ 培训的流程
➢ 培训的体系
➢ 中西方员工培训的历史发展

导读资料

宝洁：全员、全程、全方位、针对性培训

成立于 1837 年的美国宝洁公司是世界上名列前茅的日用消费品制造商和经销商，全球雇员超过 100 000 人。2018 财年(2017 年 7 月—2018 年 6 月)，宝洁的全球营收为 668 亿美元，折算人民币 4561 亿元，较 2017 财年的 651 亿美元增长 3%。在《财富》杂志新评选出的全球 500 家最大工业/服务业企业中，宝洁全美排名第 35 位，并被评为业内最受尊敬的公司。

宝洁在全球 80 多个国家设有工厂及分公司，所经营的 300 多个品牌的产品畅销 160 多个国家和地区，其中包括洗发、护发、护肤品、化妆品、婴儿护理用品、妇女卫生用品、医药、食品、饮料、织物、家居护理及个人清洁用品。

成立于 1988 年的广州宝洁有限公司是宝洁在中国的第一家合资企业。迄今为止，宝洁已经在广州、北京、成都、天津、苏州等地成立 11 家合资、独资企业，在中国生产出众多家喻户晓的产品，如洗护用品、妇女卫生用品及口腔保健用品等。宝洁在华投资总额已逾 3 亿美元。自 1993 年起，宝洁连续多年蝉联全国轻工行业向国家上缴税额最多的企业。

人才是一个企业成功的基础。对于宝洁而言，最优秀的人才加最好的培训发展空间，就是它成功的基础。宝洁"注重人才，以人为本"，把人才视为公司最宝贵的财富。宝洁公司的一位前任董事长 Richard Deupree 曾说："如果你把我们的资金、厂房及品牌留下，把我们的人带走，我们的公司会垮掉；相反，如果你拿走我们的资金、厂房及品牌，而留下我们的人，十年内我们将重建一切。"

作为一家国际性的大公司，宝洁有足够的空间来让员工描绘自己未来职业的发展蓝图。宝洁是当今为数不多的采用内部提升制的企业之一。员工进入公司后，公司就非常重

视员工的发展和培训，通过正规培训以及工作中直线经理一对一的指导，使得员工得以迅速成长。宝洁的培训特色就是：全员、全程、全方位和针对性。

全员是指公司所有员工都有机会参加各种培训。从技术工人到公司的高层管理人员，公司会针对不同的工作岗位设计培训的课程和内容。

全程是指员工从迈进宝洁大门的那一天开始，培训的项目将会贯穿其职业发展的整个过程。这种全程式的培训将帮助员工在适应工作需要的同时不断地稳步提高自身素质和能力。这也是宝洁内部提升制的客观要求，当一个员工到了更高的阶段时，就需要相应的培训来帮助其成功和发展。

全方位是指公司培训的项目是多方面的，也就是说，公司不仅有素质培训、管理技能培训，还有专业技能培训、语言培训和电脑培训等。

针对性是指所有的培训项目会针对每一个员工个人的长处和待改善的地方，配合业务的需求来设计，也会综合考虑员工未来的职业兴趣和未来工作的需要。

公司根据员工的能力强弱和工作需要来提供不同的培训，通过为每一个雇员提供独具特色的培训计划和极具针对性的个人发展计划，使他们的潜力得到最大限度的发挥。

重视人才并重视培养和发展人才，是宝洁为全世界同行所尊敬的主要原因之一。公司每年都从全国的一流大学招聘优秀的毕业生，并通过独具特色的培训把他们培养成一流的管理人才。宝洁为员工特设的"P&G学院"提供系统的入职、管理技能和商业技能、海外培训及委任、语言、专业技术培训，通过公司高层经理讲授课程，确保公司在全球范围的管理人员参加学习并了解他们所需要的管理策略和技术。

新员工加入公司后，会接受短期的入职培训。其目的是让新员工了解公司的宗旨、企业文化、政策及公司各部门的职能和运作方式。公司内部也有许多关于管理技能和商业知识的培训课程，如提高管理水平和沟通技巧、领导技能培训等。这些课程结合员工个人发展的需要，能帮助新员工在短期内成为称职的管理人才。同时，公司还经常邀请P&G其他分部的高级经理和外国机构的专家来华讲学，以便公司员工能够及时了解国际先进的管理技术和信息。

公司根据工作需要，会选派各部门工作表现优秀的年轻管理人员到美国、英国、日本、新加坡、菲律宾和中国香港等地的P&G分支机构进行培训和工作，使他们具有在不同国家和不同工作环境下工作的经验，从而得到更全面的发展。

英语是公司的工作语言。公司在员工的不同发展阶段，根据员工的实际情况及工作需要，聘请国际知名的英语培训机构讲师设计并教授英语课程。新员工还会参加集中的短期英语岗前培训。

从新员工加入公司开始，公司便会派一些经验丰富的经理悉心对其日常工作加以指导和培训。公司会为每一位新员工制订个人的培训和工作发展计划，由其上级经理定期与员工进行总结回顾，这一做法将在职培训与日常工作实践结合在一起，最终使他们成为本部门和本领域的专家能手。

资料来源：https://wenku.baidu.com/view/48ec54a53086bceb19e8b8f67c1cfad6195fe9cc.html

人力资源是有机资源，其潜力是能够被开发和充分利用的。人力资源培训与开发是企业通过培训和开发项目的实施改进员工能力水平和组织业绩的一种有计划的、连续性的工作，是人力资源管理的重要功能之一，也是企业管理员工的手段之一。正如克里斯·兰德尔所言："培训是一种我们希望能融入每个管理者大脑思维中的东西。"

1.1　培训与开发的概念

1.1.1　培训与开发的定义

1. 培训的定义

关于培训，不同的学者给出了不同的定义，具有代表性的说法有：

(1) 加里·德斯勒认为，培训是给新员工或现有员工传授利于其完成本职工作所必需的基本技能的过程。

(2) 罗伯特·L·马希斯认为，培训是企业与员工个人的共同投入，是人们获得有助于促进实现企业目标和个人目标的技术或知识的学习、训练过程。培训使员工获得既可以用于当前工作又为未来职业生涯所需的知识和技能。

(3) 基普(Keep)认为，员工培训与发展是人力资源管理运作的内在组成部分，是对人的一种投资。英国工业培训局提出了"系统化培训"，其特点是从明确员工的培训需求入手，通过脱产培训，使员工掌握更加出色的工作态度、知识、技能与行为。

(4) 阿姆斯特朗认为，培训是一种经过设计的、要为提高岗位业绩进行必要学习的干预行为。他在 1992 年提出"计划培训"这一概念。

(5) 乔治·威斯特认为，培训的实质是对学习过程的管理，即为保证员工和团体有效率地工作，对其工作、知识、技能、观点加以提高和丰富的过程。

(6) 雷蒙德·A·诺伊认为，培训是指公司有计划地实施有助于员工学习与工作相关的知识、技能，创造工作绩效的行为活动。培训是创造智力资本的途径。

(7) 托马斯·S·贝特曼认为，培训包括两个层次：一般性培训重在使受教育水平低的员工知道如何完成本职工作；发展性培训重在提高管理人员与专业人员的技能，使其既能做好现在的工作，又能胜任未来的工作。

综上所述，我们可以把培训看成是一种有组织的知识转移、技能转移、标准交付、信息转移、信念转移和管理培训的行为。其中，技能转移是重点，是公司人力资源管理的一项活动，旨在提高员工的能力，包括对工作表现至关重要的知识、技能和对工作绩效起关键作用的行为。传统意义上的培训关注实现企业的短期目标，提高员工当前的工作绩效，重点是培养员工的工作技能，使其掌握基本的工作知识、方法、步骤和流程，具有一定的强制性。

2. 开发的定义

关于开发的概念，有的教科书把开发也称为发展，原来是指培养和提高管理者的相关素质(如创造力、全面性、抽象推理能力、个人开发技能等)；现在一般是指对员工进行正规教育、在职学习、人际交往以及对员工未来发展的个性和能力的评估与提升。开发或发展的重点，是培养和提高员工适应新技术、适应工作设计、客户或产品市场带来的变化，提高他们面对未来职业发展需要的能力，帮助他们更好地发展。员工开发强调的是鉴于未来的工作而对员工提出更高的要求。因此，人力资源的开发包括以下几方面的含义：

(1) 开发的对象是人的智力。人类的智力不像自然资源那样客观、有形，而是存在于心灵中的一种无形和无质的思维能力。

(2) 人力资源开发的对象与自然资源开发的对象不同、方法不同。自然资源的开发是通过各种劳动(生产)工具的开采和加工手段进行的，其目的是将自然资源转化为能够满足人们需求的资源。自然资源开发中，人是开发的主体，自然资源是开发的对象。人力资源的开发是通过教育培训、鼓励和科学管理等方式进行的。其目的是提高人们的才能和积极性，使其可以进行的劳动越来越复杂，使自然资源转化为更多的劳动和更多的社会财富。因此，人既是开发的主体，又是开发的对象。

(3) 人力资源开发活动无穷无尽。一方面人类通过繁衍而永远存在，所以人类才能的开发将会无限期地延续下去；另一方面对于个人来说，大脑的思维能力理论上是无限的，人类社会多年来的进步证明了这一点，因此个人才能的开发是无止境的。然而，就特定的资源而言，其开发潜力是有限的。

(4) 人力资源开发是一项复杂的系统工程。复杂性表现在人有时是开发的主体，有时又是被开发的对象，更多时候既是开发的主体，又是被开发的对象，而且是自己可以开发自己。复杂性也体现在人力资源开发的各种因素上：首先是受主观因素的影响，愿意自我开发或接受开发；其次是客观因素、政治环境、经济条件、技术、教育知名度和质量、文化传统等。因此，只有统一协调，切实运用各种手段，才能达到开发的目的。

综上所述，人力资源开发是指企业在现有人力资源的基础上，根据企业战略目标和组织结构的变化，对企业的人力资源进行调查、分析、计划、调整和改进，使人力资源管理更加高效，为企业创造更大的价值。

对于企业而言，培训与开发都是注重员工个人与组织当前和未来发展需要相匹配的重要的人力资源工作，因此员工的培训与开发同等重要。在人力资源管理实践中，人们在使用这两个术语时，往往不做严格的界定与区分，而且随着培训工作越来越具有战略性，员工培训与员工开发之间的界限也日益模糊，如表 1-1 所示。本书所提到的培训一般都包括培训与开发。

表 1-1　人力资源培训与开发的比较

比较因素	传统的		现代的	
	培训	开发	培训	开发
侧重点	当前	未来	当前与未来	当前与未来
工作经验	低	高	高	高
目标	当前工作	未来变化	当前与未来变化	当前与未来变化
参与	强制性	自愿	自愿	自愿
高层决策管理者	开发		培训与开发	
中层管理者	开发		培训与开发	
专业技术人员	培训		培训与开发	
基层员工	培训		培训与开发	

1.1.2　培训的类型和基本内容

1. 培训的类型

依据不同的评判标准可以将培训进行分类。最基本的是按照培训对象的不同可分为新员工培训和在职员工培训。

1) 新员工培训

新员工培训即岗前培训，是为新入职准备上岗的员工提供有关企业和工作岗位的基本背景情况的培训，起着导向性的作用。岗前培训的内容是初级的，目的是帮助新员工"入门"，其内容一般包括规章制度、企业概况、产品知识、行为规范、共同价值观等。其主要侧重点是：

(1) 基础性培训。其目的是使新员工具备一名合格员工的基本条件。新员工要了解企业基本背景资料，认识企业的产品或服务，熟悉企业的规章制度等。

(2) 适应性培训。新员工加入企业后，所面临的环境发生了很大的变化，为解决角色转换的困难，缩短角色转换的时间，实施职前培训是非常必要的。

(3) 非个性化培训。培训的内容是以企业的要求和岗位的任职条件为依据的，较少考虑新员工之间的具体差异，培训的内容和要求是统一的。

2) 在职员工培训

这是对已具有一定教育背景并已在工作岗位上从事有酬劳动的各类人员进行的再教育活动，也称职工教育，是对企业内部具有劳动关系的劳动者所进行的提高教育。在职员工培训的侧重点是：

(1) 专业性培训。这是结合每个员工的岗位分析书和绩效考核结果进行的培训，目的是提高员工的专业性工作能力和水平。

(2) 提高性培训。这是针对企业的发展目标和任务以及不同员工的工作能力、技能和绩效的评估结果进行的改进和提高性质的培训。

(3) 差异性培训。这是在培训的计划、内容、方式等方面，对员工进行有针对性和差异性的培训。

还可以按照其他的角度进行划分：按照培训形式不同可分为在职培训和脱产培训；按照培训性质不同可分为传授性培训和改变性培训；按照培训内容不同可分为知识性培训、技能性培训和态度性培训。

2. 培训的基本内容

合理的培训内容才能实现培训目标，以提高组织的工作绩效。一般影响组织工作绩效的因素可分为三类：① 员工所获得的知识，包括理论知识和业务知识；② 员工的业务技能；③ 员工的态度，包括责任、敬业、奉献、对组织的忠诚等。事实上，这三类因素构成了员工培训的基本内容，如图1-1所示。

1) 知识培训

与工作相关的知识是人力资源培训的主要内容，组

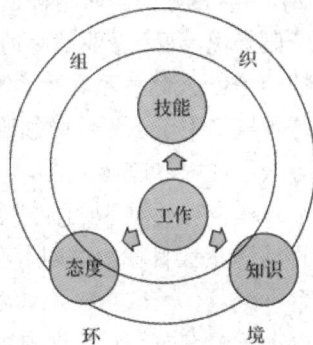

图 1-1　培训基本内容结构图

织应通过各种形式的培训使得员工学习和掌握相关知识。具体来说，大致有以下几点：

(1) 具备完成工作所必需的基本知识；

(2) 了解企业的经营状况和发展战略、经营方针、规章制度、市场竞争情况；

(3) 知道如何处理工作中出现的问题；

(4) 明确工作职责，熟悉与工作相关的科学技术的发展现状；

(5) 学习如何节约和控制成本，提高企业效率；

(6) 培养和掌握一定的管理知识，如策划、组织、领导、协调、控制等。

2) 技能培训

从事本职工作的员工需要掌握熟练的业务、人员交流等技能，除了在具体工作中学习外，主要还是通过培训获得，具体来说，有以下几点：

(1) 熟练掌握本岗位所需的基本技能，包括熟练的工艺技能；

(2) 熟练运用各种生产、管理技术，处理与本岗位有关的技能问题；

(3) 学会在更加复杂多变的生产经营形势下认清真相、提出解决问题的方案；

(4) 积累工作环境中各种问题的适应经验；

(5) 学会合作沟通，提高创造性解决问题的能力；

(6) 形成有意识地、系统地运用策略和程序去思考、计划、检查和评估工作问题的技能；

(7) 学会运用企业管理技术、生产技术、工程技术、生产工艺技术服务于企业效益。

3) 态度培训

态度是影响工作绩效的重要因素，员工适应组织文化和工作需求的能力主要取决于培训。对新员工来说，态度培训尤为重要。态度培训的主要内容包括以下几个方面：

(1) 认识自己，处理好个人与他人、个人与企业的关系，建立自信；

(2) 如何正确选择、分析和把握自己与公司的未来；

(3) 如何确定和实现自我职业的奋斗目标；

(4) 如何对待自己的工作、上级、下属、下属公司或团队；

(5) 如何应对挑战、变化和责任；

(6) 树立正确的人生观、价值观和工作责任感；

(7) 学会以勤勉友好的态度对待顾客和同事；

(8) 培养良好的团队精神，建立良好的分工合作意识，学会合作。

一般来说，每个企业都有适合自己的特定文化和行为，如价值观、企业精神(团队精神、职业精神等)、人际关系。为了使企业的绩效最大化，所有的员工都必须被认可并有意识地融入这种氛围中。首先，必须确定明确的培训目标，通过岗位分析和人员分析，找到最有效的方法和技术，适合企业的发展和每个员工的态度行为的变化。其次，在日常工作中，应该注意建立一种典型的促进积极态度的氛围。最后，通过员工积极的工作态度来实现个人目标和企业目标，并对其他员工进行启发和影响，培养全体员工对企业文化的认同和融合。

以上三个方面是对培训内容的概括。实际上，培训内容的各个方面都可以具体细分，企业应该根据自身的实际需求和目标来确定具体的培训内容。

1.2　培训的目的和基本原则

1.2.1　培训的目的

企业培训的根本目的是实现绩效提升和可持续发展，即一方面要满足企业发展的需要，另一方面要满足员工个人职业发展的需要。

企业员工的素质、能力、态度和行为会影响员工和企业的绩效，员工的素质、能力和态度一般是由员工的学习和社会实践决定的。不同的员工有不同的动机，动机引起员工的行为，其中，态度影响动机的作用尤为强烈，因而员工的动机、行为会直接影响员工的绩效。因此，培训的基本目的是让员工增加知识、提高技能、建立正确的态度。其中主要以建立正确的态度为突破口，这样才能激发员工正确又强烈的动机，进而产生积极、持久的行为，最终引发所希望的绩效。

目前，一些企业在选择培训项目时，往往比较偏重员工知识与技能的提高，甚至有些企业片面追求证书和学历，这样的结果使企业投资不少，但绩效并不理想，造成培训投资的失误。

培训的目的具有系统性和层次性。系统性是指目的包括根本目的和子目的，根本目的的达成是必须实现相应的子目的；层次性是指对员工的培训要循序渐进、分层次地进行。企业在员工培训活动中要目的明确，系统地、有层次地设计员工培训的实施方案。

1.2.2　培训的基本原则

企业员工培训的成功实施必须遵循其基本原则。培训的形式和内容虽然不同，但基本原则是相同的。为了确保培训和开发的方向不偏离企业的预期目的，企业的培训必须遵循以下基本原则。

1. 企业战略导向的原则

人力资源是企业的战略性资源。战略导向的原则有两层含义：一是企业培训必须服从企业的总体发展战略规划，服务企业发展战略的实现；二是企业培训本身必须从战略的角度组织、规划和推进，不能只局限于某一个培训项目或培训需求。企业必须树立战略观念，根据企业发展战略目标制订培训计划，与企业长远发展战略目标紧密结合。

2. 长期持续推进的原则

企业的可持续发展是一个长期推进的过程，人力资源是企业可持续发展的第一支撑资源。人力资源培训需要企业投入大量的人力和物力，这可能会对企业当前的工作产生一定的影响。有些培训项目立竿见影，但有些培训项目旷日持久。因此，要正确认识智力投资和人才发展的长期性和可持续性，必须树立以人为本的管理理念，做好人力资源持续性培训的开发工作。

3. 符合员工成长和工作需要的原则

企业员工培训必须与实际工作任务和岗位需要紧密结合，与培训对象的年龄、知识结构、能力结构、职责任务、工作绩效和思想道德状况密切相关。培训的内容、方式、方法必须符合员工个人成长和工作的需要，不应概念化或泛化。要特别注重培训开发的实效，将培训的内容、方式、方法、评估与培训后的使用联系起来，使培训的效果能体现在实际工作中，以达到培训的目的。否则，会造成人力和物力的浪费，使培训失去意义。

4. 全面性和差异性相结合的原则

企业的发展依赖所有员工的工作绩效，因此在培训开发的组织中，必须坚持长期的全面培训和不同时期、不同岗位的重点培训相结合。全面培训，就是有计划有步骤地开展对所有员工的培训开发，全面提高员工的素质能力和工作绩效。与此同时，必须区分不同时期、不同岗位、不同任务、不同员工的差异性，根据企业业务结构的调整变化及未来发展趋势，安排不同的培训开发内容、方式、方法等。特别需要重点搞好管理人才、技术人才、业务骨干的培训开发，提升企业的核心竞争力和持续竞争态势。

5. 激励员工参与和严格考核的原则

企业员工自觉积极参与企业的培训开发，是保障培训开发效果的重要途径，因此，企业必须采取有效的激励机制与政策，将培训视为一种激励手段，充分调动员工参与的积极性和自觉性。严格考核是保证培训质量的必要措施，是检验培训质量的重要手段。因此，企业必须实行科学合理的考核评估制度和方法，做到培训考核结果的公开、公正、公平，特别是将员工参加培训开发的考核结果与员工的岗位变动、职级调整、报酬激励、福利分配、特殊利益权利相结合，让员工在接受培训的同时感受到个人成长和企业发展的重要性，激发员工的自我价值意识，创造员工职业发展的机会和条件。

6. 长期和短期投资效益平衡的原则

人力资源培训既是企业的一项长期投资行为，又是企业人力资本投资活动，与企业的其他投资一样，也需要从投入和产出的角度考虑投资收益，包括长期收益和短期收益。按照培训和开发的区别，培训的投资与收益往往具有短期性特征，开发的投资与收益具有长期性特征。因此，人力资源培训的投资既要保障短期收益，又要注重长期收益，要合理安排人力资源培训开发的投资。同时，通过科学合理的管理，努力实现人力资源投资的合理配置和收益最大化。

7. 培训效果反馈和强化的原则

培训效果的反馈和强化是培训不可缺少的环节。培训效果的反馈是指在培训后对员工进行检验，其作用在于巩固员工学习的技能、及时纠正错误和偏差，反馈的信息越及时、准确，培训的效果就越好。培训效果的强化则是指针对反馈对接受培训员工进行的奖励或惩罚。其目的一方面是奖励接受培训并取得绩效的员工；另一方面是加强其他员工的培训意识，使培训效果得到进一步强化。

1.3 培训的作用和影响因素

1.3.1 培训的作用

员工是企业最大的财富，这在知识经济时代早已成为不争的事实。但是，在新的竞争环境中，企业仍以那种坐拥而足的态度对待手中的"财富"，则会丧失资产的升值性，还会增加资产流失的风险性。一项专门的调查研究表明：企业投入人力资源的开支和得到的回报比率竟高达 1:30，完善的培训不仅提高了员工的积极性和创造性，增加了企业产出的效率和价值，使企业受益，而且提高了员工本人的素质和能力，使员工受益，从而增强了企业的凝聚力。

培训的作用主要体现在：

(1) 能够提高员工的素质和能力。在科技发展迅猛、市场竞争空前激烈的今天，企业要想取得竞争性优势，就必须正视知识技能更新与市场情况快速变化的现实。高素质员工已成为实现企业目标的极为重要的因素，而通过培训，提高员工素质，使他们胜任工作，才能使企业的发展目标得以实现。

(2) 能够提高企业员工的士气。虽然企业的员工有不同的层次、职位和背景，但他们中的大多数人都渴望丰富自己，从而提高自己的综合素质，充分发挥自己的潜能，这是现代市场经济社会的一个极其重要的特征。作为管理者，员工必须得到重视，员工不应仅被视为经济动物。员工的自尊和自我实现的需求一旦得到满足，就会转化为一种深刻而持久的驱动力，士气倍增。可以说，培训是最直接、最彻底的员工需求满足方式。

(3) 能够减少员工流动性和提高工作效率。成功的培训可以提高企业员工的主动性和积极性，同时通过提高员工的知识、技能和素质，让员工喜欢并留在正在学习和成长的工作岗位，减少人员流动，增强员工对企业的归属感和主人翁意识，还可以有效地减轻员工的心理压力。比如，在工作中表现出来的工作失误或领导态度差、产品质量粗糙和磨损增加、公然违反员工规章制度、忽视或冒犯客户等，这种情况继续下去，必然带来迟到、旷工和工作低效率。

(4) 能够提高企业的经济效益。通过培训改善人力资源质量，可以使企业效益大幅增加。美国经济学家舒尔茨在其"人力资本学说"得出过这样的结论："只要企业开始有效利用人力资源，并挖掘迄今未发挥的潜力去实现企业的目标，则职工个人生产率提高 50% 并不罕见"。因此，视培训为回报率极高的投资，而不仅仅是成本，而且是现代人力资源管理中的一个重要思想。

(5) 有利于员工的职业生涯设计与发展。目前，企业员工的职业生涯已从单一型转向复合型，员工个人都有自己的奋斗目标，追求自身的理想与价值。因此，员工渴望掌握新的知识和技能，并由此获得更高的报酬和待遇。企业可以通过培训直接或间接地满足员工的需求，一方面可以完善员工的个人能力，另一方面也可以降低优秀员工的流失率。

(6) 可建立优秀企业文化和建立学习型组织。通过员工的培训，能够使员工逐步理解并接受企业的优良传统和企业精神，有效地贯彻企业的战略目标，使员工的思想观念和行为有利于企业的运转，和企业融为一体，共同求得生存与发展。企业培训能够为员工创造良好的学习环境，促进整个企业的学习欲望和信息共享，是创建学习型组织的前提条件和必要手段。

(7) 形成企业核心能力和竞争优势。企业培训能够改变员工的知识、技能、态度、忠诚感、学习能力与创造性等。从广义上说，这些都是人力资本的构成要素，而人力资本与企业资本共同成为企业核心能力的来源。因此，培训能够帮助企业打造核心竞争力，最终形成企业的竞争优势。

1.3.2　培训的影响因素

影响培训的因素主要有两大类：外部影响因素和内部影响因素。

1. 外部影响因素

(1) 政府的政策法规。

在任何一个国家，政府都会颁布一系列有关企业员工培训的政策法规，如《劳工法》《员工安全条例》《少数民族保护法》《不得歧视妇女条例》《外来人口劳动就业条例》《严禁使用童工条例》，等等。有些国家规定，企业的员工必须经过某些培训，或规定每位员工每年最低培训时间，或规定什么岗位上的员工必须经过某种培训等，企业必须参照执行。

(2) 社会经济发展水平。

一般来说，一个地区的经济发展水平较高，对使用的人力资源要求也较高。同时，经济发展水平比较高的地区，无论是政府还是企业组织的培训开发投资能力也比较强，往往培训也比较多，进而又进一步推动其经济发展，成为一种良性循环。而在经济发展水平较低的地区，情况正好相反，这是一些地区经济发展水平差距拉大的一个重要原因。

(3) 科学技术发展状况。

一般来说，随着科学技术发展水平越来越高，对于企业员工的技术水平和能力的要求不断提高，企业的竞争越来越体现在员工技术水平和能力的竞争，因此企业员工的培训越来越受到重视，培训开发的项目越来越多，要求越来越高。人们越重视科学技术的作用，人们也越愿意接受培训。

(4) 工会的权利与义务。

工会的一项主要任务是保护员工的利益，而培训既可以提高员工的素质，满足员工自身发展的需要，又可以提高员工的技能，增加员工的收入，改善员工的生活。工会促进培训是理所当然的事，尤其当员工下岗或失业时，工会在促进培训方面的作用将更大。

(5) 劳动力市场的供求情况。

一方面，劳动力市场的供求状况影响企业员工培训的作用是巨大的，当劳动力市场有大量符合企业需求的人力资源时，企业会自然而然地忽视培训，而当劳动力市场缺乏企业需求的人力资源时，企业又不得不重视培训。另一方面，劳动力市场的流动性影响企业的员工培训，在企业的人力资源流动性加剧的情况下，企业为了提高劳动生产率、留住人力资源，往往会重视员工培训。

2. 内部影响因素

(1) 企业的前景与战略。

一般来说，企业的前景与战略远大，就越发重视对员工的培训。反之，一些企业没什么前景与战略，就容易忽视对员工的培训。

(2) 企业的发展阶段。

企业的发展阶段主要可以分为启动期、成长期、成熟期、保持期、衰退期(或再创业期)。由于企业发展的不同时期，在发展目标、主要任务、员工能力要求等方面的不同，因此企业发展的不同周期关于员工培训的内容与数量都会有所变化。

(3) 企业的行业特点。

不同行业的企业对培训也有一定的影响。一般来说，高新技术的企业竞争激烈，技术发展快，员工进行培训的机会较多，因为人力资源的好坏直接影响到企业的发展。

(4) 员工的素质水平。

研究表明，企业中的员工素质水平较高，则更渴望得到培训；而员工素质水平较低，反而更加排斥培训。

(5) 管理人员的发展水平。

这是影响员工培训最主要的因素。一般来说，管理人员的发展水平与重视员工培训的程度成正比。许多企业的管理人员发展水平较高，而且十分重视员工培训，所以企业才能在市场竞争中立于不败之地。

(6) 企业的财务能力。

企业对员工进行培训需要一定的资金投入，因此企业的资金投入能力直接影响员工培训项目的数量和质量。

1.4　培训的管理体系和工作流程

1.4.1　培训的管理体系

培训是一项系统性的活动，需要进行科学的组织管理。员工培训的管理体系，如图 1-2 所示。

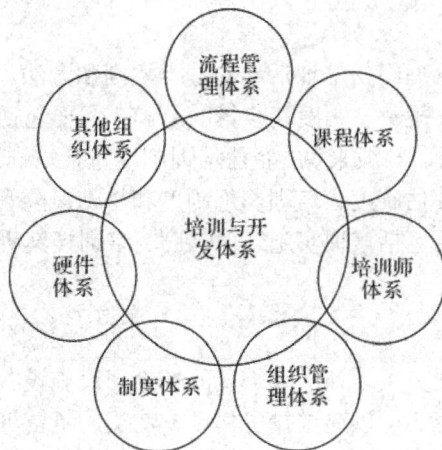

图 1-2　培训管理体系

1. 流程管理体系

培训的流程管理体系一般由培训需求分析、培训计划制订、培训方案的组织与实施、培训效果反馈与评估四个环节组成，如图 1-3 所示。每一环节都需要精心设计与实施，才能保证员工培训取得成效。

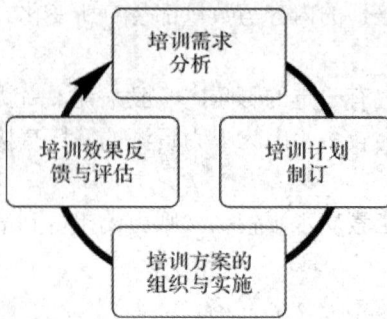

图 1-3　培训流程体系

2. 课程体系

企业培训的课程体系必须具有科学性、合理性和针对性。完整的课程体系由一系列不同的课程模块组成。企业在不同发展阶段的战略规划、经营范围、组织设计以及培训对象的不同，课程体系也会不同。课题体系必须根据培训的需求来设置。

3. 培训师体系

企业培训师的数量、结构和质量决定员工培训的效率和效果，企业培训师可以分为内部培训师和外部培训师。企业发展早期主要以外部培训师为主，发展到一定阶段后，一部分管理人员、技术人员等可以成长为内部培训师，此时企业培训以内部培训为主。

4. 管理组织体系

管理组织体系包括两大任务，一是建立企业的培训机构。培训的管理组织机构一般会经历四个阶段：无专人负责、人力资源部下设培训专员、人力资源部下设培训部门、独立的培训部门；二是划分培训机构与其他部门培训的职责，形成有效运转的管理组织体系。

5. 制度体系

企业培训制度体系是管理组织培训活动的基本规则和方法，是能够影响并作用于培训系统及其活动的各种法律、规章、制度和政策的总和，主要包括培训的法律和规章、培训的具体制度和政策两个方面。一般来说，企业培训制度包括培训服务制度、入职培训制度、培训激励制度、培训考核评估制度、培训奖惩制度和培训风险管理制度等六种基本制度。除此之外，企业培训制度还包括培训实施管理制度、培训档案管理制度、培训资金管理制度等。

6. 硬件体系

硬件体系是指企业开展员工培训活动需要的场地、设施设备、用具、材料等，这是开展培训活动的物资保证。企业可以通过投资建设、购买、租赁等方式，给予每一次培训活动有力的物资保证。

7. 影响培训效果的其他组织体系

企业的绩效考核体系、人力资源配置与人才选拔方式、人员招聘、奖惩制度等，都与企业员工培训的管理体系密切相关。企业的绩效考核体系是否包含对员工培训效果的考核，人力资源配置与人才选拔方式、人员招聘是否将与员工参与培训及知识技能水平的提高作为基本要求，企业对员工是否参与培训所制订的奖励和惩罚制度(如：晋升提拔、增加或减少收入)都会影响到员工参与培训的态度和行为。

1.4.2　培训的工作流程

国内外学者认为，培训的流程可以分为四个步骤，即培训需求分析、培训计划制订、培训方案组织与实施、培训效果评估与反馈，如图 1-4 所示。

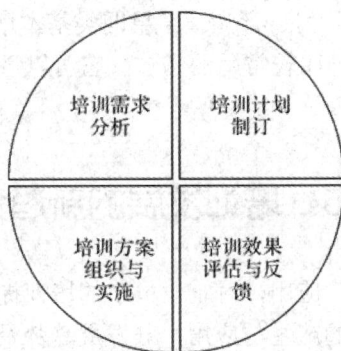

图 1-4　培训流程体系

1. 培训需求分析

培训需求分析是指培训部门、主管、员工等在策划和设计每一项培训活动之前，采用各种方法和技术系统地针对各组织及其成员的工作目标、知识、技能和态度等进行识别和分析，确定是否需要培训、培训的内容或过程。换句话说，培训需求分析就是采用科学的方法弄清谁最需要培训、为什么要培训、培训什么等问题，并进行深入探索研究的过程。培训需求分析是确定培训目标、设计培训计划、有效实施培训的前提，是现代培训活动的首要环节。科学的培训需求分析是使培训工作准确、及时和有效的重要保证。培训需求分析需要进行信息收集，主要基于问卷调查、个人访谈、小组访谈、重点团队分析、观察方法、工作任务等调查方法，对收集到的信息进行筛选，运用真实有效的信息进行培训方案的设计，以取得最大效用。

2. 培训计划制订

培训计划制订是在培训需求分析的基础上，从企业总体发展战略的全局出发，根据企业各类培训资源的配置情况，对计划期内的培训目标、培训对象、培训内容、培训规模、培训时间、培训评估的标准、负责培训的机构和人员、培训师的选择、培训费用的预算等一系列工作所做出的统一安排。企业培训计划制定必须紧密结合企业的生产经营战略、人力资源规划，要满足企业的资源条件和员工素质的比例需要。

3. 培训方案组织与实施

培训方案组织与实施必须注意以下几点：① 领导重视；② 让员工同意并接受培训；③ 做好培训的组织工作；④ 提供足够的培训经费；⑤ 制订培训激励和惩罚措施。对于这一环节的工作，人们更加关注培训采用何种培训方式和方法普通。认为多样化的培训方式和方法会比传统的灌输式的教学培训效果更好。

4. 培训效果评估与反馈

培训效果评估是指在受训者完成培训任务后，对培训计划是否完成或达到效果进行的评价与衡量。评估的内容包括对培训设计、培训内容以及培训效果的评价，评估分析受训者经过培训后是否改善或纠正了原先的不足或有缺陷的地方，培训者的工作是否得到了改良，自身是否得到了完善。目前，最广泛使用的培训效果评估方法是美国威斯康星大学从事管理学研究的教授唐纳德.L.柯克帕特里克(Donald.L.Kirkpatrick)的培训效果评估系统，通常采用对受训者反应、学习、行为、结果四类基本培训成果或效益的衡量来测定。成本——效益分析方法也是一种比较常用的方法，它可以量化培训的有效性，让企业直观地感受到培训的作用。

1.5　培训发展的新趋势

科学技术的迅猛发展及广泛应用，对企业员工的培训提出了新的要求，促使新的培训理念、方法、方式及技术手段的产生与应用，其发展趋势及变化也日益显著。

1. 企业逐步转变为"学习型企业"

成功的企业将培训和教育作为企业不断获得效益的源泉。"学习型企业"的最大特点是：崇尚知识和技能，倡导理性思维和合作精神，鼓励企业通过员工素质的提高来确保其不断发展。这种学习型企业与一般企业的最大区别就是永不满足地提高产品和服务的质量，通过不断学习进取和创新来提高效率。

2. 呈现出信息化、数字化趋势

利用高科技来丰富培训手段和提高培训质量是近年来国际上兴起的企业培训潮流。特别是电脑多媒体技术被广泛地运用于企业培训工作，如运用光盘进行人机对话和自我辅导培训、利用终端技术互联网进行规模巨大的远距离培训等，都使培训和教育方式产生了质的变化。这种技术创新使员工获得新知识和新技术的速度大大加快，使企业可以迅速适应市场的快速变化。新技术以数字化信息为主，带来的影响表现在以下几个方面：

(1) 员工入职培训和在职培训。在数字化转型之前，所有企业文件，包括人力资源相关的文件，如招聘表格和入职培训材料，都分散在不同的部门。新旧版本以及文件的纸质和电子副本同时使用，非常混乱。通过数字转换，定位和入门变得更容易、更快捷、更方便。它可以为所有企业文档创建集中存储。因此，新员工可能正在寻找的所有文档，如关于企业及其政策、工作职责等的信息就很容易找到。更重要的是，数字化转型使填写和签署招聘形式成为一个完全电子化的过程。此外，数字工具提供了一步一步的行动指南，其中包括桌面上的提示、任务、预定会议和其他活动。

(2) 自学、持续学习和微学习。数字化转型使员工能够持续访问所有可用的学习材料，而不是将学习过程限制在特定的书籍或课程中。通过桌面或移动设备上的书籍、课程和评估测试，员工可以在需要时学习和更新他们的知识。数字化转型带来了微观学习，使一种使用移动设备以小块方式学习的能力成为可能。

(3) 讲师指导的培训。由于应用了各种数字通信和协作工具，与传统的课堂培训相比，数字化转型可以随时随地为任意数量的受训人员提供讲师指导的培训。此外，像 VR 这样的先进技术允许通过模拟进行员工培训，与实践学习一样有效，而且没有风险，这对医学培训特别有用。

(4) 辅导。传统的辅导模式下员工效率低下、培训师辅导动机不足，因为它通常是一项无益却非常耗时的任务。数字转换可以在不降低程序效率的情况下节省培训师的时间。借助丰富的数字工具报告和分析功能，培训师可以在几秒钟内了解员工的一切：进度、已完成任务的数量等。此外，数字通信工具使员工能够在需要帮助时随时联系培训师获取建议。培训师在指导中可以使用身临其境的技术使员工的学习体验更加难忘和有意义，因此也更有效。

3. 企业培训向社会化和深层次发展

现代企业的许多要素，如经营、管理、销售，乃至文化理念，都有许多相通之处，这就为培训的社会化创造了基本条件。同时，现代社会的分工和信息交流的畅通，使得培训能以社会化的形式出现，通过培训产品的组合来满足各方面的需求。

许多企业已将员工的培训向各个领域渗透，其内涵已远远超过培训本身。比如，一些企业除了对员工知识和技能的培训，还通过一定的形式使培训向企业文化、团队精神等方向发展，使企业行为进入更深层次的领域。这是一个具有重要战略意义的发展趋势。

4. 培训质量成为培训的生命

首先，培训师已经逐步认识到了员工培训的特点，从员工的需求和企业的需求之间寻找最佳结合点。其次，培训有了一个科学、规范的组织程序和操作程序，在时间和空间上最大限度地贴近企业管理和业务的实际，用最佳方法帮助员工获得知识和技能。最后，追求效益的最大化和成本的合理化。

◆　**思 考 与 复 习**　◆

1. 培训与开发的区别是什么？
2. 简述企业培训的意义。
3. 简述企业培训的内容和类型。
4. 简述企业培训的管理体系。
5. 企业培训的趋势是怎样的？

◆　**案 例 讨 论**　◆

RB 公司的培训

RB 公司是一家皮鞋制造企业，拥有近 400 名员工。针对公司生产线频频出现质量事故、质量检查员疏忽大意、管理部门质量意识淡薄等一系列问题，公司领导决定开办专门的质量管理培训课程来解决这些问题。

质量管理培训课程被安排在每周五晚上 7:00～9:00 进行，为期 10 周。员工自愿听课，公司不给员工支付额外的工资。但是公司主管表示，如果员工能积极地参加培训，那么其培训的考核结果将记入个人档案，作为公司以后提职或加薪的重要依据。

培训课程由质量监控部门的李工程师主讲。培训形式包括讲座、放映有关质量管理的录像片及一些专题讨论。培训内容包括质量管理的必要性、影响质量的客观条件、质量检验标准、检查的程序和方法以及程序控制等内容。公司所有对此感兴趣的基层员工和管理人员都可以去听课。

课程刚开始时，听课人数平均在 60 人左右。在课程快要结束时，听课人数下降到 30 人左右。而且，因为课程是安排在周五的晚上，所以听课的员工都心不在焉，有一部分离家远的员工听到一半就提前回家了。

在总结这次培训的时候，人力资源部总经理说："李工程师的课讲得不错，内容充实、知识系统，而且幽默风趣，引人入胜。至于听课人数的减少，这不是他的过错。"

根据案例回答下列问题：

(1) 你认为这次培训在组织和管理上存在哪些不合理的地方？

(2) 如果你是 RB 公司人力资源部总经理，你会怎样安排这个培训项目？

◈　培 训 游 戏　◈

学习风格测试

游戏类型：学习风格/行为习惯/沟通/团队建设

活动形式：以个人答题的方式进行

所需时间：15 分钟到 25 分钟

场地要求：会议室

所需材料："学习风格测试表"每人一份

活动目的

1. 使听众了解学习方法是多种多样的，学习风格是不同的。

2. 通过测试使听众了解自己的学习风格及学习行为偏好。

操作步骤

1. 给每人发一份"学习风格测试表"，请大家在仔细阅读说明后，进行作答。

2. 请大家对自己的答题结果按照说明进行评分，找到自己所属的学习风格。

3. 向大家解释四种学习风格的人所具有的不同的接受知识的习惯。

4. 以举手的方式对全体成员中各个学习风格类型所占有的比率做个调查。

5. 告诉大家，在本次培训课程中，将运用不同的方式使不同学习风格的听众都能很好地获得知识与技能。

提示

如果读者想了解更多有关不同性格的人所具有的需求、信念、价值观、行为习惯、沟通模式以及学习风格，可以与主讲人进一步保持联络，获取更多相关信息。

相关讨论

1. 在四种学习风格中，你的强项和弱项分别是哪种类型?

2. 测试是否符合你的行为习惯及偏爱的学习风格?

3. 假如培训师只运用一种风格教学，你认为会怎样?

4. 当培训师以你不常用的学习风格教学时，你的感觉如何?

5. 你从这个测试中，还获得哪些启发与收获?

学习风格测试表

请先将"学习风格测试表"通读一遍，然后就表中所描述的内容来确定自己主导的学习风格是哪一种类型。假如你认为有两种类型都符合自己，那也很正常，通常这两者中，一种是你主导的学习风格，另一种是你辅助的学习风格。

- 体验型的人

1. 他们决不拒绝任何一次新的体验，相反，他们喜欢随时有新的体验，并且陶醉于这种体验之中;

2. 他们思想开放、不多疑，对任何新的事物都有很高的热情;

3. 他们是天生的乐天派，内在的信条是"生活就应该充满新奇的体验与尝试";

4. 他们的行动力超强，常常是先做然后再考虑后果;

5. 他们的生活总是充满了各种各样的活动，别人喜欢的静思与独处对他们来说是最痛苦的惩罚;

6. 他们不喜欢循规蹈矩，遇到难题总会用各种各样的方法去解决;

7. 他们的耐性比较差，对一件事情的新鲜劲儿一过就会马上去寻找下一个活动目标;

8. 他们乐于迎接新的挑战，但很少考虑实现其长远的效果;

9. 他们乐于交际、喜欢和人打成一片，这样做的目的是希望不断有新的刺激出现。

- 行动型的人

1. 他们喜欢将各种想法、技术和理论放到实践中去检验其是否灵验;

2. 他们喜欢那种即刻应验的东西，对长时间的思考及无休止的讨论感到不耐烦;

3. 他们行动力超强，在课程中接受了一些新观点后会马上去应用;

4. 他们积极地探索各种新观点，一有机会就在实践中去应用;

5. 他们是脚踏实地的实践型的人，厌恶无所事事的空想;

6. 他们厌恶犹豫不决，喜欢做实际的决定和解决问题，且决定了就会马上实施;

7. 他们不畏困境与难题，相反，困境和难题在他们看来就是一种挑战、一种机会;

8. 他们乐于做事，如果让他们闲下来、无所事事，对他们来说那将是最严厉的惩罚;

9. 他们的信条是：总会有更好的方法，但如果这个方法可行，这就是好的。

- 思考型的人

1. 他们喜欢从不同的角度对同一件事情进行观察和思考;

2. 他们是智慧型的人物，喜欢解决问题前先收集大量的资料;

3. 在做出决定之前，他们会深思熟虑，往往不到最后不拿出自己的意见;

4. 他们的信条是：将可能出现的问题提前消灭在考虑之中，谨慎总没错;

5. 在最后行动前，他们会反复考虑问题的方方面面，因此行动力不强；

6. 他们对人彬彬有礼、行事低调，需要表态时一般也会留有余地；

7. 在开会和讨论时，他们喜欢坐在后排的位子，喜欢在发言前先打一个草稿；

8. 他们是典型的利他主义者和出色的倾听者，喜欢观察别人的表现；

9. 在行动时，他们会把对以往和现在的思考、对别人和自己的认识都包括进去。

- 逻辑型的人

1. 他们习惯按复杂而合乎逻辑的理论解释事物；

2. 他们按照线性的、一步一步的逻辑的方式思考问题；

3. 他们有点完美主义，除非每一个细节都有合理的解释，否则不会轻易罢手；

4. 他们喜欢分析和综合，对基本的假说、定律、模型、理论以及系统的思考感兴趣；

5. 他们崇尚理性和逻辑，即如果这是合乎逻辑的，那就是好的；

6. 他们喜欢冷静、公正、分析的态度，不能容忍主观想象和模糊；

7. 他们解决问题的方式永远是逻辑式的，拒绝任何不合逻辑的事物；

8. 他们在做决定前，会将看上去不相干的事物纳入统一的思考；

9. 他们追求确定性，对一切主观判断、联想、草率的决定都感到不舒服。

第 2 章　学习理论与人力资源开发环境

学习要点

➢ 学习的基本定义
➢ 主要学习理论的基本内容
➢ 成人学习理论的特点及原理
➢ 学习的准则、过程、途径、周期和策略
➢ 培训环境对于培训的重要性
➢ 优秀的培训师应该具有的特点及角色定位

导读资料

在教学中体会学习理论的应用

在教授《守财奴》一文之前，老师让学生在课前做好充分的阅读准备。第一步，要求学生查阅作者的生平以及中外文学作品中有关吝啬鬼的资料并加以整理；阅读原著《欧也妮·葛朗台》，了解与课文相关的故事情节；利用工具书自己解决语音和文字的问题。第二步，课前印发选自《儒林外史》中的片段"严监生之死"。情境导入时，可以先请学生用一句话描述四大吝啬鬼的形象。然后利用投影展示四大吝啬鬼的形象的图片，创设情境；从四大吝啬鬼的形象谈起，使学生明确鉴赏的重点是人物形象的塑造；四大形象并举，从横向比较中显示作品的审美价值与地位，激发鉴赏主体的学习兴趣，缩短学生和文本之间的距离。

这是桑代克的联结学习理论中，学习规律中的准备律在语文教学设计中的应用。准备率(law of readiness)：指学习者在学习开始时的预备定势。学习者有准备而且安排合适的活动就感到满意，有准备而不活动则感到烦恼，学习者无准备而强制活动也感到烦恼。对于语文教学来说，这就涉及了教学者对学习者的动机刺激问题。动机是学习者进入某项学习时的心理准备状态，它能激发学习者的学习兴趣，准备率原则下，要想让学生对课堂的学习内容拥有心理准备状态，那么教学设计过程中，老师就应该充分注意学生的课前准备即预习布置的重要性。

资料来源：http://m.wodefanwen.com/mlhd_2aj806ijgv4mu7525egc_1.html

国内外大量研究表明，员工培训的满意度，即培训方案与员工期望的契合度，在一定程度上与组织在培训前对员工的承诺密切相关。如果员工能够得到更实际可靠的承诺时，他们将更有动力接受培训，并且在培训中更好地学习。因此，培训者在培训前必须要注意培训方案设计的诸多问题。例如，"培训方案的设计者如何确保员工相信通过培训能够有所收获？""培训者如何让员工知道培训是工作绩效提高的有效手段？"等等。如果这些问题得不到很好的解决，那么员工可能会认为培训方案的设计是不合理的，从而导致培训的低效率。我们要解决这些问题，就要涉及培训方案设计中的学习问题。

2.1 主要学习理论

自 19 世纪开始，一批心理学家对学习的性质、过程、动机、迁移等方面进行了海量的研究，形成了目前的学习理论。长久以来，在理论学者的关注和研究下，许多理论帮助人们不断地认识和获得了学习方法与学习途径。这里我们主要介绍四种学习理论，即认知主义学习理论、行为主义学习理论、建构主义学习理论和人本主义学习理论。

2.1.1 认知主义学习理论

1. 布鲁纳的认知结构学习理论

杰罗姆·布鲁纳(Jerome Seymour Bruner)，1915 年出生于美国纽约，美国教育心理学家、认知心理学家。他对认知过程进行过大量的研究，在词语学习、概念形成和思维方面有诸多著述，对认知心理理论的系统化和科学化做出了巨大贡献，是认知心理学的先驱，是致力于将心理学原理践行于教育的典型代表，有多部在教育和认知研究上具有开创性影响的著作，也是被誉为杜威之后对美国教育影响最大的人。

布鲁纳认为，人的认识过程是把新学的信息和以前学习所形成的心理框架(或现实的模式)联系起来，积极地构成自己的知识的过程。一个人对世界的认识是以他构想的现实模式为基础的。这样的模式首先是从个人的文化中汲取的，然后又适应于个人的各种不同的用法。布鲁纳说："我们对世界的认识，并不仅仅是一种对'那里'的秩序和结构的反应或反射，而是包括能够在事前编造成一种可以预言世界将是怎样的、或者可能是怎样的构成物或模式。"这种模式布鲁纳称之为"世界模式"(models of the world)。实质上，这个世界模式就是个人所期望的事物。这个模式能使人预言、内推和外推更多的知识。对于布鲁纳来说，内推就是通过新知识的应用而改变某种见解；外推就是超过他所获得的知识。因此，一个人关于世界的学习，在某种程度上就是把目前所经历的事物和已学到的模式进行比较，并从这种模式中学到许多东西，从而使他能够预言下次会出现什么。

在布鲁纳看来，一个人对某个事物的知觉，实质上是一种构成过程。在这个过程里面，个人把他的感觉资料和他的世界模式联系起来，推出一个关于外部事物的假设。然后，用这个事物的另外一些特性来检验他的假设。所以，一个知觉者不应被看成是一个被动反应的有机体，而应更确切地被看作一个积极地选择信息、形成知觉的假设，并且有时为了减少意外的事情或达到有价值的目的而歪曲从环境中输入信息的人。

布鲁纳关注的是有机体在感知和思考方面的认知学习。他把认知结构称为有机体感知和概括外部世界的一般方式。布鲁纳强调，学校教学的主要任务是积极地用新的认知结构取代学习者原有的认知结构，让个体用新的认知方法感知周围的世界。他提倡有效的学习方法，重视学科的基本结构，强调基础学科的早期教学，提倡学生主动学习。此外，布鲁纳认为"学习一门学科包含三个几乎同时发生的过程"，即对新知识的获取、知识的转化和知识的评价。

2. 奥苏伯尔的认知同化理论

奥苏伯尔(D.P.AuSubel，1918—2008)，是当代美国著名的教育心理学家，他在语言学习研究方面做出了巨大贡献。奥苏伯尔提出的"同化论"体现了外因是变化的条件、内因是变化的依据的辩证思想。了解新旧知识之间的同化模式，有利于人们掌握知识的一般方法。教师在进行讲解结构设计时，按照新知识本身的逻辑意义，追溯到新知识在原有认知结构中的植根点，形成符合有意义学习标准、有针对性的讲解结构。在这样的系统分析下，老师才有可能抓住讲解的重点，有目的地强调各种关系，对有实质性联系的原有知识经验进行有目的地诊断，对各种关键联系的理解进行针对性地反馈，了解学生的掌握情况。在理论的指导下，各项技能要素的应用不是简单的形式模仿，而是有明确目的的灵活运用。

奥苏伯尔把学习分为机械学习和有意义学习，其中，有意义学习需具备的条件是：学习材料对学生而言有潜在意义；学生头脑中有同化新学习材料的知识；学生具有有意义学习的意向。奥苏伯尔主张接受学习，他认为接受学习必须按"有意义学习"的标准和条件进行，接受学习的目的是建立相应的认知结构。所谓"有意义学习"，他定义为"有意义学习过程的实质，就是符号所代表的新知识与学习者认知结构中已有的适当观念所建立的非人为的和实质性的联系"。所谓非人为的和实质性的联系指新的符号或符号代表的观念与学习者认知结构中已有的表象、已经有意义的符号和概念或命题的联系。例如，"dog"这个文字符号与儿童认知结构中已有的"狗"的表象建立了联系，就说明"dog"的符号学习获得了实质性的心理意义。这是最简单的有意义学习。复杂一些的，如"bedroom"的学习，则必须使新知识与学生原有的"bed"和"room"的概念和表象建立联系，才能获得新概念的意义。

奥苏伯尔根据学生的学习方式，把学生的学习分为接受学习和发现学习；根据学生学习的内容，把学生的学习分为机械学习与有意义学习。

接受学习，即学习者把现成的定论的形式呈现给自己的学习材料，与其已形成的认识结构联系起来，以实现对这种学习材料掌握的学习方式。

发现学习，即在教师不讲述的情况下，学生依靠自己的力量去获得新知识、寻求解决问题的方法的一种学习方式。发现学习就是依靠学习者的独立发现。

机械学习，即不加理解、反复背诵的学习，亦即对学习材料只进行机械地识记。

有意义学习过程的实质，就是使符号所代表的新知识与学习者认知结构中已有的适当概念建立非人为的和实质性的联系。有意义学习理论强调在新知识的学习中，认知结构的原有适当观念起决定作用，这种原有的适当观念对新知识起固定作用。有意义学习需要具备两个条件：第一，学生要具有有意义学习的意向，即把新知识与认知结构中原有的适当观念关联起来的意向；第二，学习材料对学习具有潜在意义，即学习材料具有逻辑意义并可以和学生认知结构中的有关观念相联系。这两个条件缺一不可，否则会导致机械学习。

接受←→发现，机械←→有意义，这是划分学习的两个维度。这两个维度之间不是互不依赖和彼此独立的。接受学习可以是机械的，也可以是有意义的；发现学习也可以是机械，也可以是有意义的。在这两个维度之间可以有许多的过渡形式。

奥苏伯尔的学习分类，是一种有创见的分类。这种分类指明了有意义学习与机械学习、接受学习与发现学习的划分和区别，揭示了学生的学习是以有意义接受学习为主的规律。这对发展学生智能、培养创造力、实现"为迁移而教"的目标有重大的理论意义和指导作用。

3. 加涅的信息加工理论

1974 年，加涅运用计算机模拟的思想，从当代认知心理学的信息处理视角解释了学习过程，如图 2-1 所示。他认为，任何一个教学传播系统都是由"信源"发布"消息"，编码处理后通过"信道"进行传递，再经过译码处理，还原为"消息"，被"信宿"接收。它展示了人类学习的内部结构以及每个结构完成的过程。它是一种对影响学习效果的教学资源进行再分配和调整的串行结构。加涅认为，在信息处理学习模式中有三点是十分重要的：第一是学习，学习是学习者吸收信息的过程。第二，学习者的自发控制和积极期望是制约课堂教学效果的决定性因素。第三，反馈是检验教学效果的一种手段。

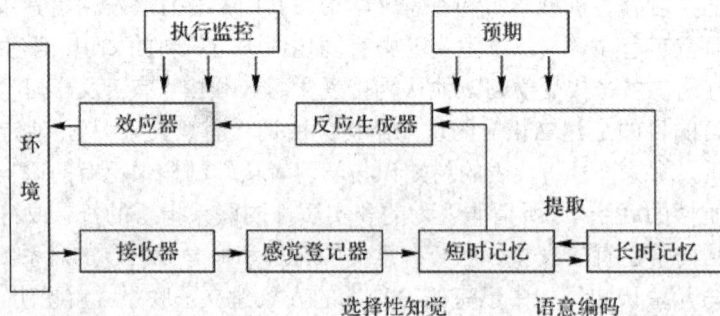

图 2-1　加涅的信息加工理论

认知学习理论的主要观点是：人的认知不是由外界刺激直接给予的，而是外界刺激与认知主体的内在心理过程相互作用的结果。学习过程不是一个反复尝试的渐进过程，而是一个突然领悟和理解的过程。

结合当前企业员工培训管理，我们应该认识到员工培训是员工智力和理解的认知过程。这绝对不是盲目的尝试。根据这一观点，员工的学习过程可以理解为每个员工基于自己的态度、需求和兴趣，利用过去的知识和经验，对当前工作的外部刺激(如培训内容)进行主动选择性的信息(如培训内容)处理过程。因此，企业培训师的任务不仅是向员工灌输知识，而且是首先激发员工的学习兴趣和学习动机，然后将当前的培训内容与员工原有的认知结构有机地联系起来。员工不再是外部刺激的被动接受者，而是积极处理外部刺激提供信息的主体。

2.1.2　行为主义学习理论

1. 巴甫洛夫的经典条件反射理论

俄罗斯著名生理学家巴甫洛夫以狗为实验对象，提出了著名的条件反射理论。其理论的主要内容包括：

(1) 保持和消退。巴甫洛夫发现，在动物建立了条件反射后，狗的形态反射行为(唾液分泌)持续存在，并持续通过无条件刺激(食物)呈现。然而，当有多个伴随条件刺激且没有相应的食物时，狗的唾液分泌会随着实验次数的增加而减少，这就是反应的回归。在培训中，有时培训师的及时表扬会促使员工暂时养成良好的行为习惯。当培训师不再表扬时，这种行为很可能随着时间的推移而消失。

(2) 泛化和分化。在形成某种条件反射后，机体对类似条件反射器的其他刺激做出反应的现象称为泛化。分化是机体对条件刺激反应的进一步细化，即进一步维持对目标刺激的刺激反应。在培训中，培训师帮助员工对操作动作进行辨识和指导，从而使其动作规范、标准。

2. 桑代克的联结学说

美国著名心理学家桑代克认为，所谓的学习是动物(包括人类)通过不断尝试形成刺激反应来减少错误尝试的过程(即 S-R 联结)，即反复试验。桑代克用猫做了迷箱实验，如图 2-2 所示，即把一只饥饿的猫放入迷箱中，箱外摆放猫的食物。从第一次猫在迷箱中乱撞乱咬一段时间后，可能打开了门吃到了食物，到猫重放迷箱反复多次，猫学会了打开箱门。桑代克认为猫是在"试错"中学习，其过程是建立环境与正确反应之间的联结过程。

图 2-2　桑代克实验

桑代克的实验得出了三个主要的学习规律：

(1) 准备律。在进入学习活动之前，如果学习者做了相应的准备反应，那他就能更自由地掌握学习内容。

(2) 练习律。对于学习者已经形成的某种联系，在实践中正确地重复这种反应将有效地增强这种联系。此外，桑代克还强调了反馈在实践中的重要性，应告诉学习者在学习过程中要通过不断地练习正确或错误的信息，纠正学习内容。

(3) 效果律。学习者在学习过程中得到的各种积极或消极的反馈会加强或削弱学习者在大脑中形成的某种联系。效果法则是最重要的学习法则。培训者应努力使员工获得满意的学习效果，这对员工非常重要。

3. 斯金纳的强化学说

桑代克专注于研究学习的 S-R 连接，而美国心理学家斯金纳则在桑代克研究的基础上进一步探究了为什么白鼠会按操纵杆，如图 2-3 所示。每次按操纵杆的时候，白鼠都会吃到食丸。斯金纳指的是这个过程，它促使有机体采取某种行为作为强化。任何增强有机体行为的事件或刺激都被称为强化，而导致行为概率下降的刺激被称为惩罚。

斯金纳的操作性条件反射

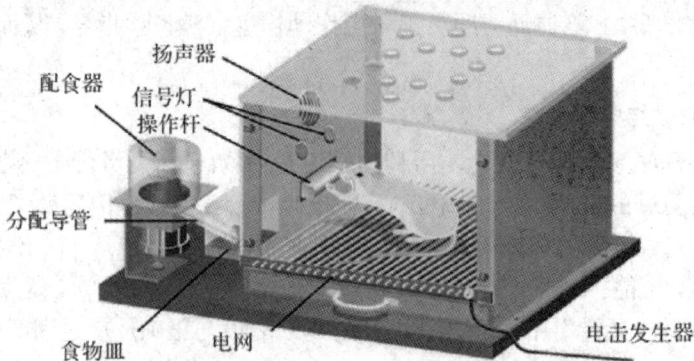

配食器
扬声器
信号灯
操作杆
分配导管
食物皿　　电网　　　　　　　　电击发生器

图 2-3　斯金纳老鼠实验

斯金纳在桑代克的条件反射理论的基础上，研究了行为矫正的具体方法和措施，提出了积极强化、消极强化和惩罚。积极强化指在预期行为发生后得到奖励和称赞的反应。消极强化指在预期行为发生后消除不愉快或恼人的因素或环境反应。惩罚指给予行为个体不喜欢的东西或取消个体喜欢的行为的反应。

行为主义对可观察的行为进行研究，强调刺激→反应，认为学习是经历体验的结果。人们用过去的行为结果及其知识改变、提高和调整未来的行为，通过总结上一次学习效果的好坏，以及为什么会出现这样的结果，来改进自己的学习计划，以取得未来更好的学习效果。

基于上述行为主义学习理论，并结合培训管理工作，可以理解，行为就是学习者对环境刺激的反应。学习者将环境视为刺激物，并将伴随的刺激行为视为一种反应，认为所有的行为都是习得的。将行为学习理论应用到培训实践中，必然要求企业掌握塑造和纠正员工行为的方法，为员工创造环境，在消除不当行为的同时最大化员工的恰当行为。

2.1.3　建构主义学习理论

1. 皮亚杰的发生认识论

日内瓦学派代表人物皮亚杰认为，知识既不是客观的，也不是主观的，而是个体与环境互动过程中逐步建构的结果。其理论体系的核心概念是图式(schema)。图式是个体感知、理解和思考世界的方式，图式的形成和变化是认知发展的本质。

对于学习，一般从以下几个方面来理解：① 学习属于发展。孩子们对十岁的了解取决于他的发展水平。因此，认知发展作为一种功能系统制约着孩子们的学习范围。② 感知受到心理活动的影响。感知者常常通过推理的心理活动来感知他们所看到的。③ 学习是一个动态建构的过程。学习不是个体获得越来越多的外部信息的过程，而是对自己了解事物的过程了解得越来越多，也就是构建新的认知模式。④ 错误是有意义学习的必要条件。皮亚杰认为学生犯错误是可以的，因为学习本身就是一个通过反复思考错误的原因逐渐消除错误的过程。错误会使学生的知识结构合理化，并将观察到的结果吸收到修订后的知识结构中。

2. 威特罗克的生成学习理论

美国著名教育心理学家威特罗克认为，学习过程不是从感官体验本身开始的，而是从对感官体验的选择性注意开始的。任何学科的学习和理解都涉及学习者最初的认知结构。学习者总是以自己的经验来理解和构建新概念，包括正式学习前的非正式学习、科学概念和日常概念、知识或信息。构建是建设新信息的意义，也是改造和重组原有经验。因此，学习理论的产生更加注重如何在原有经验、心理结构和信念的基础上构建知识，强调学习的主动性、社会性和情境性。此外，威特罗克还提出生成学习模型，包括三个方面：① 该模型的核心要素是长期存储系统。② 生成建构意义的动机，并将其与感官体验和长期记忆结构进行对比，对于发展学习者的生成意义是很重要的。③ 建构意义的过程，也就是学习的过程。

3. 维果茨基的社会建构主义

著名心理学家维果茨基的心理发展研究对理解建构主义学习理论也具有重要意义。他尖锐地批判了心理学研究中单纯的生物学观点的忽视动物行为和人类心理活动的自然主义倾向，强调了个体心理发展的社会文化历史背景，提出对人的意识形成的理解和心理发展的文化历史原则，需要从历史的角度来研究意识和心理发展，而不是从社会环境和与社会环境互动的抽象角度。此外，他认为学习是人类独有的高级心理结构和功能。这个功能不是自发的从内部产生的，而是只能通过人们的协作活动和人与人之间的互动产生。这种高级心理功能最初是在人的外部活动中形成，逐渐内化于活动中，成为人体内各种复杂的过程和结构。因此，人的心理发展既是个体的又是社会的，个体的知识建构和社会共享的过程是不可分割的。

总之，建构主义学习理论强调以学习者为中心的学习方法，要求学习者成为信息处理的主体和知识意义的主动建构者。在此基础上，围绕"自主学习策略、协作学习策略、学习环境"来设计企业培训，促进员工主动建构知识。建构主义学习理论强调学生在学习过程中的主动性、建设性、探究性和创造性。这些知识不是通过培训师传授给受训人员的，而是学习者在特定情境下(如社会文化)学习，并获得相关材料和方法。建构主义学习理论认为，培训师应从知识的指导者和灌输者转变为主动建构意义的帮助者和促进者，在培训过程中采用新的教学理念和教学模式。

2.1.4　人本主义学习理论

人本主义学习理论立足于人本主义人性观，旨在强调充分发挥人的学习潜能和价值，探索怎样使个人成为具有完美人格的人。人本主义学者认为，学习的实质就是形成与获得经验，学习的过程实际上就是获得经验的过程。

美国心理学家罗杰斯倡导学习的核心是让学生自由学习，在学习过程中形成自己的风格和方法。这种学习理论强调以人为本的理念，重视学习者学习过程的主动性和自由性，强调学习内容的现实意义。罗杰斯倡导的学习是意义学习。所谓意义学习，不是指只涉及事实积累的学习，而是指在未来的行动选择过程中，使个体的行为、态度、个性发生重大变化的学习。

罗杰斯认为意义学习有四个要素：学习具有个体参与的性质，即整个人都在参与学习；学习是自我启动的，即有外部的学习刺激，但学习活动发生在学习者内部。学习具有渗透性，即学习者可以通过学习改变自己的行为、态度甚至个性；学习是学习者的自我评价，因为只有学习者自己才真正知道这种学习是否真正满足了自己的需要，自己的知识是否增长了。

2.2　成人学习理论

由于企业员工都是成人，具有成人学习的一般特征，所以研究和掌握成人学习的心理特点，学习成人学习理论，并合理地加以利用，对提高员工培训的效果是大有裨益的。

2.2.1　成人学习的特点

成人学习是一种目的性极强的学习过程。针对员工培训，企业须考虑员工具有成人学习这一特性，因为这决定着员工培训是否能够有效开展。成人学习的特点主要包括以下三个方面。

1. 成人学习的社会性较强

成人作为社会的一员对许多事物都有亲身的体验或间接的经历，这些社会经验是成人学习者的学习背景，直接影响着成人学习活动的有效开展。① 成人学习的连续性。成人学习是在已有知识和经验的基础上进行再学习和再教育。它具有延展性和连续性。② 成人学习的专业性。成人学习者的学习与个人的职业有关，有个人的需要、问题、情感和希望。③ 成人从需求中学习。成人学生是社会劳动的成员。他们对科学、文化和技术的需求本质上是一种社会需求。

2. 成人学习的能力较为突出

虽然有研究表明学习能力会随年龄的增长而下降，但绝不至于影响到成人对知识的接受和学习。成人有一个明确的学习目标，这有助于成为持续不断学习的动力。其具体表现为：① 成人有很强的自制力。这有助于员工消除各种干扰，稳定学习情绪，形成学习的专一性和持久性。② 成人有很强的理解力。这有助于员工理解和掌握知识。③ 成人学习有较强的应用性。这有助于员工将理论与现实联系起来，促进创造力的快速提升。④ 成人学习能力强。经过学习和实践，特别是后天的教育和训练，成人的实际学习能力要比青少年儿童强得多。他们可以在生活和工作中积累更多成功的学习经验。

3. 成人学习的心理特征明显

成人和青少年儿童在学习上的心理特征差异是非常显著的，前者有自己的认知需求，学习的主动性明显；后者的学习往往是被动的，依赖于教师的教学活动和教学计划。成人学习者的心理特征表现为：① 具有清楚的自我概念，具备自我选择学习内容的能力；② 表达的需求强，成人有发表自己见解的心理需求；③ 自尊心强，有独立的基于自身社会经验得到的观点；④ 学习的自信心不足，认为自身过了学习的年龄，对超出自身范围的知识信心不足。

2.2.2　成人学习理论

成人特征对他们的学习有重要影响。其相关理论包括麦克卢斯的余力理论、诺克斯的熟练理论和麦基洛的知觉转换理论，如表 2-1 所示。

表 2-1　三种主要的成人学习理论观点及内容概括

理论观点	理 论 内 容
麦克卢斯的余力理论	麦克卢斯所提出的生活余力是指生活能力与生活负担之差，即生活的能力剩余。生活余力可因能力增加或负担减少而增加，也可因负担增加或能力减少而减少。成年个体的需要在能量需要与实现需要的可能性之间寻求生长变化的平衡
诺克斯的熟练理论	诺克斯认为，成人的社会角色以及周围环境因素的作用，要求成人必须努力缩小现有熟练水平与期望熟练水平之间的差距。当个体由低一级熟练发展到高一级熟练之后，其自身的角色及社会环境又会产生更高水平的熟练要求，个体必须继续做出新的努力去实现新的熟练
麦基洛的知觉转换理论	麦基洛发现当知觉转换发生时，成人的生活将出现危机。这种危机主要是一种意识的产生，是由于成人已经认识到自身与环境之间存在着严重的不和谐因素。在这种危机意识作用下，成人总是努力寻找摆脱危机的途径，而最主要最有效的途径就是学习

综上所述，在影响成人学习的理论视角下，员工培训应主张回归成人员工的身份，注重员工的自我概念、个体经验以及员工基于现实需求的内部动机，使其立足于工作实践领域，扎根于日常性的、真实的问题情境，通过学习共同体等社会性的形式和途径，不断提升员工的学习效率。这对培训项目的开发十分重要。

此外，成人学习理论对训练启示的最基本要求是交互性，即受训人员和培训人员参与到训练过程中，如表 2-2 所示。成人具有显著的学习特征，可灵活运用理论知识，强调知识的可操作性和实用性，追求学习内容可以指导你的工作同时，成人具有自己的人生阅历和经验，并形成了相对固定的思维模式和见解，这就使得对成人的培训相对较为复杂，需要采用多种形式的互动教学方法来提高成人的学习效果。

表 2-2　成人学习理论对培训的启示

项 目	理 论 内 容
自我观念	相互启发和合作指导
经验	将受训者的经验作为范例和应用材料
准备	根据受训者的兴趣和能力进行开发指导
时间	立即应用培训内容
学习定位	以问题为中心而不是以培训主题为中心

2.2.3　成人学习原理

美国管理学家汤姆・W 戈特博士在其所著的《第一次做培训者》一书中，总结了关于成人学习的 16 条原理。这些原理被很多企业所采用，并取得了有效的培训效果。其具体原理如下：

(1) 通过干学习。实践经验告诉我们，边动手边学习的效果是非常好的，亲自动手达成的学习效果能给受训者留下深刻的认识。

(2) 运用实际案例。成人习惯于利用自己熟悉的案例来促进自己的学习，因此在培训中应该采用大量真实、与员工工作有关的案例，吸引受训者的注意力，激发学习兴趣。

(3) 通过与原始知识的联系和比较来学习。成人丰富的经验对他们的学习过程有很大的影响。他们习惯于比较新事物和他们已经知道的事物，并且倾向于关注他们知道得最多的事物。

(4) 在非正式的环境中学习。成人的学习有别于青少年，他们更喜欢在一种自由、轻松、有趣的环境中学习，因此提醒企业组织者要设法使员工在心情轻松的环境下接受培训，避免过于严肃呆板。

(5) 增添多样性。在培训中通过灵活多样的方式帮助员工增加学习兴趣，以便取得良好的培训效果。

(6) 消除恐惧心理。成人学习的自信心不足，且有时会担心学习成绩与个人前途直接联系，因此要给予员工学习信息的反馈，鼓励他们学到更多的知识。

(7) 成为学习的促进者。成人学习应避免单向教学，因为他们喜欢在学习的过程中表达自己的观点和意见。通过讨论和互动，可以引导他们充满激情地学习。

(8) 明确学习目标。成人学习的目的性较强，必须在一开始就能够清楚地知道学习本课程的目的、用于解决什么问题。

(9) 注重实践。实践是帮助员工实现学习目标的有效手段。通过实践，可以将理论转化为员工在实际工作中可以自由使用的工具。

(10) 引导启发式的学习。通过启发式学习，使成人自己找出结果，并完成所期望的任务，一方面提高了员工学习热情和主动性；另一方面也提高了员工实践能力，加深记忆。

(11) 给予信息反馈。及时不断地学习信息反馈，能够使学员准确地知道自身的进步和不足，为下一个学习目标的确立提供依据。

(12) 遵循渐进，交叉培训。学习过程的每一部分都建立在另一部分的基础上，因此学习要有阶段性，并加强各个阶段学习内容的衔接和匹配。

(13) 培训活动应紧扣学习目标。培训内容要紧紧地围绕学习目标展开，在整个培训过程中，学习目标要被学员了解和认同，并在学习过程中予以反复强调。

(14) 好的第一印象能吸引员工的注意力。培训的准备要充分，让员工要充分重视培训，从而提高学习效果。

(15) 充满激情。培训师的表现对学习氛围有决定性的影响。充满激情的培训总是能引起员工的共鸣，并投入到学习中去。

(16) 重复学习加深记忆。通过不同的方式重复学习内容，反复加深记忆，使重复学习更加有趣和吸引人。

2.3　学习的策略和类型

2.3.1　学习准则

通过对成人学习理论的归纳和总结，在企业培训实践中，我们应该遵循以下学习准则：

1. 设置目标

培训目标设置得太难或太容易都会失去培训的价值。因此，培训目标应设置在一个合理、适当的区间。同时，培训目标应该与每个员工的具体工作相联系，使接受培训的员工感觉到目标是来自实际工作中，并且高于实际工作，可以促进自己的发展。

2. 重点原则和注意事项

员工学习的第一要点是掌握最合适的知识，所以培训师应该在员工的第一印象和第一信息中安排重点内容。

3. 注意事项

有必要不断地强调在培训中所学到的东西将有利于员工未来的工作和职业发展。同时，不断加强培训内容，有助于员工端正态度。此外，积极参与培训应该是双向的互动交流，而不是单向的教学。任何形式的交流都应该是双向的。

4. 互动学习

培训师要注意员工的互动反应。因此，在培训设计过程中必须考虑学习情境和培训师的引导，必须给员工以示范操作、参与讲授、体验式操练、角色扮演、游戏等多种方法对培训内容进行理解和记忆，加强培训师与员工的互动，调动员工的积极性。

5. 反馈原则

培训师应及时反馈员工的反应，让每个员工都能准确地知道自己在学习上取得了哪些进步、需要付出哪些努力。反馈越及时、越准确，培训效果越好。

6. 练习与强化

成人通过"做"来学习。因此，在培训期间，培训内容越真实、可以练习的内容越多，培训效果就越好。将培训内容与员工的工作、生活实践相结合，使学习过程与工作、生活过程相互促进，形成良性循环。另外，培训结束后，企业要能够在工作实际安排中尽早让员工接触培训内容，做到学以致用，增强培训的实效性。

2.3.2　学习过程

人们究竟是怎样学习的？学习过程对学习指导有什么启示呢？

1. 学习过程的主要步骤

学习过程包括期望、感知、处理和存储、语义编码、长期存储、恢复、提升和反馈八个步骤。期望是指学习者在学习过程中所产生的一种心理状态，如培训前的准备(学习动机、基本技能)、对培训目标的理解、从学习的角度来判断，以及工作中的学习成果。

感知是指将从环境中获得的信息组织起来，以便作为行为的向导进行处理。处理和语义编码都与短期记忆有关。在处理存储器中，对信息进行整理，能够使数据被编到存储器中。加工存储受到一次可加工的材料数量的限制，研究表明，每次存储的信息不应超过 5 个。语义编码是指信息来源的实际编码过程。当信息被监视、格式化和编码时，它们可以存储在长期内存中。为了应用所学的内容，必须恢复这些内容的记忆。恢复包括找到存在于长期记忆中的学习内容，然后利用它来影响表现。学习过程中最重要的一个方面不仅是准确地重复所学知识的能力，而且是在相似和不同的环境中应用所学知识的能力，即提升。反馈是指学习者利用所学知识获得的反馈。这种反馈可以让学习者采取更有针对性的行动，并提供能激励或强化工作表现的信息。

2. 学习过程对学习指导的启示

学习指导是指使学习行为发生的环境特点。以上说明的学习过程与学习指导的要项和形式有很大的联系，如表 2-3 所示。

表 2-3　学习过程中指导要项和指导形式之间的联系

学习过程	指导要项	指导形式
预期	告知学习者学习的目的	说明预期绩效； 指出需要口头回答的问题
知觉	显现具有不同特征的刺激物	强调感觉到的事物特征； 利用图表和文中的数字强调这些特点
加工存储	限制学习量	将较长的资料分段； 提供学习资料的视觉图像； 实践并重复学习
语义编码	提供学习指导	提供语言线索以形成正确顺序； 为较长的、有意义的上下文提供语义联系； 利用图表和模型揭示概念之间的联系
长期存储	对学习内容进行加工	为资料展示及回忆提供不同的上下文和背景设置； 将学习的资料和以前掌握的信息联系起来； 实践过程中提供不同的背景资料
恢复	提供有助于记忆恢复的线索	提供能够清楚回忆资料的线索； 使用熟悉的声音或节奏作线索
推广	增强记忆和学习效果的应用	对设计与工作环境一致的学习成果转换环境； 为有附加难度的信息提供语句联系
回馈	为绩效改进提供反馈	对绩效的正确性与适用性提供反馈； 确认是否满足了预期需求

通过分析表 2-3 中的学习过程和学习指导形式，给培训者的启示有以下几个方面：

(1) 员工应知道他们为什么学习。学员只有知道培训目标，学习才是有效的。培训者可以为每个培训阶段或整个培训计划设定目标。培训目标是基于对培训需求的分析，帮助员工理解他们为什么参加培训。而且培训目标还有助于明确衡量培训计划有效性的培训成果类型。培训目标包括三个部分，说明员工应该做什么(绩效)、说明可被接受的绩效标准(标准)、说明员工完成指定学习成果的条件(条件)。

(2) 员工应该把他们的经验作为学习的基础。如果培训与员工当前的工作任务相关，即培训对学员有意义时，员工可能愿意参与学习。为了提高学习内容的有效性，培训师应使用学员熟悉的概念、术语和示例来传达信息。同时，培训师可以通过为员工提供自由选择实习机会等学习环境特点来加强学习。

(3) 员工应该有实践的机会。实践是指学员根据目标给出的标准和表现标准来展示训练目标的重点的能力。为了使练习更有效，员工应该积极参与培训，包括安排适当的时间进行训练，重复学习，确定适当的学习量。实践活动也应与培训目标相结合。

(4) 员工需要反馈。反馈是关于达到培训目标的程度的信息。为了使反馈有效，反馈应该集中在具体的行为上，并在员工的行为之后立即给予反馈。此外，员工的正确行为会得到及时的口头表扬或强化。录像是一种有效的反馈工具，培训师可以与员工一起观看录像，并就如何改进行为提出具体意见，对达到标准的员工给予表扬。

(5) 员工应该通过观察、与他人互动来学习。我们在上一节已经讨论过学习理论，人们通过观察和模仿示范行为来学习。为了使演示有效，规定的行为或技能必须清楚地解释，演示者具有与目标员工相似的特征。观察到示范行为后，员工应有机会在实践课上重复示范技能和行为。同时，在工作中学习也是交流的一个重要方面。

(6) 员工需要合理安排和协调培训方案。良好的协调能力可以确保员工不会被其他事情分心。例如，员工会被告知项目目标、地点、遇到问题时的联系人以及他们应该完成的所有计划工作。

2.3.3　学习途径

要想确保员工在培训中获得相关的知识和技能，并能够将培训中学到的内容应用到实际的工作中，在组织和实施培训时就要充分考虑让员工进行有效学习的途径和方法，如表2-4 所示。总之，有效的培训会清楚地告诉员工的学习目标是什么，如何去学习以及帮助员工将培训所学内容与实际工作紧密结合起来。

表 2-4　培训帮助员工学习的途径

培训活动	提供培训活动的途径
沟通学习目标	展示预计绩效； 举例说明培训可以回答的问题
运用容易引起注意的信息	强调关键词； 运用图片而不仅仅是文字
限定学习的内容	将长篇幅的培训资料划分为几大块； 提供所学课程资料的图文信息； 提供重复以及练习材料的机会
在员工学习时提供指导	用文字提醒员工关于各种活动的先后顺序； 用文字和图片将各个概念及其它们的背景联系起来
突出主题	在不同的环境和场景中展示培训资料； 将新的思想与此前学习过的概念联系起来； 在各种不同的环境和场景中进行练习

续表

培训活动	提供培训活动的途径
提供线索	就记忆技巧提供帮助； 运用熟悉的声音或节奏作为记忆的线索
将培训内容转化到工作场所	设计出与实际工作场所有共性的学习环境； 要求员工制定出将培训内容应用到实际工作中的行动计划； 用文字将培训内容与工作场所之间建立联系
提供绩效反馈	告知员工运用新技能的精确度和速度； 告知员工达成培训目标的程度

2.3.4　学习周期

学习可以被看成是一个由四个阶段构成的动态过程：具体经历，思考性观察，抽象概念化，主动试验。首先，员工会遇到一个具体的经历如工作上的问题。其次，就要对这个问题进行思考(思考性观察)，从而形成关于如何解决问题的想法(抽象概念化)。最后，将形成的想法直接用来解决问题(主动试验)。员工通过运用他们的知识解决问题，获取了关于其有效性的反馈信息，所以他们能够看到自己的行动带来的结果，从而再次启动学习过程。基于对个人经历的观察，员工会不断地形成各种概念，把它们转变成自己的想法进而运用这些想法并使之适用于实践。

研究者开发出问卷来测量员工在学习周期中的劣势和优势。他们发现，某些人有一种过分重视或忽视某一个学习阶段，甚至回避某一些阶段的倾向。有效学习的关键就是要对四个阶段都能熟练掌握。通常认为，存在四种基本的学习风格。每种风格都结合了来自每个学习阶段的元素。

尽管研究者就人们拥有自己的学习风格和喜好已达成一致意见，但关于怎样衡量仍未达成一致。学习风格包括四种类型：发散型、同化型、集中型和适应型。这四种学习风格的特征和主要的学习阶段如表2-5所示。

要试图将学习指导与学习喜好相匹配，重要的是指导或培训策略首先应当由正在传授的知识或学习成果决定。其次，应该考虑用学习风格来调整培训或指导策略。

例如，一家位于美国得克萨斯州沃斯堡的财务公司(美国信贷公司)就试图调整培训方案以更好地适应员工的学习风格。公司建立了数据库来识别和跟踪员工的学习风格。此外，员工的学习风格也在课程的设置中得到了考虑。在一个网上课程中，那些倾向于通过行动来学习的员工会收到一些关于重点和具体活动的信息，从而帮助他们更有效地学习；那些倾向于通过思考和推理来学习的员工会收到一些更概念化的材料，并且会更少地参与实践活动。美国信贷公司计划将这个考虑了各种学习风格的网上课程和以前的课程进行比较，从而确定考虑员工学习风格的培训是否在培训满意度和学习方面有所不同。

表 2-5　学习风格

学习风格类型	学习阶段	学习风格特征
发散型	具体经历 思考性观察	① 善于产生想法，多角度审视环境，能够了解它们的意义和价值； ② 对人、文化和艺术感兴趣
同化型	抽象概念化 性观察	① 善于归纳推理，形成理论模型，并且综合各种不同的观点，形成统一的解释； ② 注重想法和抽象的概念，较少关注人
集中型	抽象概念化 主动思考实验	① 善于决策，将想法应用于实践，并且善于假设推理归纳； ② 更偏好处理技术类的任务，而不是人际交往方面的事务
适应型	具体经历 主动实验	① 善于将决策应用于实践制订计划，并且投身新的实验； ② 倾向于与人交往，但可能会显得缺乏耐心，并且急功近利

2.3.5　学习策略

学习策略代表着员工在学习过程中的行为和思想。学习策略是员工用来训练、组织和理解新材料并影响他们动机和感受的技巧。学习策略的分类如表 2-6 所示。

表 2-6　学习策略的分类

策略分类	基本的学习工作	复杂的学习工作
1. 认知策略		
(1) 复诵策略	吟诵所要记忆的图表	图形、复制材料、记笔记，画眼底线
(2) 精细化策略	关键词法、心像、位置法	释义、摘要、创造模拟、做笔记、提问回答
(3) 组织策略	群聚法、记忆法	选择主要观念、做大纲、厘清网络结构
2. 后设认知策略		
(1) 计划策略	设定目标、略读、提出问题	
(2) 监控策略	自我测试、集中注意、应试策略	
(3) 调整策略	调整阅读、复读、应试策略	
3. 资源经营管理		
(1) 时间经营	预定进度、目标设定	
(2) 环境经营	划定区域、组织区域	
(3) 努力经营	归因于努力、情绪、自我对话、坚持、自我坚强	
(4) 寻求他人帮助	寻求培训师协助、寻求同事协助、小组学习、个别指导	

人力资源开发已经把学习策略应用在了"通过学习来学习"的方案中，这种方案试图为员工提供必要的技术以在任何学习环境中都会达到较高的效率，它强调要选择需要的学习策略来有效地迎合材料的性质和对学习条件的要求。

显然，如果员工能够获得并且熟练地应用各种学习策略，他们就可能从正式的学习机会，如培训项目和非正式学习机会，或者解决问题的会议中受益更多。

2.4　培训环境的构建

培训环境主要是指帮助员工学习的环境条件，包括学习的自然环境、实践机会、信息反馈和接收。培训环境在很大程度上影响着培训的效果。

在选择培训教室之前，要考虑期望员工如何学习。也就是说，确定员工的学习时间、学习地点和学习方式(自主学习)，以及学习是否通过与他人交流(协作)来进行。如表 2-7 所示，描述了培训教室的类型，使其适合自主学习、在学习中协作。例如，配有易移动设备的教室可高度支持协作，但只能低度支持自主学习；这个教室可用于讲课、演讲、讨论和小团体活动。配有电脑、摄像机、数据设备的远程学习教室则支持需要低度协作但高度自主的学习。自主学习对协作的要求不高，因此最适合配有计算机和软件的实验室，它可以支持网络学习、基于计算机的培训及软件学习指导。在网络时代，一个专门的培训空间可能没有必要满足所有这些学习要求，因为员工可以使用自己的个人电脑，无论是在家里还是在办公室都可以成为学习环境。

表 2-7　满足学习需要的培训教室

学 习 需 要	建议的培训教室
高度协作，低度自主学习	有分组讨论的教室、有分会场的报告厅
高度协作，高度自主学习	分组讨论室、项目室、会议室
低度协作，低度自主学习	教室、电脑教室、报告厅
低度协作，高度自主学习	远程学习室、媒体实验室、计算机实验室

在学习过程中，培训师需要考虑培训教室的物理要求。比如，员工培训时如何能集中精力？需要书写工具吗？是否需要看清具体的图像？是否需要提供用于培训的空间合理的房间？等。应该在培训课程开始前就考虑好房间的设计，并且与培训场地的管理人员一起设计环境，使其能够满足学习的需要。

1. 选择和准备培训场地

(1) 培训场地(training site)。

培训场地指实施培训的场所。一个好的培训场地应是舒服且交通便利、安静、独立且不受干扰，能够提供足够的空间让员工自由移动，这样他们就可以清楚地看到其他同事、培训师以及他们想在培训中看到或使用的任何东西，如视频、产品样品、图表、幻灯片投影仪。

(2) 培训场所应考虑的细节。

如表 2-8 所示，列示了会议室的特征，培训者、培训项目设计者或管理者可用它来评估培训场地。大多数情况下，培训者都不会奢侈地选择"最佳"的培训场地。相反，他们会利用自己对培训场地的评估，使自己熟悉该场地的优势和不足，以便调整培训项目或场地的物品摆放。

表 2-8　评价培训场所应考虑的细节

噪音	检查空调系统噪音，临近房间和走廊及建筑物之外的噪音
色彩	轻淡柔和的色彩，如橙色、绿色、蓝色和黄色属于暖色，不同种类的白色属于冷色。黑色和棕色会使人心理产生排斥而变得疲倦
房间结构	使用近于方形的房间。过长或过窄的房间会使受训者彼此难以看见、听见和参与讨论
照明	光源应主要是日光灯。白炽灯应分布于房间四周，并且在需投影时用作微弱光源
墙与地面	会议室应铺地毯，使用相同色调，避免分散注意力。只有与会议有关的资料才可以贴在墙上
会议室的椅子	椅子应有轮子、可旋转，并有靠背可支撑腰部
反光	检查并消除金属表面、电视屏幕和镜子的反光
天花板	天花板最好 10 米高
电源插座	房间里间隔 6 米设置一个电源插座，电源插座旁边还应放一个电话插头，使培训者能够很方便地使用电源插座
音响	检查墙面、天花板、地面和家具反射或吸音情况。与三四个人共同调试音响，调节其清晰度和音量

由于技术会影响培训项目的信息传递，许多培训场地需要包括供培训师和员工控制的设备。培训场地还应拥有录像机、CD、卡式录音机和摄像机，以及用来控制视听设备和房间环境的可触屏系统。另外，培训场地座位的安排要根据员工之间及培训者与员工之间预期的交流类型来定。

2. 培训专业人员的工作范畴

应该说，人力资源培训专业人员对于一个培训的成败有着举足轻重的作用。如表 2-9 所示，我们可以清楚地看到培训专业人员的主要工作范畴。

表 2-9　人力资源培训专业人员的主要工作范畴

(1) 需求的分析和诊断。建立问卷，进行需求分析，并且对反馈进行评估，等等。

(2) 确立合适的培训方法。对可供选择的准备好的课程和材料进行评估，运用计划说明书、录像带、电脑和其他结构化的技术。

(3) 方案的设计和开发。设计培训方案的内容和结构，运用学习理论建立目标，评估和选择有指导性的方法。

(4) 开发材料来源渠道。准备好演讲稿、幻灯片、指导手册、复印材料、学习计划和其他教学材料。

(5) 管理内部资源。获得和评估内部指导者/项目培训人员，训练其他人如何培训、如何管理他们的工作。

(6) 管理外部资源。联络、管理和评估外部培训者及外部顾问。

(7) 个人发展规划和辅导。对个人职业发展需求和计划进行辅导，整理和保存他们参与项目的记录，管理学费，建立培训资料库。

(8) 工作/业绩相关的培训。进行在岗培训和开发时，协助管理者和其他人分析工作所需要的技能和知识，确定绩效问题。

(9) 指导课堂培训。指导项目，做好项目的后勤保障，操作可视设备，授课，讨论，在反馈的基础上修订材料。

(10) 团队和组织开发。运用诸如团队建设、内部组织会议、行为模型化、角色扮演、情景模拟、讨论、案例等技术。

(11) 培训研究。提出并理解关于培训的统计量和数据，并通过报告、计划、演讲和文章与下属沟通，做好数据收集工作。

(12) 管理者和员工的关系。建立和保持管理者和员工之间的良好关系，对他们进行指导，并推荐他们进行培训和开发。

(13) 管理培训和开发的过程。准备资金、组织者、员工，制定正式的计划说明书，记录成本信息，管理其他人的工作，计划未来的需求，等等。

(14) 自我职业开发。参加会议，跟上先进的培训理念和技术以及先进的组织活动

3. 寻找优秀的培训师

目前，国内外很多研究者提出了一些优秀培训师应该具备的特征，如果一个培训师能够拥有这些特征的话，就能够给培训创造一个良好的环境。

英国心理学家巴特里特(Bartlett)通过研究于 1982 年提出了优秀培训教师应该具备的特征，如表 2-10 所示。兰德尔的研究则更加强调培训师对培训的准备工作，希望能够通过一个小手册改进培训师的工作并且创造一个更有效的培训环境，如表 2-11 所示。

表 2-10　优秀培训师应该具备的特征

(1) 具有良好的组织性；

(2) 对培训课程有一个清晰的规划；

(3) 设计的课程能够最大限度地获得学习效果；

(4) 强调概念性的理解；

(5) 培训的课程应该有高度的结构化，从而使员工能够形成清晰的框架；

(6) 将课程的各部分内容有机地结合起来；

(7) 对员工的提问给予清晰全面的回答；

(8) 运用案例；

(9) 设定有难度的但是可以达到的目标；

(10) 鼓励学员发挥他们的潜能；

(11) 指出如何正确地运用培训材料；

(12) 鼓励课堂讨论；

(13) 有效地利用课堂时间；(14) 进行测验发现员工的优势和不足之处；

(15) 解释培训课程的目的与员工之间的关系；

(16) 准备充分；

(17) 鼓励员工积极地学习提供的材料；

(18) 将员工视为有一定工作阅历的成人；

(19) 设计课程使员工了解将要学习的内容；

(20) 在课堂的每一个阶段要引进一些新观点；

(21) 鼓励员工提出问题；
(22) 鼓励员工之间分享知识和经验；
(23) 充分地利用白板和可视化设备；
(24) 完成课程目标；
(25) 展现出充分的热情；
(26) 激发员工的兴趣；
(27) 保持课堂的自由氛围

表 2-11　培训师计划手册的准备事项

你是否已经：
(1) 公布培训计划和活动？
(2) 通知每个人关于培训的时间、地点、场地和其他培训安排？
(3) 注意并安排培训教室的各个细节？
(4) 检查过实施每一个程序所要求的设备和道具？
① 座位安排；
② 讲台；
③ 烟灰缸；
④ 饮用水；
⑤ 衣架；
⑥ 通风、供暖设备、照明等；
⑦ 投影仪，屏幕；
⑧ 黑板、挂图架等；
⑨ 各类颜色的粉笔、黑板擦等；
⑩ 纸、铅笔。
(5) 准备好辅助材料和工具？
① 图表；
② 手册；
③ 演示材料；
④ 以往的记录；
⑤ 电影；
⑥ 幻灯片。
(6) 检查过各种设备是否正常运转并且熟悉怎样运作它？
(7) 建立培训的阶段目标？
(8) 细致地学习培训的计划？
① 确定必须重点强调的部分；
② 考虑到员工的反馈和反应。
(9) 考虑到需要采用的经验、示例和故事调动受训者的情绪？
(10) 调动了员工的情绪？

除了培训师的因素外，员工培训后返回岗位，还需要一个能够促进培训成果转化的环

境。但在员工的工作环境中，存在着诸多阻碍培训成果转化的因素，如部门管理者的不支持、同事的不支持以及时间紧迫、资金短缺、设备匮乏等。培训成果缺乏转化的环境造成"培训没有太大实际用处"的观点产生，对培训工作又是一大阻碍。为了创建有利于培训成果转化的环境，培训师必须先寻找可能推进培训成果转化的环境因素。目前，比较流行的环境因素是创建学习型组织。

◆ 思考与复习 ◆

1. 主要学习理论有哪些？如何在实际操作中得到应用？
2. 简述成人学习理论的基本内容。
3. 学习的策略和类型有哪些？
4. 企业应如何构建培训的良好环境？
5. 找到一个关于培训项目的课程描述，评价该项目对学习的有利程度，并为项目的改进提出建议。

◆ 案例讨论 ◆

从员工抓起——东百集团培训纪实

福建东百集团股份有限公司位于福建省省会——福州市最繁华的东街口，是一家创建于1957年具有47年历史的大型商贸企业。1992年，东百集团开始进行规范化股份制改革，并于1993年10月公开发行股票。东百集团在上海证券交易所上市以来，已由单一的经营百货业发展成集国内贸易、广告、租赁、进出口、高新技术为一体的大型企业。东百集团坚持以"市场为导向"作为企业经营理念之一，努力营造"一流商品、一流服务、一流环境、一流管理"的服务体系。

对于历史悠久的东百集团来说，其经历了由计划经济向市场经济转变的全过程。面对激烈的市场竞争，不论是商品、服务、环境还是管理，归根结底是员工综合素质水平的竞争。随着公司的不断发展和壮大，老员工要跟上新的形式，更新知识；而不断充实进来的新员工急需提高业务技能和了解企业文化，迅速融入企业，使企业团结向上、充满活力和希望。所有这些成为东百集团人力资源管理的首要课题。

公司领导从实践中领悟到：通过员工的培训，一方面，可以帮助员工充分发挥和利用潜能，更大程度上实现自身价值，增强对企业的责任感；另一方面，可以提高员工的工作效率，增强企业的活力和竞争力。

员工的培训和教育是企业抓根本、管长远、打基础、上水平的大事。因此，在实际工作中，由总经理亲自挂帅，工会主席具体分管职工教育培训中心，形成以培训中心为主体、各职能部门分工协作、齐抓共管的立体交叉的人才培训网络系统。为了将培训工作落到实处，公司把教育与培训工作作为单项指标列为经理任期目标责任制，进入公司重要议事日程。

公司围绕"全面提高企业职工素质，服从服务企业经营发展"这一职教目标，认真制定职工教育培训长远规划和短期目标，建立健全了一整套保证职教目标实现的规章制度，制定了职工教育条例、长期和短期培训制度、考核制度、奖惩制度。其中，规定一般员工每年要保证 10 天的培训时间，中层以上领导干部培训时间不少于 20 天。为使培训不流于形式，实行"两挂钩制度"，即职工培训与岗位技能工资挂钩；考核成绩与晋级、升资、职务挂钩。一系列规章制度均提交工会、职代会审议通过，从而使教、学、用、考、奖走上有章可循的道路。东百集团的培训方案如下：

1. 岗位培训

公司根据"干什么，学什么；缺什么，补什么"的原则，定期培训柜组长、中级技术工人，培训面 100%，使员工的岗位技能水平不断提高。把好新员工"先培训，再上岗"的关，并根据业务需要，及时进行企业文化、相关法律法规、安保知识、服务规范的学习。

2. 等级培训

集团对营业员实行等级上岗制度，营业员共分为见习、初级、中级、高级四个等级。营业员实行动态管理，坚持每两年一考，从政治素质、业务能力、服务态度、完成任务四个方面综合考评，评定结果张榜公布，并直接与年终荣誉评定和经济利益挂钩。

3. 超前培训

针对对外开放需要，公司还开办了为期三个月的商业柜台英语口语培训班，编印了具有"东百"特色的柜台英语会话三百句。通过此次培训，大部分学员已能直接接待外国顾客。

4. 中层干部培训

为使中层干部更新知识、开阔眼界、提高管理能力，集团先后开办了领导艺术、营销战略、公共关系、商业法规、信息技术等培训班。

随着集团经营的迅速发展，需要一大批高、精、尖的营销专业人才。公司决定和福州商贸高级职业中学实行联合办学。双方在资金、生源、师资等硬软件设施上优势互补，使"东百"的职业教育工作上了一个台阶。

近几年来，集团和商校联办了计算机、商业会计、市场营销、财会电算化、商贸业务、广告信息、电器维修等专业，毕业的优秀学员被集团优先录用。通过联办的方式，不仅花钱少、产出快，而且实用性强，收到了事半功倍的效果。

根据案例回答下列问题：

(1) 你如何评价东百集团的培训体系？

(2) 如果你是东百集团的人力资源部门经理，你如何对本公司的培训效果进行考评？

◆ 　培 训 游 戏　 ◆

最能代表我的动物

游戏类型：破冰船/提升自我/人际关系/沟通

活动形式：分组进行，每组不超过 12 人

所需时间：15 分钟到 20 分钟

场地要求：宽敞的会议室或者户外

所需材料：无

活动目的

1. 通过游戏使受训者学会如何更巧妙地了解别人。

2. 活跃现场气氛，让听众以趣味的方式彼此相识。

操作步骤

1. 分组，每组人员不超过 12 人，然后各自坐成一个圆圈。

2. 给大家 2 分钟的时间想一个最能代表自己的动物，需要解释原因，以及有什么特定的含义，这种动物可以和哪些动物相处得很好，哪些动物是它的敌人。

3. 给每个人 1 分钟的时间来介绍，每组从衣服颜色最多的人开始，然后顺序向左，直到小组全部成员介绍完毕。

提示

1. 在开始的时候，培训师应鼓励大家创造性地进行介绍。

2. 为了让大家在别人介绍的时候专心倾听，可以告诉他们：最后要离开座位，每个人去找两个可以和你友好相处的"动物"，然后坐到一起。

相关讨论

1. 通过大家喜欢的动物，你对他们有了怎样的了解？

2. 你记住了多少人的名字？哪些因素促成了你迅速记住对方的名字？

3. 那些你没有记住姓名的人，他们有什么共同特点吗？

4. 那些和你喜欢的动物相同或者相近的人，你们身上有哪些地方很像？沟通起来如何？

5. 在现实的生活与工作中，如何巧妙地运用这个游戏？

第3章　培训的需求分析

学习要点
- ➢ 培训需求分析的含义
- ➢ 培训需求分析产生的原因
- ➢ 培训需求分析的内容及流程
- ➢ 培训需求分析的模型和方法
- ➢ 战略层面培训需求分析的内涵、步骤、信息来源和工具
- ➢ 任务层面培训需求分析的内涵、步骤、信息来源和工具
- ➢ 人员层面培训需求分析的内涵、步骤、信息来源和工具
- ➢ 胜任力模型与培训需求分析
- ➢ 企业文化与培训需求分析

导读资料

让培训需求步入正轨

D公司是一家提供移动通信网络全面解决整体方案的高科技公司，主营业务为移动通信网络设计、系统设备、网管计费和移动智网新业务等网络支撑软件开发。一直以来，公司高层很看重企业的培训工作，总经理亲自监督完成了培训中心的硬件建设，确定了培训中心的组织机构、人员、资金与场地设备，同时制定了公司的培训工作制度。公司规定，在每次培训项目的实施过程中，HR 的首要工作是进行培训需求分析，在此基础上制定相应的培训计划，如新员工的入职培训或现有员工的能力提升与职业发展，等等。

1. 层层深入——直击培训需求分析三环节

D公司的培训需求分析工作流程主要包括培训需求调查、培训需求详表的初步成形和培训需求详表的完善三个环节。

(1) 员工的心思你别猜——踏踏实实做好培训需求调查。

针对员工实际情况进行调查是做好培训需求分析工作的首要环节，切忌想当然地猜测员工对于培训的需求。培训需求信息的收集需要从两个层面进行，第一是部门层面，从企业战略目标出发分析本部门的培训需求；第二是员工层面，根据岗位任职资格要求、员工职业发展要求以及绩效改进要求，分析员工的培训需求。基于此，D公司的培训需求调查工作分两个步骤进行：培训需求沟通与培训需求信息的收集和汇总。

第一步：培训需求沟通。

在培训需求调查之初，D公司 HR 指导部门直线经理就培训需求做了两方面的沟通工作，既包括各部门经理与本部门员工就培训需求问题的沟通，也包括人力资源部门与各部

门经理的培训沟通，历时四天(企业规模大小不同，此过程需要的时间也不同)。经此过程，直线经理全面了解了所属部门员工的岗位任职资格标准以及员工的绩效评价结果，然后根据部门业务发展需要和员工个人的职业发展需要，与员工共同确定培训需求，并填写员工培训需求调查表，表中信息包括：员工基本情况、员工绩效达成、业务技能提升以及员工职业发展所需培训等。

第二步：培训需求信息的收集和汇总。

在部门直线经理完成员工培训需求调查表之后，D公司HR要求各部门培训管理人员完成本部门所有表单的收集汇总工作，形成员工培训需求表。此项工作最好在部门直线经理完成培训需求沟通之后的一天内完成，表中信息包括：培训类型、填表人信息、部门和主管信息、培训内容、培训目标、培训对象和人数等。

(2) 整理、访谈、分析——形成培训需求详表。

在收集到培训需求表之后，便步入培训需求详表的成形环节。此阶段的目的是由HR对部门培训需求进行汇总分类与补充完善，以形成培训需求详表，具体包括三个步骤：分类整理部门培训需求；进行培训需求访谈；详细分析形成培训需求详表。

第一步：分类整理部门培训需求。

在培训需求调查工作结束后的一周内，各部门培训管理人员需要按照培训需求类别将已收集汇总的培训需求表进行分类整理。在此过程中，工作关键点是通过合并筛选各部门的培训需求，区分出通用类和专业类两种培训需求，上交部门主管审批通过后，将培训需求表提交人力资源部主管培训的部门。

第二步：进行培训需求访谈。

为了获取战略性培训需求与领导班子方面的培训需求信息，D公司HR在收集到员工需求信息后，没有忽视对相关领导进行培训需求访谈的工作。他们依据访谈所得到的培训需求做好记录，为接下来培训需求详表的成形工作提供了相关参考信息，这一任务在培训需求调查后的第二周内完成。

第三步：详细分析形成培训需求详表。

根据访谈结果与已分类的培训需求表，D公司人力资源部培训人员依据培训需求深入分析控制程序，由通用与专用两类确定培训需求详表包含的信息，如培训班责任人、时间、时长、经费预算等，形成确定的培训需求详表(见下表)。此项工作继访谈结束后的两周内完成。

(3) 一切从实际出发——完善培训需求详表。

制定好培训需求详表之后，D公司HR在接下来的两天内需要完成相关项目的设计工作，主要涉及两个方面的内容，一是选择培训形式，二是规划培训课程。在此过程中，HR需要注意的是培训内容和形式的选择要从每次培训的实际情况出发，考虑到员工的个性化需求、经费限制与时间限制等因素，寻求最佳方法与途径。

针对培训需求表中的各项填写内容，D公司HR从员工的个性化需求、时间限制(不能安排脱产的，采用在职培训或在线培训形式)和经费限制(适当限制培训费用较高的外派培训)等方面进行考虑，从自学、脱产培训和不脱产培训这三类形式中进行选择。当HR决定采用哪种培训形式之后，就可以根据培训项目类型与现有条件来确定培训班负责人，确定时间、时长、期数、地点、人数、确定课程大纲、所用教材、培训方式、师资类型与标准、培训班类型、培训评估层次与方法、经费预算，以及人均预算等具体培训信息，完成培训课程规划制定与培训需求详表的完善工作。

2. 浪里淘沙——把握培训需求分析关键点

从理论和实践上看，要想做好培训需求分析工作，不仅要了解科学合理的设计流程三环节，同时还要对其中的关键要点给予足够的重视。在实践过程中，D 公司 HR 主要侧重把握了以下三个方面：

(1) 明确培训需求调查的参与者。

HR 组织培训需求调查的过程中，要请任职员工与其上级一起参与，因为对于某一具体岗位的培训需求来说，他们是行家，对岗位知识技能的要求相对而言较为清楚，可以相互补充以完善信息；同时，也可以避免出现员工盲目提培训要求的问题。对于比较复杂的技术性岗位，HR 还可以邀请相关技术专家参与，保证收集到的信息的真实性。

(2) 设计合理的调查流程。

合理的调查流程一般来说包括四方面：首先，要根据企业战略发展目标、岗位任职资格要求等信息了解员工应该掌握何种知识技能；其次，分析员工目前的掌握程度，在哪方面存在欠缺；再次，对员工需求进行汇总整理，按照轻重缓急排序；最后，得出员工切实的培训需求。当然，这其中每一步都可以继续细分。比如，员工需求可以分为知识需求、技能需求等；知识层面又可以分为专业知识与相关知识等；技能也可以分为通用技能与专业技能等。

(3) 准确查找绩效差距并分析原因。

培训需求分析的一个常见入手处是绩效差距，只有找到出现绩效差距的原因，才能确定是否存在有效的培训手段来消除差距。若绩效差距是由环境、设备或激励制度等引起的，则培训措施不会起什么作用；若是由员工所具备的知识、技术不足所致，企业才有进行培训的必要。明确员工素质能力差距，进行针对性培训，才能提高人力资源利用率和企业管理效率。

至此，D 公司 HR 切实完成培训需求详表的填写工作，为培训计划的制定提供了翔实可靠的第一手资料，降低甚至避免了盲目性，为有效的培训工作奠定了基础。准确的培训需求分析使公司培训工作远离"救火大队""鸡肋"等"荣誉称号"，成为企业发展的真正助力。

资料来源：https://wenku.baidu.com/view/f5fec12d647d27284b73517d.html

如果员工培训是一项系统工程，该系统工程的始发系统就是员工培训需求分析。培训需求分析不仅是确定培训目标和设计培训计划的前提，而且还是进行培训评估的基础。从D 公司的培训需求流程设计可以看出，只有进行科学的培训需求分析，明确培训需求，才能使企业的培训活动效益最大化。作为人力资源培训的专业人员，不仅要掌握三层次需求分析，更要掌握基于胜任力模型的需求分析及从企业文化上进行培训需求分析，确切的诊断绩效需求，并提供实用的解决方案。

3.1 培训需求分析的含义与作用

3.1.1 培训需求分析的含义

培训需求分析，是麦基(McGhee)和泰勒(Thayer)等人于 1961 年最早提出。他们认为培训需求分析是一种方法，通过系统确定培训目标、培训内容及其之间的相互关系。

20 世纪 70 年代后，国外组织心理学开始逐渐关注人力资源的培训这一研究领域，进一步发展和完善了培训需求分析的内涵，培训需求分析也越来越受到重视，逐渐在世界范围内推广并应用。

对于培训需求分析的定义，国内外许多专家学者都给予了阐述，其中有以下几个比较有代表性的定义。国外学者斯蒂芬等认为，培训需求分析主要是找到实际的绩效标准和理想的绩效标准两者间的差距。它是人力资源开发工作的基础，是保证培训有效性的前提，也是衡量培训方案的标准，有利于培训计划的顺利实施。凯瑟琳等认为，在培训需求分析阶段，培训专业人员对培训需求进行排序，并调整与匹配培训所需的资源和实际可用的资源，进一步设计出切实可行的培训方案。切斯特等提出，培训需求分析是寻找和发现组织中谁需要学习什么，以帮助其更好地完成工作。他排列出培训需求的优先级，有利于提高组织绩效，并强调培训需求分析的焦点是根据理想的绩效标准，关注员工学习的需求，而不是学习本身、培训计划本身或培训部门必须提供什么。它力求在缺乏培训可能引发的后果和通过培训改善现有业绩之间建立一定的相关关系。罗塞蒂认为，理想与现实之间的差距导致绩效方面的差异，培训需求分析的模型应该收集五个方面的信息：① 最佳的绩效或知识——期望的绩效应该是怎样的；② 实际或目前的绩效或知识——现在的绩效是怎样的；③ 受训者和其他重要人员的感受——人们遇到问题时的感受如何；④ 来自多种角度的问题的原因——问题的原因；⑤ 来自多种角度的问题的解决方案——解决问题的方式。

国内学者林泽炎认为，培训需求分析是在培训需求调查的基础上，运用绩效差距和全面分析等多种分析方法与技术，系统地鉴别与分析组织及其成员的目标、知识、技能等方面，以确定是否需要培训及培训内容的一种活动或过程。向春指出，培训需求分析是一种帮助员工解决现存问题，弥补实现组织的发展目标过程中存在的不足而进行的分析。另外，徐芳认为，培训需求分析是指通过收集组织及其成员的实际绩效的相关信息，找出实际的绩效水平和应有的绩效水平之间的差距，进一步确定组织及其成员在知识、技术和能力方面的差距，从而为培训活动提供依据。

通过上述分析和总结，我们认为，培训需求分析是指在组织支持的条件下，通过收集组织及其成员现有绩效的有关信息，对组织目标、绩效水平、人员素质等方面进行系统分析，确定现状与理想状态、现有绩效水平与应有绩效水平的差距，从而为培训活动提供依据。它包括以下几层含义：

(1) 培训需求分析要获得组织支持。组织支持是指为确保培训活动顺利进行，各种组织及其成员在培训过程中对培训活动的支持。培训工作只有获得组织支持，才能获得所需要的各种资源，调动组织各方面人员的积极性，进而保证需求分析的真实性、全面性和有效性。

(2) 培训需求分析是一项系统的分析工作。培训需求分析是在规划和设计每项培训活动前的一种活动或过程，以确定培训需求和培训内容是否合适，要由培训部门、主管人员、工作人员等使用各种方法与技术，系统地鉴别与分析各种组织及其成员的目标、知识、技能等方面。

(3) 培训需求分析的实质是寻找差距。培训需求分析的关键是确定产生培训需求的真正原因，并确定它们是否可以通过培训来解决，其实质是通过对组织及其成员的现有状况与应有状况之间的差距的分析，以确定培训需求和培训的内容，具有很强的指导性。

3.1.2　培训需求分析的作用

培训系统是一个各部分相互联系的网络，而培训的首要和必经环节就是培训需求分析，它也是其他培训活动的前提和基础，其在培训中的重大作用具体表现为：确认差距，提高绩效。

培训需求分析的根本目标就是确认差距。一方面，确认组织及其成员实际的绩效水平与应有的绩效水平之间的差距，即绩效差距。它主要通过绩效评估来完成。绩效评估的方式多种多样，如实绩记录法、目标管理评价法、因素评定法、代表人物评定法、工作标准法和强迫选择法等。另一方面，能力和完成一定绩效的知识、技能的差距。其确认通常包括三个环节：第一，分析所需的知识、技能和能力，以确定理想的知识、技能和能力的模型；第二，分析企业或组织经营过程中出现的实际问题，把与业绩相关的知识、技能和能力等方面的因素的现状找出来；第三，对比企业或组织和理想状态下在知识、技能和能力模型上的差距。为保证分析的有效性，差距确认时应独立有序地进行这三个环节。培训需求分析的具体作用如下：

1. 改变原有分析

原有的分析基本上是根据组织及其成员的现有状况进行的。组织面临的变革的挑战不断变化时，原有的需求分析就可能脱离该组织及其成员的实际状况，所以改变原有分析显得极其重要。当组织发生变化时，不管这种变化是涉及技术、程序、人员，还是涉及产品或服务，组织都有一种特殊的、直接的新需求。负责培训和开发的人应及时把握住这些变化，改变原有分析，制定出符合实际情况的培训规划和设计。

2. 促进人力资源分类系统向人力资源开发系统转换

需求分析能促进人力资源分类系统转换为人力资源开发系统。一般在公共部门和私营部门里都有人力资源分类系统。作为单位的信息资料库，人力资源分类系统在制定政策方面非常重要，如新员工录用、职位升降、预算、工资待遇等。但其在工作人员开发计划、培训以及解决问题等方面作用有限。如果人力资源分类系统不能帮助员工确定其所缺的技能以及如何获得它们，员工就不可能承担一个较高的工作岗位上的责任；如果人力资源分析系统无法分析培训功能，就无法形成高质量的目标规划。但是，当培训部门与人力资源分类系统的设计、资料收集作用密切结合时，该系统就会变得更加具有人力资源开发导向和综合性。

3. 提供多种解决问题的方法

认为培训需求分析的目的就是通过培训解决组织及其成员存在的问题是一种非常片面的理解。美国学者 Mitchell 把通过需求分析获得的问题分为制度问题、组织问题、技能问题和动机问题四种，并认为不是所有的问题都是培训问题。事实上，培训需求分析可以提供一些如人员变动、工资增长等与培训无关的选择。假设人力资源部门预测，迫切需要增加一批在高速公路建设方面的交通工程专家，可以选择对已经在组织内工作的工程人员进行再培训，也可以选择聘请已获得高薪的资深工程专家，还可以选择聘用一些低薪、资历浅的人员，然后大规模培训他们。培训的分类根据选择方式的不同而有所差异。在现实中，最好综合使用几种可供选择的方法，由此制定的培训策略才能包含多样性。

4. 建立动态信息数据库，便于进行培训效果的评估和反馈

培训需求分析实际上是通过各种方法收集和培训相关的各种信息资料，经由这一过程，人力资源开发与培训的信息资料库就可以形成。设计良好的培训需求分析，可以明确一般的培训需要和员工，确定培训内容，并建立最有效的培训战略，还能确定特殊的员工等。在培训之前，还可通过研究这些资料，建立一个评估标准，以此来分析培训项目的有效性。

5. 确定培训的成本与价值

如果对培训需求进行了系统的分析并找到了问题所在，管理人员就能把成本因素引入到培训需求分析中，可以通过搜集和分析相关数据，以计算投资回报率等方式科学分析不进行培训的损失和培训成本，进一步确定培训的可行性。当然，培训成本确定的难易程度在不同性质的组织中是不同的。

6. 为获得组织对培训的支持创造有利条件

组织支持应贯穿于培训的全过程。缺乏组织支持，任何培训活动都无法顺利进行，更不可能获得成功。因此，获得组织支持对培训部门至关重要，而进行培训需求分析便是获得组织支持的重要途径之一。通过培训需求分析，相关人员可以认识到组织中存在的问题，找出组织成员在知识、能力和技能方面的差距，了解培训的成本和价值，从而为获得组织支持创造条件。

3.2　培训需求分析的内容与流程

3.2.1　培训需求分析的内容

企业的培训需求是由各方面的原因引起的，确定培训需求分析的必要性并收集到有关资料后，就要分析培训需求的不同层次、不同方面和不同时期。

1. 培训需求的层次分析

1) 需求分析的三个层次

对于培训需求按层次划分有许多不同的方式，大多数学者主张用三个层次分析法进行需求分析，即组织或战略分析、任务分析和人员分析，如图 3-1 所示。

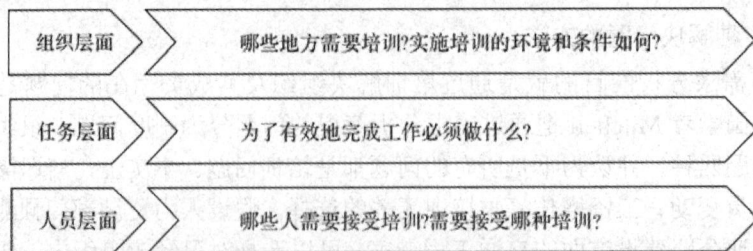

图 3-1　培训需求分析的层次

组织分析是确定在整个企业范围内对培训的需求，了解组织对培训活动的支持程度，以及为培训提供资源的可用性和管理的可能性。任务分析的主要目标是确定各工作岗位的员工完成理想的工作绩效所要掌握的技能和能力。人员分析主要确定企业员工实际的工作绩效与员工绩效标准对员工的要求之间是否存在差距，以确定需要和应该接受培训的人员。

通过组织分析、任务分析和人员分析，可系统地对企业的培训需求层次做出预测。在实际工作中，这三者之间并不一定要按固定的顺序进行。一般先进行组织分析，而任务分析和人员分析往往同时进行，很难分开。

2) 需求分析中不同人员的关注点

因为培训需求分析的目的是要确定培训需求的必要性，需要培训的人员以及需要培训的任务等问题，所以在做需求分析时，高层、中层和基层管理人员的培训在做组织层面、任务层面和人员层面的分析时所关注的重点各有侧重，如表 3-1 所示。

表 3-1 中、高层管理者及培训者在需求分析中的关注点

需求分析层次	高层管理人员	中层管理人员	基层管理人员
组织分析	培训对实现经营目标重要吗？ 培训将会如何支持战略目标的实现？ 哪些职能部门和经营单位需要培训？	组织愿意花钱搞培训吗？要花多少钱？	有资金来购买培训产品和服务吗？ 各个部门的管理者会支持培训吗？
任务分析		在哪些工作领域内培训可以有效地提高产品质量或服务水平？	哪些任务需要培训？ 该任务需要具备哪些知识、技能或其他特点
人员分析	哪些职能部门和经营单位需要培训？ 公司具备一定知识、技术、能力可参与市场竞争的人员吗？	哪些人需要接受培训？ 管理者、专业人员还是一线人员？	怎样确定出需要培训的人员？

需求分析过程中，高层管理者从公司发展前景的战略角度出发，而不是局限于特定的任务，目的是明确培训和甄选、薪酬等其他人力资源活动。中层管理者更关心影响本部门财务目标实现的问题，如培训的成本与收益，重点对哪些人培训等。而基层管理者的关注点主要在于通过需求分析以获取相关培训项目的信息，包括培训项目是外购还是自行开发，需要培训哪些工作任务以及任务要具备的知识技能特点等。

2. 培训需求的对象分析

按照培训对象的范围，培训需求可划分为全员培训需求和个别培训需求。

(1) 全员培训需求。全员培训需求指的是全体人员共同的培训需求，包括职业素养、综合管理技能、个人发展和其他训练需求，以及专业知识、专业技能等培训需求。全员培训需求的具体内容，如表 3-2 所示。

表 3-2　全员培训需求的分类及内容

全员培训需求的分类	具 体 内 容
增强企业认同	企业文化、企业发展历程、企业关键事件、企业基本规章制度等培训需求
提升员工素质	员工工作态度、工作方法、人际关系、职业生涯管理等培训需求
提升员工技能	计算机操作基本技能、外语应用基本技能等培训需求

(2) 个体培训需求。个别培训需求指的是部分或个别人员的培训需求，如各种专业技能培训等，此种需求通常由部门、层级、岗位和资历的不同而产生。个别培训需求的具体内容，如表 3-3 所示。

表 3-3　个别培训需求的分类及内容

个别培训需求的分类	具 体 内 容
不同类别人员	新入职员工、新任管理人员等的培训需求
不同工作部门	人力资源部、行政部、生产部、质量管理部、采购部、营销管理部等部门的培训需求
不同工作团队	临时项目组，部门内不同团队等的培训需求

3. 培训需求的阶段分析

根据培训针对的是目前存在的问题还是为满足将来的需要，可以将培训需求分为目前培训需求分析和未来培训需求分析。

目前培训需求分析，是指针对企业目前存在的问题和不足而提出的培训要求，主要分析企业目前的生产经营目标及其实现状况等方面，确定产生这些问题的原因以及培训是解决问题的有效途径。

未来培训需求分析，是指为满足企业未来发展的需要而提出的培训要求，通常使用前瞻性培训需求分析方法，以预测企业未来的工作变化、职工调动情况以及员工已具备的知识水平和不足的部分等。

3.2.2　培训需求分析的流程

培训需求分析需要遵循一定的程序，包括培训前期的准备工作、制订培训需求调查计划、分析与输出培训需求结果等几个步骤。

1. 培训需求分析的前期准备工作

进行培训需求分析之前，培训管理者需要做一些准备，前期准备工作包括以下几个方面：

(1) 收集资料，建立员工培训资料库。员工培训资料应包括培训档案、员工流动情况、绩效考核资料、个人职业生涯规划及其他相关资料等。员工培训资料库可以帮助管理者查找员工的背景资料时更方便快捷，能为员工的个人培训需求分析提供信息的同时，也可以为人力资源开发提供数据。

(2) 及时掌握员工工作现状。负责培训的部门作为提供培训的服务者，要对员工的动态及时掌握，以便准确地提供有效培训。因此，培训管理者要与其他业务部门密切联系，及时补充和更新员工培训的资料库，以顺利开展培训活动，满足企业发展的需求。

(3) 建立收集培训需求信息的渠道。为了及时掌握员工的培训需求，培训管理者必须建立起畅通有效的培训信息交流通道。例如，可以通过建立"培训信箱"和"培训信息公告牌"等方式与员工和部门交流培训信息。有条件的公司还可以利用公司内部网络搭建培训信息交流平台。

(4) 做好动员工作。培训需求分析工作从开展到实施再到培训效果评估是一个随时需要与员工沟通的过程，因此每一步都要做好沟通工作。为了使培训需求分析结果真实有效，在开展培训调查工作之前要让员工了解此培训的重要性，这样才能使培训分析工作更顺利地开展。

(5) 培训需求分析的审批。负责培训工作的部门在了解了员工的培训需求后，要按照有关规定向上级主管提出申请，并汇报下一步的工作，在得到上级的许可之后才能开展培训需求分析计划。

2. 制订培训需求分析计划

在培训需求分析正式开展之前，培训管理者要制订培训需求分析计划，主要包括以下几项内容：

(1) 制订工作计划。工作计划包括培训需求分析各项工作的时间进度安排，各项具体工作在执行中可能遇到的问题等。尤其是重要的、大规模的需求评估，制订工作计划很有必要。

(2) 设立工作目标。在计划中应该明确培训需求分析处在组织层次、任务层次和员工层次的哪个层次上，目标是什么。培训需求分析是为了找到培训需求，为是否培训和培训什么找到答案。在实际工作中，由于各种主观因素和客观因素的影响，收集到的信息不是绝对准确，因而所得到的结论也不可能绝对正确。培训管理者虽然要尽量排除各种因素的影响，提高工作目标的准确性，但也不必为了过分追求准确而加大成本。

(3) 选择合适的培训需求分析方法。即要根据培训中可以利用的资源以及企业的实际情况选择合适的调查方法。例如，不宜对工作任务安排非常紧凑的员工采用访谈法；对专业技术性较强的员工通常不使用行为观察法；大型培训可以采用多种方法，如调查问卷法和个别访谈法结合使用，扬长避短，但会增加成本费用。

(4) 确定培训需求分析的内容。确定培训需求分析需要的资料，分析内容尽量不要过于宽泛，避免浪费时间和费用。对于一项内容可以从多角度去分析调查，这样易于得到可靠依据。

3. 分析与总结培训需求数据

培训管理者需要分析并鉴别收集的培训信息。因为组织的培训资源是有限的，不可能满足所有的培训需求，因而培训管理者要对培训需求进行优先排序，加以取舍。

(1) 归类、整理收集到的信息。由于收集信息的来源和渠道不同，信息的形式也有所不同，因此要将收集到的信息进行分类、归档及整理。

(2) 分析总结培训需求信息。在进行培训需求信息总结时，要对收集上来的资料仔细分析，注意处理好个别需求和普遍需求、当前需求和未来需求之间的关系。结合企业实际情况和业务发展的需要，根据培训需求的重要性和紧迫性对所收集的各类培训需求进行排序。

(3) 处理培训需求结果。应以书面报告的形式将培训需求的结果提供给各决策部门。向部门或员工将需要公开的部分公开，并且与相关部门或人员进行交流，对存在争议的培训需求可以向相关部门或人员进行解释说明。

4. 撰写培训需求分析报告

完成员工培训需求分析之后，培训部门就要根据培训需求调查分析的结论撰写正式的书面报告，报告结论要以调查的信息为依据，不可依个人主观看法做出结论，并以此作为培训申请和培训开展的正式文件。

培训需求分析报告的主要内容有以下七个方面：

(1) 报告提要。简明扼要地介绍报告的主要内容。

(2) 实施背景。对产生培训需求的原因进行阐述，并说明培训需求的意向。

(3) 目的和性质。说明培训需求分析的目的，以前是否有类似的培训，以前培训的缺陷和失误。

(4) 实施方法和过程。介绍培训需求分析使用的方法和实施过程。

(5) 培训需求分析结果。阐述通过培训需求分析得到的结论。

(6) 分析结果的解释、评论和建议。论述培训理由、改进培训可采用的措施、培训方案的经济性、培训是否充分满足了需求及提供参考意见。

(7) 附录。分析中用到的图表资料。

3.3　培训需求分析的模型与方法

3.3.1　培训需求分析的模型

很多学者围绕组织的不同层面以及解决问题的不同角度提出了培训需求分析模型，旨在提高培训需求的准确性和有效性。

1. Goldstein 组织培训需求分析模型

20 世纪 80 年代，I.L. Goldstein、E.P. Braverman、H. Goldstein 三人经过长期的研究提出了 Goldstein 分析模型，该模型强调从三个方面对培训需求进行分析，如图 3-2 所示。

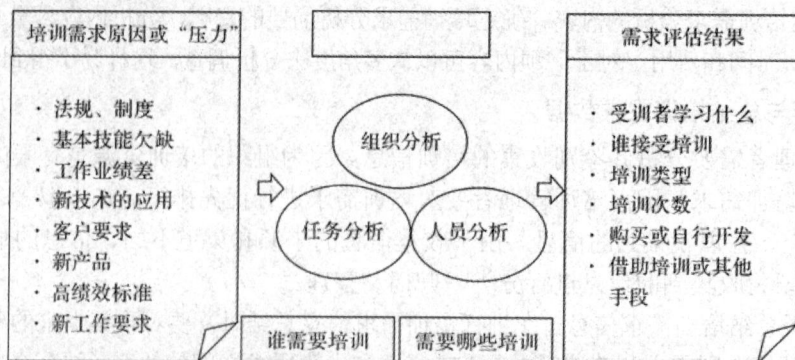

图 3-2　Goldstein 三层次培训需求分析模型

(1) 组织分析。组织分析是指在组织经营战略的条件下，分析影响培训效果的组织中的系统要素，并确定培训需求的方法。组织中的系统要素主要包括组织目标、资源、环境及员工素质结构等。组织目标是评价和体现组织绩效的重要标准，明确组织目标也是确定培训目标的关键。组织目标必须清晰界定，以支持整个培训工作。组织资源主要包括组织内部的知识资源、资金资源、时间资源、人力资源，其中人力资源是组织资源中最为重要的资源。组织环境是指外部环境和内部环境。外部环境是指当地经济发展水平、地域文化等；内部环境是指企业文化、软硬件设施等。员工素质结构分析主要从员工的受教育程度、专业结构、年龄结构、性格结构等角度进行。

在实际应用中，组织层次分析程序主要包括明确组织目标、了解组织资源、营造组织氛围、明晰环境限制四个阶段。

(2) 任务分析。和前文所述类似，此处的任务分析是指以工作说明书或某一具体工作任务为依据，确定需要在培训中加以强化的知识、技能和行为方式，目的是帮助员工寻找差距、弥补不足、进而完成任务。任务分析结果是对工作中的行动和操作及完成工作所需条件的描述，是对工作而不是工作者的描述。

(3) 人员分析。人员分析主要是对工作人员个体现有状况与应有状况之间的差距进行分析，确定需要接受培训的人员，以及培训的内容。个人分析的重点是工作人员的工作绩效及工作能力、工作态度。员工绩效考核结果、素质测评结果、自我评价情况等都可以作为人员分析的依据。总之，人员分析可以帮助企业管理者更好地了解组织人力资源现实的和潜在的素质。

2. 改进型培训需求分析模型

改进型培训需求分析模型是目前在实践中最为流行的培训需求分析模型。它在 Goldstein 分析模型基础上，多了组织环境分析这一要素，将企业组织放在其所处的环境中加以考察，包括组织面对的法律社会、经济、政治等因素对培训需求的影响。例如，每当国家和政府颁布与劳动相关的法律法规，组织就有必要进行相关的法律培训。对组织、任务和人员的分析进行分层，组织分析需要被放在首位，任务分析次之，最后是人员分析，依据其范围和重要性大小层层剖析。

3. 差距分析模型

差距分析模型通过对"理想技能水平"和"现有技能水平"之间的关系进行分析，确认组织的培训需求，如图 3-3 所示。

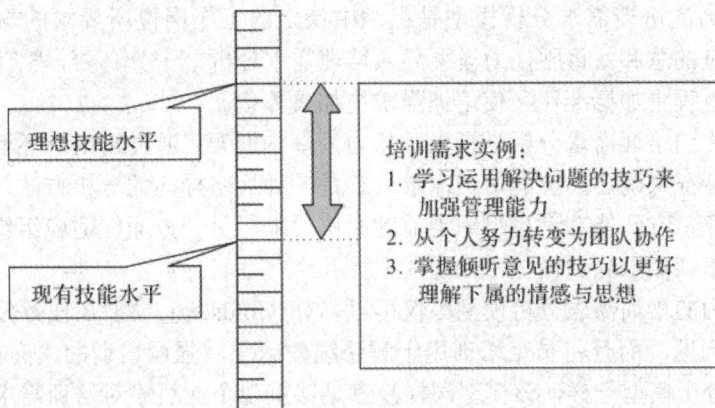

图 3-3　差距分析模型

"理想技能水平"与"现有技能水平"之间总会有一定的差距，主要表现在知识、能力、认识与态度、绩效等方面。因此，消除或缩小这种差距就是实施培训活动的目的。差距分析模型的核心思想：造成绩效差距的原因是缺少完成此项任务的知识或技能，而不是其他与工作行为相关的原因，如奖惩等。该模型的优点是将任务目标和理想的岗位绩效行为联系起来，将员工的培训需求放在"组织整体战略——部门业务目标——员工个人绩效"的架构中，并对之进行系统评估。

4. 培训需求循环评估模型

培训需求循环评估模型是指对培训需求提供一个连续的、带有反馈信息的循环评估培训，从组织层面、作业层面和个人层面进行评估分析，且贯穿于每一次循环中，如图3-4所示。其中，组织层面的分析强调在组织范围内的培训需求，以保证培训计划符合组织的战略方向和经营目标。在这一过程中，培训师需要对组织的内外部环境进行分析，从而发现组织目标与培训需求之间的联系。另外，培训计划能否成功的重要决定因素还有组织高层领导的重视和投入。作业层面分析的主要目的是确定培训内容，即员工要达到理想的绩效水平应该具备的技术和能力。因此，对作业分析而言，收集工作分析、绩效评价等员工工作信息非常重要。员工个人层面的分析是对员工目前实际的工作绩效与员工绩效标准或者预期未来的绩效标准进行比较，找出两者存在的差距，并形成培训需求。该模型最大的优点是提供了循环方案，使培训需求工作成为企业的定期任务，形成一个长期性的制度。

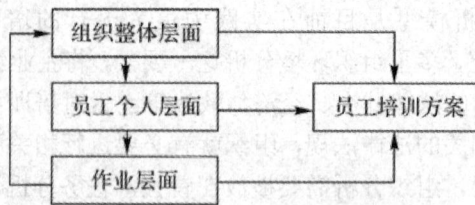

图 3-4　培训需求循环评估模型

资料来源：中国就业培训技术指导中心，企业人力资源管理师. 北京：中国劳动社会保障出版社，2014：133

5. 基于胜任力的培训需求分析模型

基于胜任力的培训需求分析模型是组织中特定的工作岗位所要求的与高绩效相关的一系列胜任特征的总和。将胜任力模型导入培训需求分析中十分必要，胜任特征的可测量性可以使分析过程更加标准化、使培训需求更加具体化。

基于胜任力的培训需求分析是指以胜任力为基本框架，通过对组织环境、组织变量与优秀员工关键特征来确定岗位的培训需求。它是一种战略导向的分析方法，通过此方法，培训内容和程序一方面能够满足组织当前的岗位要求，另一方面能适应组织发展的需要。基于胜任力的培训需求分析模型，如图3-5所示。

基于胜任力的培训需求分析模型不仅可以弥补 Goldstein 模型在任务分析方面存在的可操作性弱的问题，而且将员工培训用于解决绩效问题，强调培训的"岗位绩效导向"。然而，与差距分析模型一样，该模型同样没有足够重视企业战略对培训需求的影响。虽然基于胜任力的培训需求分析模型注意到了经营战略的变化会带来企业员工培训需求的变化，但是需要专业的访谈技术和后期的分析处理技术才能建立此模型，且耗时、费力、成本高。因此，该模型的运用对企业的人力资源管理水平提出了较高要求。

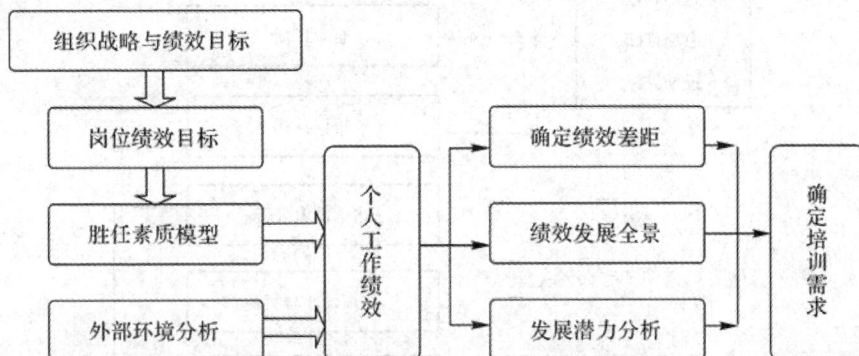

图 3-5 基于胜任力的培训需求分析模型

6. 前瞻性培训需求分析模型

美国学者 tem.L.leap 和 Michael D. cribo 提出的前瞻性培训需求分析模型在培训需求分析中运用了"前瞻性"思想，如图 3-6 所示。该模型根据组织未来的发展需要确定员工培训需求。即使员工目前的工作绩效令人满意，但随着技术的快速发展和员工个人成长的需要，也可能会为工作调动或适应工作内容要求的变化等原因提出培训要求，甚至员工个人的职业生涯发展规划也会对培训提出前瞻性的要求。另外，在组织发展过程中，企业会对员工的知识和能力等方面不断提出更高的要求。

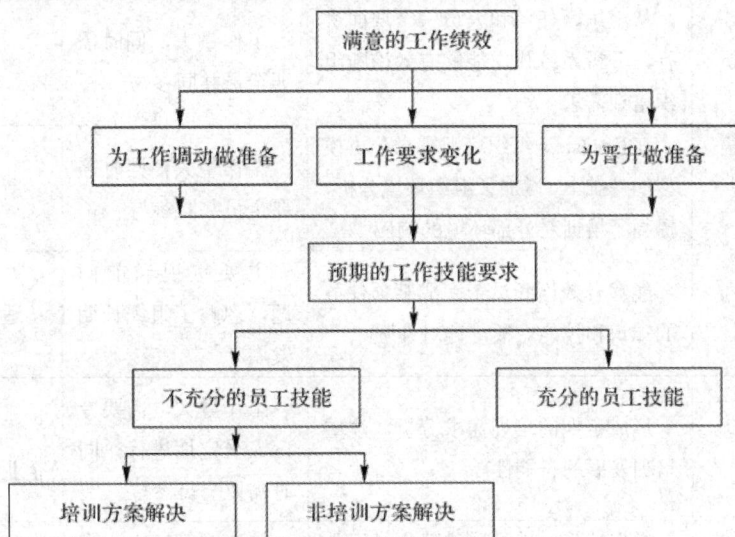

图 3-6 前瞻性培训需求分析模型

7. 以企业文化为基础的培训需求分析模型

以企业文化为基础的培训需求分析模型从梳理企业文化入手，明确企业目标，进而明确企业培训的目标。围绕企业文化实施员工培训，能让员工成功地融入企业文化，将企业目标和员工的个人目标统一起来，直接影响员工的工作动力和对企业价值观的认同，如图 3-7 所示。

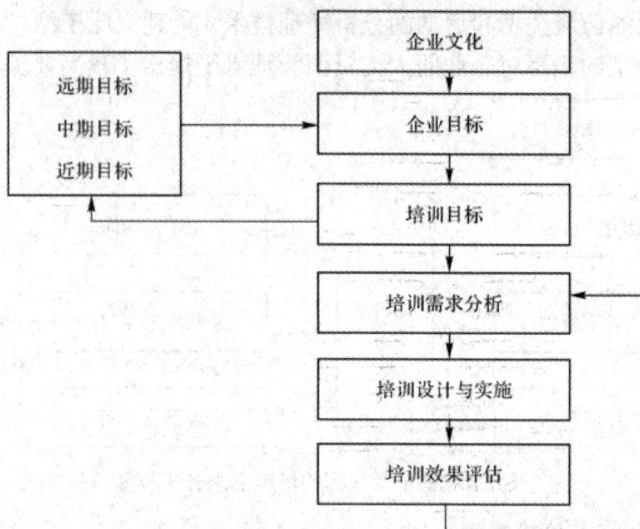

图 3-7　以企业文化为基础的培训需求分析模型

综上所述，培训需求分析的技术模型从不同的角度对组织培训需求进行了阐述，在实际的运用中往往是多个模型的综合运用。如表 3-4 所示，就是对各个模型优缺点及适用范围的简要对比。

表 3-4　培训需求分析主要技术模型的对比

模　型	优　点	缺　点	适用范围
Goldstein 组织培训需求分析模型	从组织、任务和人员三个层面进行，分析系统化，能够有效诊断组织培训需求	工作量大，同时需要全员共同参与	所有组织类型
改进型培训需求分析模型	在 Goldstein 组织培训需求分析模型的基础上，增加了组织环境分析，提高了培训对外部环境的响应	工作量大，同时需要全员共同参与	所有组织类型
差距模型	能够有效诊断员工完成某项任务的知识和技能短板，针对性强	主要重视当前问题，忽略了组织长期发展	适用于团队发展
培训需求循环评估模型	形成定期的培训需求分析，注重培训发展的长期性	工作量大，需要专门人员定期进行，同时需要全员参与	适用于大中型企业的长期发展
基于胜任力的培训需求分析模型	操作性强，并且通过建立员工胜任力素质模型，为员工未来发展提供学习和开发路径	构建难度较大，需要专业人士进行开发，且工作量大	适用于员工开发和职业发展
前瞻性培训需求分析模型	为未来发展做准备，使培训更具有战略意义；促进企业发展目标与个人职业发展的有效结合，提高员工对组织的归属感	由于建立在未来的预测基础上，所以有时会出现偏差	适用于企业未来需要的高层管理与技术人才

3.3.2 培训需求分析的方法

1. 申报法

申报法是通过向下级组织或部门发放申报表或调查表了解培训需求。从企业培训计划制订者的角度看,此方法和下面的问卷分析法属于培训需求调查的方法。

采用申报法在部门层面进行培训需求调查并制订培训计划的具体步骤,如图 3-8 所示。

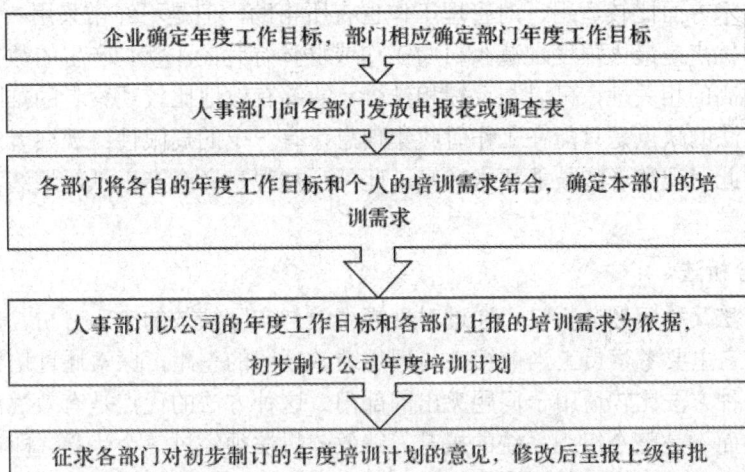

```
┌─────────────────────────────────────────────────────────┐
│        企业确定年度工作目标,部门相应确定部门年度工作目标        │
└─────────────────────────────────────────────────────────┘
                            ▽
┌─────────────────────────────────────────────────────────┐
│            人事部门向各部门发放申报表或调查表                  │
└─────────────────────────────────────────────────────────┘
                            ▽
┌─────────────────────────────────────────────────────────┐
│      各部门将各自的年度工作目标和个人的培训需求结合,确定本部门的培  │
│                          训需求                           │
└─────────────────────────────────────────────────────────┘
                            ▽
┌─────────────────────────────────────────────────────────┐
│      人事部门以公司的年度工作目标和各部门上报的培训需求为依据,      │
│                 初步制订公司年度培训计划                      │
└─────────────────────────────────────────────────────────┘
                            ▽
┌─────────────────────────────────────────────────────────┐
│      征求各部门对初步制订的年度培训计划的意见,修改后呈报上级审批    │
└─────────────────────────────────────────────────────────┘
```

图 3-8 申报法制订培训计划的具体步骤

2. 问卷法

问卷法是指为了获取具体目标信息,通过向多数人发放问卷来收集意见。通常,问卷分为开放式问卷、封闭式问卷、综合问卷三类。问卷可以以不记名的形式递交,以此来调查大多数人的意见。在培训需求信息收集工作中,问卷法用事先设计好的培训需求调查问卷向员工提出问题。

问卷法较多应用于涉及受访对象范围较大,需要了解的信息非常多,需要受访者提供详细的意见、建议且充分阐述个人观点的情形。问卷法的优点是成本较低,容易对数据资料进行归纳总结。问卷法的缺点是问卷编制周期较长,难以确定结果的真实性。此外,问卷调查对没有预料到的需求不能给予表达的机会,并且很少能得到问题的原因和解决方法等信息,由于其对被调查者的依赖,存在问卷回收率低的风险。

3. 访谈法

访谈法主要通过与员工谈话确定培训需求,可以是一对一的形式,也可以是开座谈会的形式。访谈形式是根据访谈对象和内容灵活变化的。访谈对象通常包括高层管理人员、部门负责人和基层员工。访谈法是经常使用的信息收集方式之一,访谈的地点既可以是工作现场,也可以是工作现场以外的任何较为方便的地方。访谈的方式灵活多样,如面对面或电话的方式。

访谈法的优点是有利于员工表达真实的观点和主张,有助于发现培训需求的具体问题和问题出现的原因及解决办法。但是访谈法也存在着不足。访谈法花费的时间较长,整理工作比较繁重,不易量化分析。此外,访谈法需要水平较高的访谈者进行访谈,否则容易漏掉信息或影响访谈质量，会使访谈结果的真实性和可靠性受到质疑。

4. 观察法

观察法是培训师亲自到员工工作现场去观察员工具体的工作情况，通过观察了解员工的工作技能、工作态度、工作中的困难，以获取数据信息。观察法一般采用直接观察和间接观察的方式。直接观察是在现场基于人的感官来感知和描述观察对象，比较具体。间接观察是通过一定的工具或技术手段进行观察，这种方式扩展了观察的深度和广度。虽然观察法在操作技术方面比较适用，对管理工作也有所帮助，但是不经常采用。

观察法的优点是最大限度地减少日常工作或群体行为的干扰，产生的数据资料与实际培训需求有较高的相关性，可以与反馈相结合，能够有效地比较观察者的推断和被观察者的反应。观察法的缺点是只能在工作时收集信息，有一定的局限性；观察者对观察结果有较大影响，因此对观察者的技能要求较高。此外，被观察者会产生抵触情绪，从而会加大观察结果的误差。

5. 绩效分析法

绩效分析法又称问题分析法，通过对理想绩效与实际绩效的差距分析，进而确定培训需求。因此，它主要考察员工当前绩效与理想绩效之间的差距，探索通过培训缩小这些差距的方法。这种方法比较适用于问题突出的部门。这种方法的优点是有效性高，缺点是集中于问题解决而不是整个组织系统的提升。绩效分析法须经过三个步骤，即评价员工或组织的当前绩效水平、明确实际工作结果与期望工作目标的差距、具体分析产生问题差距的原因以确定是否通过培训来解决。

6. 工作任务分析法

工作任务分析法是以具体工作为分析对象，分析员工完成工作任务所需的知识、技能和能力，以此来确定所要进行的培训内容。在实际工作中，工作任务分析法根据工作说明书、工作规范或工作任务分析记录确定员工要掌握的知识、技能和态度，将其和员工平时工作中的表现进行对比，以判定员工要完成工作任务的差距所在。这种方法一般适用于新员工培训需求分析或非常重要的培训项目。

工作任务分析法作为常见的培训需求分析方法，它的优点是通过岗位资料分析和员工现状对比得出员工的素质差距，因此结论的可信度高。它的缺点是通常花费的时间和费用较多。

7. 资料分析法

资料分析法是指通过对组织的图表、计划性文件、审计和预算报告等资料的分析，进一步确定培训需求的方法。资料分析法较适用于组织层次的培训需求分析。资料分析法的优点是能够为解决特殊问题提供有价值的线索，资料的质量一般较高，具有真实性和可靠性。因为资料是现成的，所以花费的时间和费用较少，且便于收集。资料分析法的缺点是资料通常是过去的状况，很少涉及现在和未来。此外，资料无法直接显示问题产生的原因以及解决问题的方法，因此需要技术熟练的分析人才。

8. 关键事件法

美国学者约翰·福莱拉根提出的关键事件法可以用来分析一项工作包含的主要任务。福莱拉根研究了 1941—1946 年间的美国空军飞行员的绩效问题，并于 1954 年创造了关键事件法。关键事件法是指通过分析对组织目标产生关键性正向或负向影响的事件以确定培训需求。关键事件法本质上是一种访谈法，访谈的对象是那些亲眼目睹过某情境下某项工作中的关键事件，并熟悉这些事件背景的人，以及熟悉并操行该工作任务的当事人。一般在组织内部或外部发生对员工或客户影响较大的事件时，经常会采用这种方法来收集培训需求信息，如重大责任事故、系统故障、市场占有率的急剧下降、重大客户流失或销售成本提高等。

关键事件法的优点是能够直接抓住问题产生的原因，易于提出解决方案，方法相对简单且成本较低。该方法的缺点是获取的信息或资料一般是关键事件，具有偶然性。此外，由于要确认的关键事件要有典型性，但在实际操作过程中往往会将一般事件误判为关键事件，导致以偏概全。

上述的几种培训需求分析方法各有其优缺点，进行需求分析时并不是所有方法都要用，也不是仅用一种方法即可。在实际工作中，培训师要考虑组织的内外部环境条件，尽可能选择合理的方法进行需求分析，提高需求分析的有效性。

3.4　培训需求分析的类型

3.4.1　不同层面的培训需求分析

1. 组织/战略层面的需求分析

1) 组织/战略层面需求分析的内涵

培训需求的组织分析主要是根据公司的经营战略，通过分析组织的目标、资源、特质和环境等因素，发现组织中存在的问题及问题产生的原因，即实际状况与理想状况之间的差距以及造成差距的根源，以确定培训是否能最有效地解决问题。培训需求的组织分析涉及影响培训计划的组织的各个部分，包括检查组织目标、评估组织资源、分析组织特质及环境的影响等。

2) 组织/战略层面需求分析的步骤

通常情况下，组织/战略层面需求分析主要包括以下几个重要的步骤：

(1) 分析组织目标。组织目标是企业或组织所有活动的导向，对培训活动有深刻的影响。组织目标决定着组织培训的重心，约束、引导着员工知识与技能的提升。可见，组织目标决定培训目标，清晰和明确的组织目标不仅决定着组织的发展，也决定着培训规划的设计与执行。若一个组织的目标是推出新产品，培训活动就必须与此目标相一致。若组织的目标模糊不清，培训计划的设计与执行就会很困难。

(2) 分析组织战略。培训是最终服务于企业战略及其经营目标实现的，从企业经营战略到年度经营计划，再到人力资源开发计划，进而分析、制订出一定时期的培训需求计划。然而，随着企业的业务变化，培训计划也要不断的调整才能真正满足企业发展的需要。因此，要以企业的战略性人力资源规划为依据制定系统的培训规划。

企业战略不仅对组织的培训类型、数量等有极大的影响，而且也影响着培训的频率和组建方式。将企业战略作为影响培训需求的重要因素，突出了员工培训的战略导向，体现了战略性人力资源管理的特点。因此，对员工培训需求进行分析时，要深入理解企业战略、准确把握业务发展方向。随着企业经营战略的不同，培训的侧重点也会存在巨大的差异。

(3) 分析组织资源。分析组织资源即对企业的资源如资金、时间和人力等进行分析。由于企业内部的人力、物力、财力的有限性，企业最终的目标就是如何利用这些有限的资源创造最大的价值。如果可被利用的人力、物力、财力资源没有确定，就很难确立培训目标。一般情况下，可以通过分析如表 3-5 所示的问题，了解一个企业的组织资源的大致情况。

表 3-5　组织资源的类型及具体内容

组织资源的类型	具 体 内 容
资金	组织所能提供的经费将影响培训的范围和深度
时间	对组织而言，时间就是金钱，培训是需要相当的时间的，如果时间紧迫或安排不当，极有可能造成粗略的培训结果
人力	对组织人力状况的了解非常重要，它是决定是否培训的关键因素。组织的人力状况包括工作人员的数量、年龄，工作人员对工作与单位的态度，工作人员的技能水平、知识水平和工作绩效等

(4) 分析组织特质。组织特质的优劣也极大地影响着企业培训的成功与否，因为培训计划和组织的价值不一致时，很难保证培训的效果。对组织特质进行分析，主要是了解企业的系统结构、文化和资讯传播情况，具体内容如表 3-6 所示。

表 3-6　组织特质的类型及具体内容

组织特质的类型	具 体 内 容
系统特质	组织的输入、运作、输出、次级系统互动以及与外界环境间的交流特质，使管理者能够系统地面对组织，避免组织分析中以偏概全的缺失
文化特质	组织的软硬件设施、规章、制度、组织经营运作的方式、组织成员待人处事的特殊风格，使管理者能够深入了解组织，而非仅仅停留在表面
资讯传播特质	组织部门和成员收集、分析和传递信息的分工与运作，促使管理者了解组织信息传递和沟通的特性

(5) 分析组织环境。企业只有适应社会环境并不断创新才能生存和发展，因此培训需求的组织分析离不开对组织环境的分析，如市场竞争、本行业的技术水平、同类企业的培训水平，以及企业外部的资源状况等外部因素。只有预测企业未来在组织结构上、业务、产品、技术、销售等方面可能发生的变化，以发展的眼光评价培训需求，才能保持培训的预见性。

3) 组织/战略层面需求分析的信息来源与工具

(1) 组织/战略层面需求分析的信息来源。

组织/战略层面需求分析的信息来源根据不同的组织而有所不同，组织可以根据自己的实际情况选择不同的信息进行分析。如表 3-7 所示，描述了可用于组织/战略层面培训需求分析的信息来源。

表 3-7　组织/战略层面需求分析的信息来源

组织/战略层面需求分析的信息来源	对人力资源培训/开发的意义
组织目标、目的和预算	通过评价组织目标和实际绩效的差距，确定培训重点、培训方向及经费预算
人力资源储备库	人力资源开发/培训需要弥补因退休、离职等引起的人力资源储备不足，确定培训需求的大致范围
技能储备库	它包括：每一技能群体包含的员工数量、知识和技能水平的级别，每一项工作所需的培训时间等。可以由此估算出对人力资源培训开发的特定需求量，并有助于人力资源开发项目的成本收益分析
组织氛围指数(包括不满情绪、缺勤率、离职率、生产率、态度调查、顾客投诉等)	反映组织层面的"工作环境质量"，有助于发现可能与人力资源培训/开发有关的问题，也有助于帮助管理者分析实际工作绩效和理想工作绩效之间的差距，从而设计出所需的培训方案，以影响员工的工作态度和行为方式
效率指数分析(包括劳动力成本、物料成本、产品质量、设备利用率、运输成本、浪费、交货延迟等)	这些成本会计概念在一定程度上可以代表实际绩效与期望绩效或标准绩效之间的差距
系统和子系统的变化	设备的更新换代可能对人力资源开发或培训工作提出了新的要求
管理层的要求或指示	这是最常用的分析人力资源开发/培训需求的指标之一
离职面谈	一些从其他途径无法得到的信息，常常可以从离职面谈中取得，尤其是可以从中发现组织在哪些方面出现问题，以及需要对管理层进行的培训是什么
目标管理或工作规划与述职报告	获得工作绩效总结、潜力评价和长期经营目标方面的信息。以不断循环发展的观点了解实际的工作绩效，分析绩效问题-并力求改进

企业可以通过许多渠道和方法收集到需求分析所需的参考资料。表 3-4 中有的资料可以马上获得，如效率指标；有的资料可能需要进行调查，如组织氛围指数。

(2) 组织/战略层面分析的工具。

在进行组织分析时，可以采用一些诊断的工具，如麦肯锡 7-S 模型、平衡计分卡(Balance Score Card，BSC)和征询建议书(Request for proposal，RFP)等。

① 麦肯锡 7-S 模型。美国著名管理学家麦肯锡(Mckinsey)提出了 7-S 管理模型，并认为战略(Strategy)、结构(Structure)、制度(System)、风格(Style)、员工(Staff)、共同价值观(Shared Value)以及技能(Skill)共同组成了企业的组织要素。共同价值观是指企业员工共同的信念，它是企业文化的核心。其思想是：企业的任何管理战略如果无法与企业的文化相符合都无法成功实施。可以说，7-S 模型定义了每一个企业全部的竞争优势，如图 3-9 所示，7-S 模型的七个要素基本涵盖了培训需求组织分析的各部分，管理者可以通过 7-S 模型分析组织的现状及未来希望达到的水平，并发现其中的差距和不协调之处，为制定合理的培训需求计划提供依据和指导。

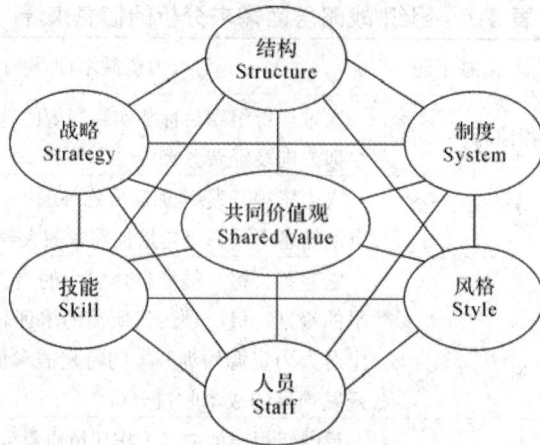

图 3-9　麦肯锡 7-S 模型

② 平衡计分卡(BSC)。平衡计分卡是美国管理学家罗伯特·卡普兰和大卫·诺顿研究提出的，可用来分析组织的目标、价值观和绩效。平衡计分卡的绩效衡量指标可以回答四个方面的问题：财务方面包括现金流、销售和现金增长及股本收益等；客户方面包括新产品目标、按时送货、缺陷和故障水平等；内部业务方面包括生产能力、员工技能、循环周期、收益率、质量与成本衡量等；创新和学习方面包括与新产品开发周期、技术领导地位和改善速度有关的衡量指标。将平衡计分卡思想用于组织层面的培训需求分析，以组织的培训战略为核心，从财务、客户、内部业务及创新和学习四个方面分解培训目标和相应的培训需求，实现了战略与绩效的有机结合，使培训更具有针对性和可预见性。

③ 征询建议书(RFP)。对不是自行开发而是打算从咨询公司或供应商那里获得培训项目的公司而言，选择能提供高质量产品的供应商至关重要。培训供应商包括咨询人员、咨询公司或研究所。许多企业选择能提供培训服务的咨询机构和供应商都是通过 RFP 来进行。RFP 是指向咨询专家和卖主提供的一种文件，其中概括说明企业所寻求的服务种类，参考资料的类型与数量要求，接受培训的人员数量、评价满意度和服务水平的标准和流程，预期完成项目的时间，并征询项目报价等。RFP 的价值在于提供了一整套规范的评价咨询专家的标准，且使企业避免对那些无法提供满意服务的供应商进行评估。如表 3-8 所示，给出了几个由供应商回答的问题示例，即征询建议书的具体内容。

表 3-8　征询建议书的内容

问题类型	具 体 问 题
公司经验	你的公司在设计和传递培训方面有多少经验以及有哪些类型的经验
员工资质	你的员工的任职资格要求是什么
项目例证	你能说明或者提供一个你开发过的培训项目的例子吗
参考资料	你能为你所提供服务的客户提供参考资料吗
证明材料	你有哪些证据可以证明你提供的培训项目是卓有成效的

此外，除上述分析工具外，分析行业环境及行业内分析的关键成功因素法、分析组织资源的 SWOT 分析法，即 S(strengths)是优势、W (weaknesses)是劣势，O (opportunities)是

机会、T (threats)是威胁分析等均可作为组织层面的分析工具。

2. 任务层面的需求分析

1) 任务层面需求分析的内涵

任务层面的需求分析是指系统地收集有关某项工作或任务的信息,为了达到最优的工作绩效或高质量地完成任务,确定该项工作、任务以及从事该项工作、任务的员工需要学习的内容。从任务层面进行培训需求分析要把握三个重点:① 审核什么样的工作和任务需要执行;② 分析执行此项工作和任务的员工需要具备的知识、技能和态度等;③ 分析有哪些因素阻碍着员工的工作绩效。因此,任务分析的结果一般是工作的绩效标准、符合这些标准所采取的工作方法以及员工行为规范等。而这些实际就是工作说明书和任职资格说明书。从任务层面进行培训需求分析占用的时间较多,因为需要收集并归纳大量的一手资料。

2) 任务层面需求分析的步骤

(1) 明确工作说明书。

任务分析需要投入大量的时间来收集、整理归纳并分析数据,因此第一步是选择待分析的岗位,通过工作分析,撰写该岗位详细的工作说明书,详细描述完成有关工作所需要的重要环节(工作职责)及完成该工作所需的知识、技术和能力(任职资格)。

(2) 确定工作中包含的具体任务。

进行职责任务分析主要是对工作中的结构、内容及要求的分析,即主要弄清楚每个工作的主要任务是什么,每项任务完成后应该达到什么标准以及绩效的变动范围(每日执行工作的实际绩效)。该步骤主要通过:① 访问并观察或采取问卷调查熟练员工及他们的经理或管理人员;② 与其他进行任务分析的人员共同讨论确定清单内容及基本项目。该步骤可采用刺激—反应—反馈法、时间抽样法、关键事件技术工作—职责—任务法和任务调查问卷等方法形成工作岗位各项任务的清单。

(3) 明确完成任务所需的 KSAO。

对完成职责任务所需的 KSAO 进行分析,为人力资源培训提供目标和依据。其中,K(Knowledge)是指知识,完成任务所要了解的具体信息、原理和方法;S(Skills)是指技能,即完成任务所需要的熟练性、技巧性的行为能力;A(Abilities)是指能力,即完成任务所需的身体与精神方面的行为能力和素质;O(Others)是指其他个性特质,包括工作态度、人格品性与兴趣因素等。

(4) 确保基本清单的可靠性和有效性并确定培训需求。

① 形成可靠而有效的任务清单。让一组专门项目专家如在职专业人员、经理人员等,以开会或书面调查方式回答有关问题,包括执行该任务的频率怎样?完成各项任务需要多长时间?该任务对取得良好的绩效有多重要?学习各项任务的难度有多大?该任务对新员工的要求标准是什么?通过对这 5 个问题的回答来确定可靠而有效的任务清单。

② 确定培训需求。通过对每个任务及其相应的任职条件的评估分数进行分析与比较,来具体确定应该纳入培训需求系统中的任务与 KSAO。

(5) 确定培训需求系统开发顺序。

培训需求系统的建立确定了企业组织培训的具体需求,但由于支持企业组织培训的资源有限，无法满足所有的培训需求，因此就应该考虑每一种需求的优先级别，具体确定需求系统中每个任务与 KSAO 的开发顺序。

维特克(Within)提出计算培训需求优先度的模式——需求优先指标(PriorityNeed Index，PNI)，其计算方法是运用利克特(Likert)的量表评定法对需要培训的任务及其所需要的知识、技术、能力等要素的重要性和任职者的工作熟练程度进行评定，然后按照计算公式分别计算出任务及其所需要的知识、技术、能力等要素的 PNI。维特克计算公式为：

$$PNI = I \times (I - D)$$

其中，I 为任务的重要性，D 为任职者的工作熟练程度(或难度)。

如果给重要性与熟练程度赋值时，重要性：1—很不重要，7—非常重要；熟练程度：1—很不熟练，7—非常熟练。PNI 越大就表示培训需求优先程度越大，应该优先给予考虑。反之，如果给重要性与熟练程度赋值时，重要性：1—非常重要，7—很不重要；熟练程度：1—非常熟练，7—很不熟练。PNI 越小就表示培训需求优先程度越大。

例如：当对一组需要培训的主管进行培训需求优先程度排序时，假设平均给予主管某工作任务的重要性评定等级为 I—7，而该任务的工作熟练程度为 D—5，那么 PNI = 7 × (7 − 5) = 14。因此主管的其他各项工作任务可以依此类推，最终比较各项工作任务的 PNI 数值大小，就可以得到培训需求的优先排序[①]。

3) 任务层面需求分析的信息来源及工具

(1) 任务层面需求分析的信息来源。

任务分析所需要的信息资料有多种信息来源，如表 3-9 所示。

表 3-9　任务层面需求分析的信息来源

任务分析的信息来源	对培训开发的意义
工作说明书	描述此项工作的典型职责，有助于明确绩效标准
人员的任职资格需求	列举出工作的特定任务，可以明确任职者所需要的知识、技术、能力和其他素质
绩效标准	明确完成工作任务的目标及其衡量标准
执行具体的工作任务	确定绩效的一个更好的方式，通常级别越高的职位，实际绩效与理想绩效的差距越大
观察——抽样	了解工作的实际情况
查阅相关文献	有助于分析比较不同的工作类型，但是可能出现和实际的特定组织环境或绩效标准无法比较的情况
访谈(任职者、主管人员、高级管理者)	通过向组织成员询问和工作有关的问题充分了解培训需求
培训委员会或专题讨论会	可以提供一些关于培训需求的看法和要求
分析工作中出现的问题	明确工作中存在影响工作绩效的阻碍因素和外在环境因素

(2) 任务层面需求分析的工具。

① 关键事件技术。管理人员可以利用关键事件向员工提供明确的反馈，让员工清楚地

---

① 陈芳. 培训与开发理论及技术[M]. 上海：复旦大学出版社，2005，第 122 页.

知道，自己做得好和做得不好的方面。此外，通过强调对组织战略有支持作用的关键事件，使该方法与组织战略密切联系起来。关键事件技术的主要内容包括：确定工作行为的目的，针对目的收集与该行为相关的关键事件，分析相关数据，描述这些行为需要的素质特征。

在现实中，很多管理者不愿意每日或每周都记录其下属员工的行为表现，这种情况下，很难对不同员工的行为表现进行比较，这是因为每一个事件都是发生在每一位特定员工身上的特定事件。有一种变通的方法，即采用对关键事件操作的当事人的访谈法，或者，管理人员要求员工采用关键事件的日志法。

② 任务调查问卷法。运用任务调查问卷是为了获得与工作相关信息的工作分析样本，用于形成任务基本清单时的数据收集。一般情况下，提前一周通过邮件或其他形式向参与者发放问卷。任务调查问卷调查的内容，如表 3-10 所示。

表 3-10　任务调查问卷的内容

任务分析调查问卷	
目的：汇总关于你的工作的全部信息。 提示：回答完所有问题后请将问卷交给你的主管。 姓名：	
调查内容	关于你的工作信息
列出你主要的工作职责，然后按其重要性依次标出主次顺序，从①至⑤重要性	① 开发数据记录模板、建议表格、记录格式、测试计划和测试数据； ② 用逻辑图表、记录编排和格式编写计算机程序；
依次减小	③ 通过创建测试程序、实施现场核查及回顾，输出结果以确保程序的正确性； ④ 根据公司的标准，将程序、操作和项目进行归档； ⑤ 帮助计算机操作人员实施程序
这些职责为什么对你的工作如此重要	我需要详细的项目描述来确保我设计的逻辑、程序的运作效率。我需要 PC 来运行程序设计，需要软盘存储器来创建永久文档
在你的工作中需要使用什么设备和工具	计算机、软盘存储器、软件程序、计算机制造商规范和项目领导的工作流程规范
描述你工作中的一些特别任务。在每项任务完成后，列出执行该任务的频率	我回顾和评估工作流程，以确保其清晰流畅。项目按时完成，我每三个月评估和回顾一次。我几乎每天编写或修改计算机程序
你需要掌握哪些知识以完成你的工作	我需要了解会计学和数据管理技术，并且掌握一定的沟通技巧
你需要具备何种品质以确保顺利完成工作	我需要在快节奏的环境下完成工作，需要有很好的人际沟通能力，以便于和项目经理、运作人员进行合作。同时，我需要重视细节和质量控制
你之前拥有的哪些知识、技能、能力有助于你完成现在的工作	完成本岗位工作，需要员工拥有大量本科学历或 1-2 年的编程经验，还需要了解数据处理方面的最新技术，特别是与编程有关的内容

调查内容	关于你的工作信息
请列出你曾参加过的，有助于你成功完成目前工作的任何课程、研讨会或培训项目	我去年参加的 Myers-Briggs 课程有助于更好地了解我自己和其他人，并且有助于我更好地了解项目领导并与其合作。我参加的数据管理技术培训对我帮助很大，因为这个领域变化特别快
请列出使你成功完成工作的任何其他因素	系统项目经理的支持。不论何时，只要同计算机运作或数据转换人员发生争执，他都会给予帮助。他还让我了解我的立场并及时给我反馈意见

③ 任务评价法。任务评价法是依据可靠而有效的任务清单，将清单中员工需要从事的各项活动内容编制成问卷，然后调查熟悉业务的组织成员或专门项目专家，请他们列出该业务的重要性、执行频率以及履行工作所需要花费的时间等信息，以便确定一项任务是否被包含在培训需求之中，并为培训需求优先排序提供计算依据。这种方法的优点在于既可以从多渠道获得信息，又可以将有关任务的信息进行量化分析。

除上述三种工具外，需求评估人员还可采用时间—抽样法、工作—职责—任务法来进行任务分析。

(3) 任务分析举例。

下面以一个例子说明任务分析的核心步骤：如何形成基本清单、如何确定清单的可靠性与有效性、如何确定培训需求，以及如何确定培训需求所需要的知识、技术、能力等要素。

对于关键事件技术或任务调查问卷收集到的信息，人力资源开发人员要花费时间来分析这些信息。之后，要把访谈或问卷中反映的主要工作职责及所包含的任务形成一套列表(或基本任务清单初稿，如表 3-11 所示，显示列表的一部分)，制成幻灯片或写在白板上，同时，为每一位参加会议的专家/与会人员打印一份。

表 3-11　问卷调查的主要信息

员 工	主要工作职责及任务
休	① 执行资产管理组的市场和战略行动； ② 针对资产管理组的产品广告、直邮、客户沟通和公共关系计划
约翰	① 对资产组的产品进行产品开发、竞争性价格分析和报告； ② 对资产组实施全球性战略和市场计划

同时，要准备相同份数的工作任务分析议程表，如表 3-12 所示。

表 3-12　工作任务分析议程表

时 间	活 动
上午 8:00～8:30	整体介绍 ① 与会人员相互介绍； ② 说明会议目的及重要性； ③ 介绍议程； ④ 介绍后勤事项的安排：茶歇、午餐、接听电话及其他礼节

续表

时　间	活　动
8:30～10:00	提炼工作职责 ① 呈现并回顾准备好的工作职责； ② 用头脑风暴法增加新的工作职责； ③ 合并同类的工作职责
10:00～10:20	茶歇
10：20～13：00	针对每一项工作职责确定工作任务 利用问卷收集的数据，通过头脑风暴法找出工作任务或增加新的任务
下午 12:00～13:00	午餐
13:00～14:00	继续上午的议程 针对每一项工作职责，确定工作任务 ① 分析工作任务列表，删除不重要的任务； ② 基于上午及下午前期的工作，形成可靠而有效的工作任务清单
14:00～15:30	确定培训需求及其所需要的知识、技术、能力、资格及其他要素 ① 采用任务评价法对有效的任务清单进行评价； ② 确定一个积分标准以决定一项任务是否应该包括在培训计划之中； ③ 明确需要培训的任务所需要的知识、技术、能力和其他要素

注释：① 完成分析所需要的时间根据工作职责的复杂程度、参加人员人数及督导员水平会有所变化，分析时间可能要增加半天或一天。② 工作任务分析应首先将工作分解成职责和任务，采用两种或两种以上收集信息的方法来提高分析的有效性。

3. 人员层面的需求分析

1) 人员层面需求分析的内涵

在完成了组织分析与工作任务分析之后，将重点放在分析员工培训的必要性和需要培训的内容上。人员分析必须以任务分析的结果为依据，利用各项工作理想的绩效标准，衡量员工的知识、技术、能力和态度。

人员分析是指评估执行特定工作的员工其执行各项任务的情况，如果希望进一步改善员工的绩效情况，就必须分析他所具备的知识、技术、能力是否足够，并形成相应的培训方案和计划。

人员分析的目的是确定员工个人的培训需求，其关键是企业组织成员怎样才能将工作任务完成好。最好是由那些有机会定期观察员工绩效的人进行人员分析，普通员工及其直接上级，包括客户、同事等都可以参与其中。

2) 人员层面需求分析的步骤

人员分析通常采用绩效评估法，通过确定员工的绩效问题，对实际绩效与理想绩效或绩效标准之间的差距及产生原因进行分析，帮助管理者确认员工培训的必要性和可行性。人员层面需求分析过程中的绩效评估模式应遵循以下步骤，如图 3-10 所示。

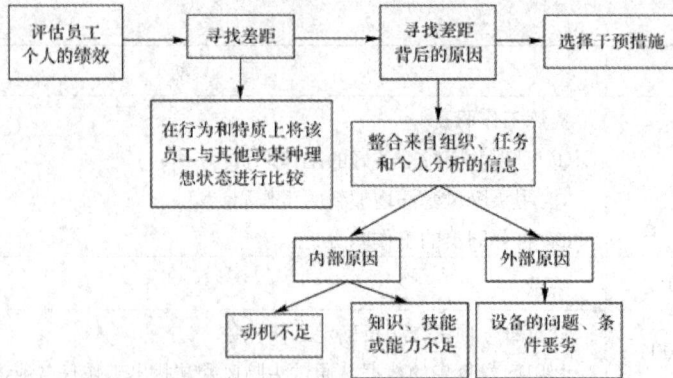

图 3-10　在人员分析过程中进行绩效评估的操作模型

(1) 评估员工个人的绩效。绩效评估法有一定的作用，但仍要注意绩效评估的结果要全面、准确无误。许多评估结果都会因评估方法使用错误或产生误差而出现问题，因此进行绩效评估时必须尽可能地进行综合性思考。

(2) 寻找差距。培训需求分析应该先从绩效差距着手，发现员工实际工作绩效与工作岗位所需的绩效标准之间存在的差距等。只有明确存在绩效差距的地方，才能明确改进的目标，并确定通过培训能否缩小或消除差距，提高员工的生产率。

(3) 分析差距背后的原因。找到了存在的绩效差距，并不意味着完成了培训需求分析，还需要找出产生差距的根源，因为并非所有的绩效差距都能够通过培训的方式去消除。影响绩效的因素很多，如个人的知识、技能或能力，个人的态度和动机，设备、时间和预算等资源方面的支持，来自上级、同事的反馈和强化，薪酬等的激励，如何做好工作的及时具体的反馈等。

(4) 选择干预措施。通过找出差距产生的原因，就可以针对性地选择是否应该使用培训方法还是非培训方法去消除差距。

如果员工缺乏完成工作的知识和技能且在其他条件许可的情况下，就需要进行培训。如果员工具备需要的知识、技能和其他条件，但缺乏工作输入、工作输出、工作结果或工作反馈，那么培训并不是解决问题的最佳方式，此时可以采用非培训手段，如改善环境、设备或激励措施等，以提高员工的绩效。

3) 人员层面需求分析的信息来源及工具

(1) 人员层面需求分析的信息来源。

如表 3-13 所示，列出了获得人员培训需求分析所需资料的方法。

表 3-13　获得人员培训需求分析所需资料的方法

人员分析信息来源	对培训开发需求分析的意义
绩效评估结果以及能够反映一定问题的历史数据(生产率、缺勤率、事故率、病假、不满情绪、浪费、交货延迟、产品质量、停工期、设备利用率、客户投诉)	① 可以发现员工在工作中的长处和短处及有待改进的地方； ② 可以从这些信息中发现绩效差距； ③ 分析结果易量化、便于分析，对确定培训的内容和培训类型很有价值

续表

人员分析信息来源	对培训开发需求分析的意义
观察工作样本	比较主观，但是优点是不仅能观察员工的行为，还能观察行为的结果
访谈	员工本人最了解自己的培训需求。通过对员工进行访谈，不仅可以了解他们自己的想法，还可以让他们参与到需求分析中来，从而增强他们的学习动机
问卷调查	问卷的编制可以根据组织具体情况进行灵活安排。缺点是由于有了一定的结构，为此可能会导致一些偏差
测验	可以编制的测验或标准化测验须确保测得的是与工作有关的素质
态度调查	针对个人进行。有助于了解每个员工的士气、动机水平和满意度
评定量表	必须确保对员工的评定是客观的、有一定信度和效度
关键事件法	观察到导致工作成功或失败的关键行为表现
工作日志	员工对自己的工作详细记录
情景模拟(角色扮演、个案研究、无领导的小组讨论、培训会议、商业游戏、篮中练习)	某些知识、技能和态度可以在这些人为设置的情景中表现出来
诊断量表	对诊断量表进行因素分析
评价中心	将上面提到的某些技术整合成一个综合性的评价方案
辅导	类似于一对一访谈
目标管理或工作述职系统	按照组织规定和个人承诺，定期提供绩效反馈。这样可以将实际绩效与标准绩效进行比较。这对实现组织大的目标来说是非常关键的评价体系

(2) 人员层面需求分析的工具。

① 行为事件访谈。行为事件访谈是关键事件技术的延伸，其要求受访者在访谈过程中描述自己的许多行为片段，通常是描述三件成功和三件不成功的事件，并对每一件事当时发生的经过都进行详细的报告。被访谈者提供的行为事件描述，必须包括一个完整故事的所有要素，即要包括事件及其发生的背景、当时受访者的感受、思想、行为、情绪以及事件的结果。行为事件访谈一般采用 STAR 原则，即情景(Situation)、任务(Task)、行为(Action)和结果(Result)。访谈的主持者须在访谈过程中提出一些探测性问题以获得每一事件中的这些因素，才能得出答案。然后通过对访谈内容的分析，确定被访谈者所表现出来的胜任力特征。受访者在描述一个完整的行为事件时，访谈者可以提出一些如表 3-14 所示列举的问题。

② 行为锚定等级评价法。行为锚定等级评价法(Behaviorally Anchored Rating Scale，BARS)建立在关键事件技术基础之上，通过使用一些特定的关于优良绩效和不良绩效的描述性例子对一个行为量化的尺度进行解释或锚定，结合了描述性的关键事件评价法和量化等级评价法两者的优点。许多研究者认为，它比许多种绩效评价工具做出的评价都更好、更公平。

表 3-14　行为事件访谈的 STAR 原则

情景(S)/任务(T)	行动(A)	结果(R)
① 请描述一种情境，当……？ ② 周围的情形怎么样？ ③ 你为什么要这样做？出于怎样的背景？ ④ 发生了什么事情	① 你对当时的情况有何反应？采取了什么具体行动？ ② 请描述你在整个事件中承担的角色。 ③ 你当时首先做了什么？在处理整个事件的过程中，你采取了什么行动步骤	① 事件的结果如何？ ② 结果又是如何发生的？ ③ 这一事件引发了什么问题或后果？ ④ 你得到了什么样的反馈

建立行为锚定等级评价法一般需要以下五个步骤：

第一步，获取关键事件。通过选择一些比较熟悉某一职位的人(通常是岗位承担者及其上级主管人员，可以称之为第一组)描述一些关键事件，这些事件代表该职位上的良好绩效和不良绩效的表现。

第二步，开发绩效维度。第一步骤中的这些人(第一组)将这些关键事件合并成少数几个绩效维度(如 5 个或 10 个)，并界定其中的每一个绩效维度(如"责任感")。

第三步，重新分配关键事件。再由另外一组(第二组)同样对职位比较了解的人将原始的关键事件重新分类，得到已经界定好的工作绩效维度以及所有的关键事件，然后在他们自己认为最合适的绩效维度中分别将这些关键事件放进去。如果对于相同的关键事件，第二组中有一定比例(通常是 50%～80%)以上的人将其归入的绩效维度与第一组的结果相同，则可以把这一关键事件的最后位置确定在这一绩效维度之中。

第四步，对这些关键事件进行评价。在用关键事件描述这些行为之后，第二组人还要评定这些行为在每一绩效维度方面所代表的有效和无效程度(通常采用 7 点评价尺度或 9 点评价尺度)。

第五步，建立最终的绩效评价工具。对每个工作绩效维度来说，选择 6 到 7 个关键事件作为它们的行为锚定。

③ 360 度评估。360 度评估也称为 360 度绩效反馈，该评估工具已被越来越多的组织所采用。这是一种从多个评估者那里搜集绩效评估信息的方法。人们采用这种方法，可以从对员工绩效有所了解的重要信息源那里获得绩效评估的数据，这些信息来源包括上级、下属、同级、客户或组织内外的供应商和被评者本人。

让同级、下属和客户参与绩效评估的优点在于：这些评估者观察被评估者的角度是不同的，他们可以提供其他人无法提供的信息。例如，在评价员工的关系绩效时，如"公民行为"或"团队合作精神"，与被评估者协同工作的人比被评估者的上级更有发言权，因为他们的日常接触更多。这种多元评估的方法可以互相验证不同来源的评估信息，使绩效评估更客观，且更真实有效。

3.4.2　胜任力模型与培训需求分析

通过分析组织内部不同岗位的胜任要求，可以找到区分绩效优秀的员工和一般员工的特征，但是要使现有人员符合岗位的胜任要求，就必须借助一定的培训能力开发，从胜任要求上分析培训需求，建立胜任力模型是关键。在构建各岗位的胜任力模型后，组织需要针对每位在岗人员，对其能力进行测评，以发现岗位应用能力与在岗人员实际能力的差距，组织可采用一些通用的测评工具，分析在岗人员的能力。测评的范围主要包括智力测评、人格测评、职业兴趣测评、一般能力测评和特殊能力测评等。组织还可以从自身的实际情况出发，通过设计开放式问题、封闭式问题以及其他形式对岗位能力进行测定，经过测定评估后，进一步明确当前需要培训的内容。如表 3-15 所示，为以胜任力为基础的培训需求分析过程的环节。

表 3-15　以胜任力为基础的培训需求分析过程

胜任力	包含各种明确的或较为抽象的能力
胜任标准	在评估计划、方法或管理上具有明确的意义
胜任要素	判断胜任力标准的关键要素
实测过程	选择开发技术、记录评估系统；管理评估过程
实施评估	进行反思并运用其他的评价技术，不断修正评估手段
整体分析	管理整个评估系统，重视评估结果的记录与报告

企业根据胜任力模型来确定员工现实的胜任力水平和理想的胜任力水平之间的差距，进一步确定培训需求，并进行相应的员工设计开发，使企业的培训开发工作具有更强的针对性。当然，建立企业胜任力模型是一个非常艰难的过程，不仅需要外部专家的介入，还需要企业自上而下、全体员工共同努力，并经过不断修正，才能构建出科学实用的胜任力模型。

3.4.3 企业文化与培训需求分析

企业的国际化竞争越来越激烈，企业文化对其竞争发展产生越来越大的影响。企业文化是组织在长期的生存和发展中形成的，是组织中大多数成员所遵循的基本信念、价值标准和行为规范。因此，开展企业文化相关的培训势在必行。根据一般的培训需求分析方法，企业文化的培训需求可由以下几种方法确定。

(1) 业务分析。通过研究公司未来几年内的业务发展方向和变革计划，确定业务重点，并配合公司整体的发展战略，并用前瞻性的观点，将新开发的业务事先纳入培训范围。

(2) 组织分析。培训的必要性和适当性，以及组织文化的配合是非常重要的先决条件。否则，如果培训后在公司内造成了更大的认知差异，就得不偿失了。另外，还应该分析组织结构、组织目标及组织优劣等，以确定培训的范围与重点。

(3) 工作分析。培训的目的之一是提高工作质量，根据工作说明书和工作规范表，确定职位的工作条件、职责及负责人员素质，并定义培训的内涵。

(4) 调查分析。对各级主管和承办人员进行面谈或者问卷调查，询问其工作需求，并据实说明培训的主题或需要加强的能力。

(5) 绩效考评。合理且公平的绩效考核能够反映员工能力的缺陷，在期末绩效考核结束后，反映员工需要改进的计划可以激发员工的潜力。因此，绩效考核是确定培训需求的一个重要来源。

(6) 评价中心。在员工晋升的过程中，为了确保选择候选人的适当性，采用评价中心确定候选人的能力是一种有效的方法，并且可以同时测量员工培训需求的重点。

从企业文化出发进行培训需求分析，要与企业文化培训需求调查获得的数据结果相结合，从理念认同、制度规范、管理艺术、沟通渠道和员工个人发展的需求量等多个方面预测企业文化培训需求。

◈ 思考与复习 ◈

1. 什么是培训需求分析？
2. 培训需求分析的内容有哪些？
3. 培训需求分析报告的主要内容是什么？
4. 主要的培训需求分析模型有哪些？其核心内容是什么？
5. 培训需求分析的方法有哪些？其各自的优缺点是什么？
6. 培训需求可以从哪些层面进行分析？各自分析的要点是什么？
7. 试述基于胜任力模型的需求分析。

◈ 案例讨论 ◈

案例1 昂贵的培训费和一时的"轰动效应"

某机械公司新任人力资源部部长 W 先生，在一次研讨会上学到了一些他自认为不错的培训经验，回来后就兴致勃勃地向公司提交了一份全员培训计划书，要求对公司全体人员进行为期一周的脱产计算机培训以提升全员的计算机操作水平。不久，该计划书获得批准，公司还专门下拨十几万元的培训费。可一周的培训过后，大家对这次培训议论纷纷，除办公室的几名文员和 45 岁以上的几名中层管理人员觉得有所收获外，其他员工要么觉得收效甚微，要么觉得学而无用，白费工夫。大多数人认为，十几万元的培训费只买来了一时的"轰动效应"。有的员工甚至认为，这次培训是新官上任点的一把火，是某些领导拿单位的钱往自己脸上贴金。听到种种议论的 W 先生则感到委屈：在一个有着传统意识的老国企，给员工灌输一些新知识，为什么效果这么不理想？当今的竞争环境下，每人学点计算机知识应该是很有用的，怎么不受欢迎呢?他百思不得其解。

资料来源：https://www.ppkao.com/tiku/shiti/225752.html

根据案例回答下列问题：
(1) 导致这次培训失败的主要原因是什么？
(2) 企业应当如何把员工培训落到实处？

案例2 如何使培训更有效？

某公司是上海的一家股份制公司，该公司人力资源部三月份要按计划派人去深圳某培训中心参加培训。当时人力资源部的人员都想参加，不仅是因为培训地点在特区，可以借培训的机会到特区看一看，而且据了解，此次培训内容很精彩，培训师都是一些在大公司工作且有丰富管理经验的专家。但很不凑巧，当时人力资源部工作特别忙，所以主管权衡再三，最后决定由手头工作比较少的小刘和小钱去参加。人力资源部主管把培训时间、费用等事项跟小刘和小钱做了简单的交代。培训期间，小刘和小钱听课很认真，对培训师所讲的内容做了认真记录和整理。但在课间和课后小刘与小钱两人总在一起，很少跟其他学员交流，也没有跟培训师交流。培训回来后，主管只是简单地询问了一些培训期间的情况，小刘、小钱与同事也没有详细讨论过培训的情况。过了一段时间，同事都觉得小刘和小钱培训后并没有什么明显的变化，小刘和小钱本人也觉得听课时很精彩，但是对实际工作并没有什么帮助。

资料来源：https://wenku.baidu.com/view/386c264dcf84b9d528ea7a7e.html

根据案例回答下列问题：

(1) 该项培训的人员选派是否存在某些问题？为什么？

(2) 根据案例提出能够增强培训效果的有效措施。

◆　培 训 游 戏　◆

由谁先开始

游戏类型：培训培训师/提升自我/创造力

活动形式：全体参与

所需时间：10 分钟到 15 分钟

场地要求：宽敞的会议室

所需材料：纸条、透明的大瓶子

活动目的

1. 在需要讨论时，可以轻松找到第一个发言的人。

2. 采纳听众建议，使员工更加主动地参与课程。

3. 活跃气氛，激发员工的创造力，增加课程中的幽默因素。

操作步骤

1. 培训师先对员工讲下面这段话。

"在长期的培训教学中，我发现一个有趣的现象，每当课程中需要互动讨论时(包括小组讨论)，大家往往立刻低下头，生怕被第一个叫到发言。

后来，我发现了一个巧妙的方法可以轻松改变这种局面。

大家知道是什么方法吗？

其实方法很简单，每当需要讨论的时候，我们或者从头发最长的人开始；或者从鼻子最大的人开始；或者从衣服颜色最多的人开始；或者从身体最胖的人开始……

这些五花八门的开始方式，全都是由员工想出来的。"

2. 发给每人一张小纸条，请大家写出一条与众不同的开始方式。

3. 给大家 2 分钟的时间，写好后将纸条圈起来，放到透明的大瓶子中。

4. 在需要的时候，培训师将纸条取出，以员工发明的(幽默的)方式，找到第一个发言的人。

提示

1. 此游戏在听众人数小于 20 人的场合使用，效果最佳；如果听众人数过多，则此游戏仅限于在小组讨论时使用，否则有可能影响正常的培训进程，耗费过多的课程时间。

2. 培训师不妨每次将听众的创意收集起来，作为资料进行保存，以备下次直接使用。

3. 此游戏不仅巧妙地解决了问题，而且使听众主动参与了课程，更让课程在进行的过程中不时充满幽默的气氛。

相关讨论

1. 在课程及会议中，为什么人们往往不愿意第一个发言？

2. 你想到了哪些开始的方式？有极具幽默性的吗？

3. 当课程中采纳了你的方式，你的感觉如何？

4. 培训师巧妙解决问题的方式，对你有什么启发？

第 4 章　培训项目的组织与实施

学习要点

➢ 制订培训项目目标的意义
➢ 编写培训项目目标的具体方法
➢ 培训计划的制订
➢ 培训预算的基本流程及制定方法
➢ 培训计划实施的要点
➢ 培训课程设计的程序
➢ 培训的风险类型及防范策略

导读资料

西门子公司的员工培训

150 多年来，西门子公司的名字早已超出其产品品牌本身的含义，成为一个成功的标志。是什么造就了西门子公司 150 多年的辉煌？高质量的产品、完善的售后服务、不断创新以及高效的员工培训被认为是西门子公司成功的关键。

在员工培训方面，西门子公司创造了独特的培训体系。西门子公司对员工进行培训的根本目标是使他们能够从容地应付来自各方面的挑战。为此，西门子公司为员工设计了各种各样的有效培训。

1. 新员工培训

新员工培训又称第一职业培训。西门子公司在这一方面投入甚多，保证企业发展有足够的一流技术工人。在第一职业培训期间，员工要接受双轨教育：一周中三天在企业接受工作培训，两天在职业学校学习知识。这样，员工不仅可以在工厂学到基本的熟练技巧和技术，而且可以在职业学校受到相关基础知识教育。西门子公司早在 1992 年就拨专款设立了专门用于培训工人的"学徒基金"。现在，公司在全球拥有 60 多个培训场所，如在公司总部慕尼黑设有西门子学院，在爱尔兰设有技术助理学院。它们都配备了最先进的设备，每年培训经费近 8 亿马克。目前，共有 1 万名员工在西门子公司接受第一职业培训，大约占员工总数的 5%。

第一职业培训保证了员工进入公司后具备很高的技术水平和职业素养，为西门子的长期发展奠定了坚实的基础。

2. 大学精英培训

西门子公司平均每年接收全球大学毕业生 3 000 名左右，为他们制订了专门的培训计划。进入西门子公司的大学毕业生首先要接受综合考核，考核内容既包括专业知识，也包括实际工作能力和团队精神，公司根据考核的结果安排适当的工作岗位。在此过程中，西门子公司从每批大学生中选出 30 名尖子生进行专门培训，培养他们的领导能力，培训时间为 10 个月，分三个阶段进行。

第一阶段，让他们全面熟悉企业的情况，学会从互联网上获取信息。

第二阶段，让他们进入一些商务领域工作，全面熟悉本企业产品，并加强他们的团队精神。

第三阶段，将他们安排到下属企业(包括境外企业)承担具体工作，在实际工作中获取实践经验和知识技能。

目前，西门子公司拥有 400 多名这样的"精英分子"，其中的 25%正在接受海外培训或在国外工作。大学精英培训计划为西门子公司储备了大量的管理人员。

3. 员工在职培训

西门子公司努力塑造"学习型企业"。为此，西门子公司特别重视员工的在职培训，在每年投入的 8 亿马克培训费中，有 60%用于员工在职培训。在西门子公司员工的在职培训中，管理教程培训尤为独特和有效。西门子公司的员工管理教程分为五个级别，各级培训都以前一级培训为基础，从第五级别到第一级别所获技能依次提高。其具体培训内容如下：

第五级别，管理理论教程。培训对象是具有管理潜能的员工。培训目的是提高参与者的自我管理能力和团队建设能力。培训内容是西门子公司企业文化、自我管理能力、个人发展计划、项目管理、掌握满足客户需求的团队协调技能。培训日程是与工作同步的一年培训、为期 3 天的两次研讨会和一次开课讨论会。

第四级别，基础管理教程。培训对象是有较高潜力的初级管理人员。培训目的是让参与者准备好初级管理工作。培训内容是综合项目的完成、质量及生产效率管理、财务管理、流程管理、组织建设及团队行为、有效的交流和网络化。培训日程是与工作同步的一年培训、两次为期 5 天的研讨会和一次为期 2 天的开课讨论会。第三级别，高级管理教程。培训对象是负责核心流程或多项职能的管理人员。

培训目的是开发参与者的企业家潜能。培训内容是公司管理方法，业务拓展及市场发展策略、技术革新管理、西门子全球机构、多元文化间的交流、改革管理、企业家行为及责任感。培训日程是与工作同步的 18 个月培训；为期 5 天的研讨会两次。

第二级别，总体管理教程。培训对象是必须具备下列条件之一者：① 管理业务或项目并对其业绩全权负责者；② 负责全球性、地区性的服务者；③ 至少负责两个职能部门者；④ 在某些产品、服务方面是全球性、地区性业务的管理人员。培训目的是塑造领导能力。培训内容是企业价值、前景与公司业绩之间的相互关系，高级战略管理技术、知识管理、识别全球趋势，调整公司业务，管理全球性合作。培训日程是与工作同步的 2 年培训和为期 6 天的研讨会两次。

第一级别，西门子执行教程。培训对象是已经或者可能担任重要职位的管理人员。培训目的是提高领导能力。培训内容根据参与者的情况特别安排。培训日程根据需要灵活掌握。培训内容根据管理学知识和公司业务的需要而制订，随着二者的发展变化，培训内容需要不断更新。

通过参加西门子公司管理教程培训，增强了企业和员工的竞争力，达到了开发员工潜能、培养公司管理人才的目的。

西门子公司的员工培训计划涵盖了业务技能、交流能力和管理能力的广泛领域，为公司储备了大量的生产、技术和管理人才，从而提高了公司整体竞争力，成为西门子公司不败的重要保证。

资料来源：改编自中国人力资源网(http://www.hr.com.cn/p/1423416400)

培训设计是培训有效实施的重要基础和先决条件，其包括一系列具有内在逻辑的操作步骤。培训项目的目标是培训设计的依据，也是培训需求的成果体现，更是培训评估标准制定的基础，因此它具有一定的概括性，并将培训的整个流程紧密地联系起来。而培训项目的其他设计要详细、具体，且可操作性强。网络和计算机技术在信息时代的飞速发展，对人力资源管理，尤其是人力资源培训与开发有着巨大的影响，并从繁杂琐碎中解放了人力资源培训的相关管理工作，因而逐渐发展的现代人力资源培训也具有信息时代特色。

4.1　培训目标的制定

4.1.1　明确培训目标的意义

1. 确定培训内容和培训方法的基本依据

企业在组织培训活动中常犯的一个错误就是在既定的培训主题之下，把一些看似相关其实价值不大甚至毫无价值的东西罗列在一起，看似培训了不少内容，其实收效甚微。究其原因就是培训目标不明确，无法根据既定的目标来组织需要的培训素材以及选择合适的培训方式。

2. 培训活动效果评估的主要依据

企业在培训效果评估中存在的问题就是没有明确、客观的依据可遵循，这是导致企业培训效果评估流于形式的主要原因。在培训目标不明确的情况下，就无法根据培训目标得到相应的评估指标。

3. 有利于引导受训者集中精力完成培训学习的任务

培训目标是组织培训活动的基本意图与期望，带着明确的目的去学习和盲目学习在效果上存在明显差别。

4.1.2　培训目标的制定

1. 培训目标的要素

罗伯特·梅格 (Robert F. Wager)以研究行为目标著名，被誉为"学习目标之父"，在其

著作《准备教学目标》(1997)中提出，一个完整的培训目标一般包括三个要素，如图 4-1
所示。

业绩表现	环境条件	评价指标
目标应该指出为了胜任某项工作，受训者需要具备的能力或能够提供的产品	目标应该说明某项作业的重要的环境条件	目标应该指出明确具体的、可接受的受训者作业水平

图 4-1　培训目标的三要素

2. 培训目标成果的类别

培训目标预期或理想的培训成果可以分为五种，分别是认知成果、技能成果、感情成果、绩效成果和投资回报率。

(1) 认知成果。认知成果用来衡量员工对培训内容中强调的原理、事实、技术、程序或过程的熟悉程度。

(2) 技能成果。技能成果用来评价员工在技术或技能运用，以及行为方式上的提高程度。它包括员工获得一定技能的学习，以及在实际工作中的应用两个方面的水平。

(3) 感情成果。感情成果用来衡量员工对培训项目的感性认识，包括个人态度、动机、价值观、顾客定位等在内的情感、心理因素变化，这些因素影响或决定个人行为意向。

(4) 绩效成果。绩效成果用来衡量员工受培训后提高工作绩效的情况，绩效成果通常以受训员工的流动率、成本、产量、质量、顾客服务水平等指标的上升或下降来度量。

(5) 投资回报率。投资回报率是指培训的货币收益与培训成本(包括直接和间接成本)的比较，它可用来评价组织培训的效益。

3. 设置培训目标的注意事项

要制订与组织宗旨一致的培训目标，还要和组织资源、员工基础与培训条件相协调，要最大限度地实现可量化、细致化和可行化，特别是设定目标必须符合本组织的长期目标，且培训的目标不能一次性过多。

设定的目标必须有一个合理的期限，同时也要考虑到员工是否有足够的时间去完成实践，以达到这些目标；目标不宜过大，可将其分解成几个小目标在不同的培训课程中实现。

4.1.3　编写培训目标的具体方法

设定培训目标并将其表述准确是件很困难而且非常重要的事情，培训项目能否真正影响学员的行为从而进一步影响绩效，以及影响程度如何，都和培训目标的设定密切相关。尽管培训目标的编写是一项艰巨的任务，但却是有效开展人力资源培训的必要工作。编写培训目标的主要操作方法，如表 4-1 所示。

表 4-1　编写培训目标的操作指南

编号	操 作 指 南
1	培训目标是文字、符号、图画或图表的组合，它指出了受训者应该从培训中获得的成果
2	培训目标应该从业绩表现、环境条件和评价标准三个要素来传达培训的意图
3	在编写培训目标的时候，需要不断修改初稿，直到培训目标的三个要素都有了明确的答案
4	逐条写出组织期望受训者取得的每一个培训成果，直到充分表达了培训的意图
5	传递给受训者培训项目的目标就足够了，不必做多余的事情。通常，受训者能够按照组织所希望的去做事，并且乐意证明他们的能力，因为他们知道组织对他们的期待

4.2　培训计划的制订

4.2.1　培训计划的概念

培训计划是指基于组织战略，在对培训需求进行全面、客观的分析的基础上对一系列内容的预先系统设定，具体包括培训的时间、地点、培训师、培训对象、方式及内容等。培训计划必须兼顾组织及员工的需求，考虑到员工的素质基础和组织的资源条件，并充分考虑人才培养的前瞻性及培训效果的不确定性。

培训计划有利于管理和控制，能确保主要任务不会被遗漏，并对负责人、责任人、谁有职权等进行清楚的说明，对一项任务与其他任务的依赖关系加以预设，从而对工作职能上的依赖关系做了规定。培训计划是能够衡量、对照各种状态，并最终判断项目、管理人员及各成员的成功或失败的一种尺度。它不仅在监控、跟踪及控制方面是十分重要的工具，而且也是一种沟通和管理的工具。

4.2.2　培训计划的结构层次

企业培训计划是多层次、多方面的。从培训计划的横向结构看，培训计划可分为整体培训计划、培训管理计划和部门培训计划；从培训计划的纵向结构看，培训计划可分为长期培训计划、中期培训计划和短期培训计划。

1．培训计划的横向结构

培训计划按照时间跨度横向划分，可分为整体培训计划、培训管理计划和部门培训计划，其相互关系如图 4-2 所示。

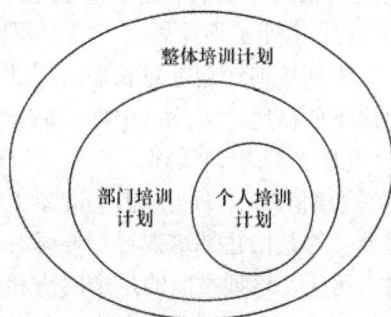

图 4-2　培训计划的横向结构图

(1) 整体培训计划。

企业整体培训计划涉及企业的培训目标和培训战略等问题，全局指导和控制着企业的培训工作。该种培训计划对企业培训形式、培训总体目标、培训资源、培训策略等问题进行规划，其主要目的是明确组织培训工作所面临的外部环境和内部条件，找出整体方案以解决问题，并明确组织培训的发展方向。

(2) 培训管理计划。

培训管理者为了实现企业整体培训计划而制定的相关计划就是培训管理计划。培训管理计划不仅进一步体现了企业整体培训计划，还对制定企业部门培训计划起着十分重要的指导作用。其内容包括企业培训目标的细化、部门培训计划、培训实施工作条例等。对于联系整体培训计划和部门培训计划，培训管理计划起着关键性的作用。

(3) 部门培训计划。

部门培训计划是指每个部门的具体培训计划，它是贯彻整体培训计划和培训管理计划的基础保障，缺少部门培训计划，前面的两个计划就无从谈起。部门培训计划详细描述了培训的具体事项，包括培训需求分析、培训的目标、培训的对象、培训的可用的资源、培训的内容以及对培训进行预测等。

2. 培训计划的纵向结构

培训计划按照时间跨度即纵向划分，可分为长期培训计划、中期培训计划和短期培训计划。如图4-3 所示，可以看出长期培训计划、中期培训计划和短期培训计划之间存在从属包含关系，中期计划是长期计划的进一步细化或具体化，而不是存在于长期计划之外，短期计划又是中期计划的进一步细化。

(1) 长期培训计划。

长期培训计划对企业内外部环境的发展趋势进行了充分的分析，并结合了组织和员工个人职业生

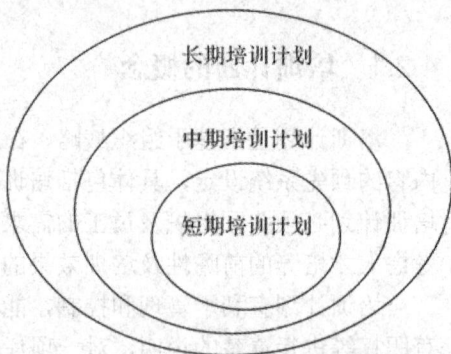

图 4-3　培训计划的纵向结构

涯设计，对培训所要实现的目标与现实之间的差距等具有方向性和目标性的问题加以明确。由于影响培训最终结果的关键性因素包括培训的方向、目标与现实之间的差距，还有培训资源的合理配置等，因此企业决策者和培训管理者要特别关注这些问题。通常培训长期计划时间是 1 至 3 年，如果时间太长，就没有办法预测一些变化因素，如果时间太短，长期计划的制定将会失去它的意义。

(2) 中期培训计划。

中期培训计划是对长期培训计划的进一步细化，同时又指导着培训实施计划，起着承上启下的作用。因此，中期培训计划不是可有可无的计划，其实践意义重大。

(3) 短期培训计划。

短期培训计划实施前的准备工作必须要保证执行计划中的每一项，因此前期工作至关重要，这是由短期培训计划要同时考虑到培训的可操作性和培训的效果所决定的。

可见，培训横向的三个层次和纵向的计划相互配合，共同构成了完整的企业培训计划系统，它们之间的关系如表 4-2 所示。

表 4-2　培训计划系统列表

	整体培训计划	培训管理计划	部门培训计划
长期培训计划			
中期培训计划			
短期培训计划			

4.2.3　培训计划的内容

培训计划的内容根据 5W1H 原理确定。所谓 5W1H，是指 why(为什么)、who(谁)、what(内容是什么)、when(什么、时间)、where(在哪里)、how(如何进行)等。对应培训计划时，即要求组织明确：组织培训的目的是什么(why)，培训的对象是谁(who)，负责人是谁(who)，培训师是谁(who)，培训的内容是什么(what)，培训的时间(when)，培训的地点在哪(where)以及如何进行正常的教学(how)等。这几个要素所构成的内容就是组织企业培训的主要依据。

1. 培训的目的(why)

在组织一个培训项目的时候，一定要清楚培训的目的。确定培训的目的也就是要明确培训要达到的结果，描述培训的目的时要简洁、明了，并以其作为培训的纲领。明确培训的目的可以增强员工学习的动力，也为考核提供标准。组织的实际需要和员工的素质情况是确定培训目标的主要依据。

2. 培训的负责人和培训师(who)

一般来说，大型企业都有专门负责培训的部门，如培训中心等，开展组织、系统的持续性训练以培训组织的全体员工；规模比较小的企业一般也有专人负责培训方面的事务。选择培训师时，应该优先考虑聘用内部人员，如果内部没有合适的人员，可以考虑用外部培训人员。所聘请的培训师要知识广博、经验丰富且技术专业，同时还要有训练技巧和耐心。

3. 培训的对象(who)

在组织、策划培训项目时，应该把明确培训对象放在首位，然后再确定培训内容、时间和期限、场地以及培训师等。可由各部门推荐受培训的人员，也可以先自行报名再筛选出要培训的对象。可以按普通操作员级、主管级及中高层管理级等加以区分，也可按营销系统、财务系统、行政人事系统等加以区分。

4. 培训的内容(what)

培训的内容包括专门技术、技能或知识和企业文化等，可以根据员工的岗位工作内容不同而分别确定。确定培训内容之前，要先分析调查培训需求，明确了企业及员工的培训需求后，培训内容便随之确定。

5. 培训的时间和期限(when)

通常情况下，可以根据培训目标、培训地点、培训师及员工的相关情况等决定培训的时间和期限。对新员工的培训期限可以是一周至十天，也可以是一个月，可以在新员工实际工作前进行。而对于在职员工的培训，培训期限可以根据培训师的能力、经验来决定，培训时间不能过多而影响工作。

6. 培训的场地(where)

一般来说，培训场地可分为内部培训场地和外部培训场地(包括专业培训机构)。培训项目需要使用内部培训场地的情况主要是工作中培训，包括部分技术、技能或知识、态度等方面的培训，是通过企业内部现有的培训场地进行培训。使用内部培训场地方便培训的组织且节省费用，但受内部环境影响较大且培训形式缺乏多样性。

培训项目使用外部场地或专业培训机构，主要是借助专业培训工具和培训设施等。使用外部场地或专业培训机构，与内部相比培训技巧更多样化，员工也能专心接受训练，但是组织起来难度大，成本也更高。

7. 培训的方法(how)

根据培训的目的、内容、场地等的不同，采取的培训方法也有所区别。可以把培训的方法划分为讲课类、学习类、研讨类、演练类和综合类等，每种培训方法都包含着不同的内容。由于不同的方法所产生的培训效果也各不相同，因此在制订培训计划时要与培训师讨论决定合适的培训方法，以使培训的效果最大化。

4.2.4 培训计划的制订

1. 培训计划制订的原则

制订培训计划应遵循下列七个原则：

(1) 培训计划要建立在企业的生产经营实际状况的基础上。

(2) 培训计划的制订过程应当让员工广泛参与，取得广大员工的支持。

(3) 培训计划应当建立在广泛、深入的培训需求调查的基础上。

(4) 培训方法、形式应多样化，满足员工的个体差异和适应不同培训内容的要求。

(5) 获得企业和各部门领导的支持、承诺及足够的资源保证。

(6) 注重培训的有效性和可执行性。

(7) 注重培训过程中的具体细节。

2. 培训计划制订的要求

培训计划编制时，要做好以下六项工作：

(1) 明确计划制订机构。制订培训计划不仅是人力资源管理部或培训部门的事，而且是系统性工程，涉及企业的各个部门和层级。企业应明确计划制订机构的职责，以协调各部门制订培训计划。

(2) 进行调查研究。预测企业短期和中期内的生产与技术的发展情况、对各种人员的需求数量；员工个人对培训与发展的要求；企业在培训方面的条件，如培训师资、培训设备等。

(3) 做好综合平衡。注意员工发展与师资来源的平衡，培训与企业生产、经营正常运转的平衡，企业培训需求与员工要求的平衡，培训发展与培训投资的平衡等。

(4) 现实可操作性。制订各具体分项目标培训计划的实施细节，主要包括总体计划及各分项目标计划实施的过程、时间跨度、阶段、步骤、方法、具体要求和评估方法等。

(5) 广泛征求意见。经过充分的讨论和集中修改，经企业的最高管理层审核批准后，下达到有关的基层单位实施。

(6) 保持灵活性。结合本企业实际情况进行，制订能够灵活运用的培训计划，根据各分项培训目标的优先级分配资源，保证各项培训目标都有相应的人力、物力和财力作为支持。

3. 培训计划制订的步骤

制订培训计划需要按照科学的程序进行，通常包括以下几个步骤：

(1) 确定培训需求。培训需求是确定培训计划的最重要的依据，对培训方向具有指导作用。要根据培训计划的长短，并结合企业发展要求和企业现状之间的差距来确定培训需求。

(2) 明确培训目标。培训目标要切合实际，不能太高也不能太低。培训目的、目标要作为将来进行培训考核的依据。

(3) 确定培训对象。准确地选择培训对象，明确哪些人是主要的培训对象、哪些人是次要的培训对象，有利于节约培训费用，提高培训效率。

(4) 确定培训内容。培训内容和培训对象一定要相辅相成。对岗前培训和在岗培训分别设计不同的课程，同时要考虑管理人员和技能人员培训内容的差别。

(5) 确定培训方式。为了保证员工对培训内容的接受程度，选择采用讲授法、研讨法、案例分析法、现场示范操作法等培训方法。

(6) 选择培训师。培训效果与培训师的水平有很大的关系，通过外聘或内部选拔来选择有足够经验和能力的培训师。

(7) 选择培训时间、地点。培训时间、地点要选择得及时合理，以便及时通知培训对象和培训师，提前做好准备。

(8) 明确培训负责人。明确培训负责人，使得培训师和培训对象知道有问题找谁，促使问题的解决，保证培训的顺利进行。

(9) 确定考评方式。为了保证培训效果，每一次培训后都要考评。从时间上讲，考评还可分为即时考评和应用考评，即时考评是培训结束后马上进行的考评，应用考评是培训后对工作中的应用情况进行的考评。

(10) 培训费用预算。培训费用一般是指实施培训计划的直接费用，分为整体计划的执行费用和每一个培训项目的执行或者实施费用。

(11) 明确保障工作。明确后勤保障工作，有利于协调培训部门与后勤保障部门的工作，便于后勤保障部门及时做好准备工作，进行考评。

(12) 编写培训计划。完成上述工作后，就要开始准备编写培训工作计划，经审批后实施。

综上，只有在编订合理的培训计划的基础上，才能有效地进行课程设计并实施培训，从而保证整个培训体系得以顺利实施，不断提升员工的自我价值，促使员工向多技能方向发展，从而为企业的发展壮大提供有力的后盾。

4. 培训计划制订应考虑的影响因素

在制订培训计划时，组织者必须考虑以下四个方面的因素：

(1) 员工参与。让员工参与设计和决定培训计划，除了加深员工对培训的了解，还能增加其对培训计划的兴趣和承诺。员工的参与可使课程设计更切合员工的真实需要。

(2) 管理者参与。各部门主管对于部门内员工的能力及所需何种培训，通常比负责培训的组织者或最高管理阶层更清楚，他们的参与、支持及协助，对计划的成功帮助很大。

(3) 时间安排。制订培训计划时，必须准确预测培训所需时间及该段时间内人手调动是否有可能影响组织的运作。编排课程及培训方法必须严格依照预先拟订的时间表执行。

(4) 成本资源约束。能否确保经费的来源和能否合理地分配和使用经费，不仅直接关系到培训的规模、水平及程度，而且也关系到培训师与员工能否有很好的心态来对待培训。

4.3　培训课程设计

4.3.1　培训课程设计概述

1. 培训课程设计的含义

培训课程设计有两层含义：一是设计一系列培训课程的内容和形式，并侧重于不同培训课程的内在逻辑，以完成某一具体培训目标；二是构建一门培训课程的形式与结构，也就是基于课程目标使用不同的课程要素。

2. 培训课程及其类型

培训课程是培训内容的总和，与应试教育的课程相比，培训课程更具有实用性。管理人员在安排培训课程的内容时要按照一定的流程执行。第一，安排课程目标。每一课程不应该包含太多的课程目标。例如，一个小时内要完成五六个目标是不可取的。第二，分析和整理每一个给定的目标组合。确定每个目标所包含的内容，这些内容是为了达到目标所必须学习的。第三，安排课程内容。将每单元的目标和各个目标内容按照要求排列起来，同时，添加授课细节，如培训方式、教学工具等。第四，确定课程时间。确定课程的开展时间以及所用的时间长短。第五，检查每一单元的初步编排，进行必要的调整。

培训课程按照课程的性质分为五类，即学科课程、综合课程、活动课程、核心课程、模块课程。

(1) 学科课程。以学科为中心设计的课程即为学科课程，其分别从各门学科中选择部分内容，通过确定教学时间和学习期限来完成。这种课程全面关注各门学科本身的内在联系，在学习过程中注重基本概念、研究方法及其操作。学科课程的科学性、系统性和连贯性较强，注重培养员工的思维能力及知识储备。这种课程适合于正规的学校教育与培训。

(2) 综合课程。综合课程是学科课程的改进类型，它结合了几个相邻学科，既保留了学科课程的优势，又克服了学科课程的不足，并减少了教学的科目。它适合以增加综合素质为目标的企业培训。

(3) 活动课程。活动课程也被称为体验课程，其以员工的兴趣和动机为基本出发点，围绕员工的自我发展组织教学。培训师在教学中的作用仅仅是参谋和顾问，生产实践课多采用该类课程。

(4) 核心课程。核心课程以一个学术领域或主题为核心对相关学科进行重新梳理，是一种学科课程与活动课程之间的课程类型。核心课程主张以受训者的活动作为培训活动的形式，强调预先规定课程，但在培训中又充分重视受训者的个性。核心课程适合于以研究为目标的教育和培训。

(5) 模块课程。模块课程结合了我国的实际情况，借鉴了模块式技能培训法、基于能力的教育模式和其他国际职业教育课程模式。模块课程旨在提高培训师的素质，重点培训岗位技能，在强调相关职业通用知识和技能的同时，注重培养特定的知识与技能。模块课程不仅注重职业岗位的现实需要，也兼顾着未来需要，并注重对基本素质的培训。这种培训课程模式注重课堂教学和能力本位形式的结合，还注重结合基础知识和职业能力训练。模块课程适用于职业教育和职业培训。

4.3.2　培训课程设计的要素

培训课程设计的要素包括课程目标、课程内容、培训教材、课程模式、课程策略、课程评价、员工、培训师、课程时间及课程空间。如表 4-3 所示，显示了每个要素的具体内容。

表 4-3　培训课程设计的要素及具体内容

要　素	具 体 内 容
课程目标	课程目标是指学习的方向和学习过程中各个阶段应达到的标准，应根据环境的需求来确定。在课程设计中，课程目标要联系课程内容，以特定的行为术语制定出课程内容，可以是学科领域内的概念、原理、方法和技巧，也可以是过程、程序、步骤、规范和标准
课程内容	课程内容的组织就是确定课程内容的范围和顺序。课程内容的顺序是指课程内容在垂直方向上的组织，它要求课程内容的安排与员工的逻辑思维和学习习惯相符合。课程内容的范围是指课程内容在水平方向上的安排，要求课程内容尽可能地对员工有帮助，并具有综合性和及时性等特点
培训教材	培训教材是将培训内容呈现给员工的载体，既包括教学大纲，也包括相关的论文或案例资料，或是配套的音像教材、参考读物、学习指导、辅导教材等
课程模式	课程模式是指对学习活动的安排和教学方法的选择，它与课程目标直接相关。好的课程模式可以很好地体现课程内容，激发员工的学习动机，不断提高学习效率
课程策略	课程策略主要是培训教学程序的选择和培训资源的选择及利用，它与学习活动密切相关，是学习活动的组成部分
课程评价	课程评价用来评估员工对学习内容掌握的广度和深度，以及课程目标的完成程度。进行课程评价的方法有定性方法和定量方法两种，评价时重点采用定量评价方法
受训者	受训者是培训课程的主体，员工不仅是课程的接受者，同时也是一种可利用的学习资源。应该在培训中充分考察、了解员工的学习能力和相关背景，在培训中不断调动员工的积极性，使培训达到最佳效果
培训师	培训师是培训课程的执行者，应根据培训课程的目标和内容要求而定。培训课程要求培训师的能力较强，能够驾驭课程，积极引导员工实现课程目标。 　　培训师不一定是职业教员，也不一定是专家教授，而是由课程的主持者来组织、挑选在课程内容各个方面有不同优势的人员来担任
课程时间	为了提高课程的利用率，课程的设计者可以合理地安排课程时间，可以巧妙地配置有限的课程时间，提高学习效率。科学地安排课后作业，有利于提高课堂时间的利用率
课程空间	课程空间是指培训课程开展的场所，主要是教室、图书馆、实验室、研讨室、会议室等场所

4.3.3　培训课程设计的方法

培训课程设计的方法很多，最基础的方法有以下三种：

1. 适应型模拟法

适应型模拟法，即按照满足企业发展要求的员工的知识结构、学识水平、技能水平，对接受培训的员工进行课程设计。这种设计通常根据"缺什么补什么"的原则进行，而对员工已经掌握的某些知识和技能不再培训。知识补充性培训、岗位适应性培训都可以采用此法进行课程设计。

2. 深度型梯度法

深度型梯度法是把某一深度的培训目标层层分解，选择几个不同深浅程度的课程为员工提供循序渐进的培训。经过边进修、边实践、边提高的学习过程，逐步完成一个个台阶的学习任务，达到某一深度的专业水平的目标。用此法设计的课程，既符合成人学习专业知识的智力特征，又可以缓解工作与学习的矛盾。新增知识的培训、加深专业知识的培训都可采用梯度法进行课程设计。

3. 结构优化法

结构优化法是指不断优化结构的课程设计。知识结构的优化是一个综合效应的过程，使员工的知识结构趋向合理。由于受员工知识结构等个体差异的影响，因而在设计这类课程时要在开始阶段，从基础知识、关键知识、急需知识入手，让受培训的员工初步适应；完成开始阶段的任务后，从专业知识结构的深度入手，促进综合水平的不断提高，以达到改善知识结构的目的。结构优化法的课程设计，最适合以更新知识结构为目的的培训。

4.3.4　培训课程设计的程序

1. 培训项目计划

培训项目计划是有效实施培训课程的基础，主要包含三个层次，具体内容如下：

(1) 企业培训计划。企业培训计划是指根据培训需求分析结果，对培训项目的目标、对象、内容、要求、期限和实施方法等主要工作事项所做出的统一安排。

(2) 课程系列计划。课程系列计划是指按一定的顺序组合起来的目标一致的课程体系。例如，制订一个管理培训计划，设置了多门相关的面授课程，根据管理职能的不同将课程分为不同的系列。课程系列计划以目标为导向，将看似独立的相关课程联系起来，将所有的培训工作集中到一个学习方向上。

(3) 培训课程计划。培训课程计划是对某一课程的详细描述。它是课程系列计划的一部分，也是企业培训计划的一部分。培训课程计划主要包括：课程题目的暂定、培训范围的确定、受训者的确定、主题课题的界定、开发时间的估算、必需的资源、课程的期限和课程开发费用的初步预算等。

2. 培训课程分析

培训课程分析是确定受训者必须掌握的、用来贯彻课程意图的工作知识和技能。它是培训开发流程的首要步骤，也是培训课程的调查与研究阶段。

在培训课程分析过程中，要确定受训者的培训需求是什么；培训结束后，受训者应该根据项目规定的课程意图做什么，受训者需要学习哪些知识和技能来弥补差距。

3. 确定课程目标

课程目标是一种文字陈述，通常由构成目标的三个部分即绩效、条件和标准组成。确定课程目标是整个培训课程设计过程中的重点也是难点。课程内容取决于课程目标，培训效果的评价也依赖于课程目标。制订课程目标，其实就是为员工制订在培训课程结束时可以实现的行为方向指针和程度标准。严谨的课程目标才能作为合理测试的依据，合理的测试反过来可以科学地指导课程设计和课程内容的选择，进而保证所开发的课程对绩效产生积极的影响。

4. 信息和资料收集

一旦确定了课程目标，就要开始收集与课程内容相关的信息和材料了。可以通过以下方式收集相关信息和资料。

(1) 咨询客户、受训者和有关专家。

向客户、受训者和有关专家进行咨询不仅可以收集很多有价值的信息，而且使他们对培训更感兴趣，更积极地参与到培训中来，有利于培训的成功实施。

(2) 借鉴其他培训课程。

在进行全面开发培训课程之前，先了解是否有已开发出的课程可以利用，可以通过网络或出版物、杂志查找相关内容。

5. 编写课程纲要

编写课程纲要时，一般要遵循的步骤：以课程目标为依据明确课程的主题，搭建课程框架，界定课程的主要内容，选择授课方式，修改或调整培训内容。其中，要对设计适用的内容、决定内容优先级、设计作业即各种学习活动的内容、选择授课方法等重点环节注意和把握。

6. 编写培训教材

培训教材是指提供给参与团体培训的员工所使用的学习材料，有时又称为讲义。通过培训教材，员工可以熟悉培训课程的整体框架，掌握培训的主要内容。通常，培训教材的内容构成为：课程意图、学习目标、主要课程、成功完成该课程的要求、其他可能的参考资料等。培训教材是无定式可言的，只要做到知识要素齐全，能体现知识点的逻辑联系和理论体系即可。

7. 制作教学课件

(1) 制作课件。

在培训中经常要用到的课件主要有五类：理论知识、相关案例、测试题、游戏和故事。作为一个培训课程设计人员，要在生活中随时随地留意并积累这五类资料，要注意厚积薄发，做个有心人。

(2) 组织课件。

内容完整、逻辑严密的课件才是一套完善的课件。课程设计人员应该按照课程大纲的需要，有序地组织课程。通过对课件的组织，不仅能保证各种课件之间的逻辑性联系，还能发现和暴露课件内容的不足之处。

8. 准备辅助材料

准备好辅助材料有助于达到培训目的。常见的辅助材料包括：① 阅读材料。阅读材料要和幻灯片保持一致，提供给员工可以帮助他们做笔记。② 视觉材料。它包括幻灯片、场景、图形、标语、图表、照片、图画、录像片、令人愉悦的环境等。好的视觉材料要满足三个基本规则，即 3B 原则：字体足够大(Big)、醒目(Bold)、美观(Beautiful)。③ 听觉材料。它包括令人感兴趣的词汇、音乐、声音、幽默、重音、故事、对话等。要保证听觉材料有很好的音调、节奏合适的音量，准确的发音等。④ 感觉材料。它包括可以闻的、品尝的、触摸的等。培训师可以根据自己的个人习惯选用适合自己的学习要点标注、注释等。

9. 课程演练与试验

培训课程设计完成之后，还需要对培训内容进行提前演练与试验，以做好充分准备。课程演练与试验是对前一阶段工作的检验，包括内容、活动、教学方法及后勤保障。在预演中，可以让员工和专家作为听众，在课程演练和试验结束后听众对整个安排提出意见。在收集意见时可以采用头脑风暴法或问卷调查法。头脑风暴法即让参与者自由讨论，主持者记录下各种建议，提炼出修改意见；问卷调查法即根据课程的内容设计调查问卷，发放给员工、专家、同事填写，最后回收并分析调查问卷，提炼出修改意见。

10. 信息反馈与课程修订

在进行了课程演练与试验之后，要根据相关专家、学员及同事的意见对课程进行修订。课程需要调整的内容视存在的问题而定，有的内容可能只是小修小补，有的甚至可能需要对整个培训内容做出调整或对整个培训课程进行重新设计。无论是何种类型的问题，都要想办法进行修改并及时解决。

4.4　培训预算

培训费用的花费必须从随机性逐步走向预算管理。从企业的实际情况出发，合理规划培训经费，已经成为许多培训经理关注的重要问题。

4.4.1　培训预算的原则

结合国内成功企业的培训预算经验，成功的预算应该遵循速度原则、准确原则和合作原则。

1. 速度原则

传统的培训预算依赖大量的报表进行，往往浪费太多的时间且无法适应现代培训决策的要求。现代培训预算可以基于网络工具或一些培训管理系统来替代以前一直使用的报表。这样，既能帮助减少日常行政管理费用以及管理时间，又能提供比以往报表更丰富的信息，大大缩短培训预算的时间。

2. 准确原则

为了减少预算时间，传统的思维认为完成培训预算只是培训部门的任务。只有在设计培训预算过程中吸收更多的人参与，才能更有效地把握企业业务规划和真正的培训需求，从而保证培训预算能够支持企业战略业务发展和员工生涯发展。

3. 合作原则

培训主管部门要争取和发动从领导到广大员工的参与和有效合作。为了实现这种合作，培训主管部门要完善企业培训管理体系，并且让培训真正发挥效果、产生效益，得到从领导到员工的广泛认可。

遵循了上述的基本原则，培训预算才能真正成为有用的工具，促进实现企业战略以及人力资本的开发。

4.4.2　培训预算的基本流程

设计有效的培训预算是实现成功培训的前提和保证。培训预算工作的基本流程和可能产生的费用项目，如表 4-4 所示。

表 4-4　培训预算的基本流程和可能产生的费用项目

基本流程	具体流程	可能产生的费用项目
培训前期工作	培训需求调查	问卷设计、印刷、调查实施产生的费用(面谈、电话调查等)
	培训课程开发	课程开发费用
	培训提案	提案制作费、提案印刷费
培训准备	培训人员调查	学习风格测试费、管理风格测试费、性格倾向测试费
	场地、器材	场地租赁费、必要器材购买费用、易耗品购买费用
	教案与教材准备	讲义制作费用、视频教材费用
	其他	笔记本、记录笔、MARK 笔
培训实施	讲师与助手费用	差旅住宿费用、讲课费用
	学员费用	交通费、住宿费
	其他必要开支	餐饮费、礼品费
培训后期工作	培训评估	后期培训效果追踪与工作指导产生的费用

4.4.3　培训预算的方法

不同的企业处理培训预算的方式也不同，通常有以下三种处理方式：

1. 参考同行业培训预算的数据

参考同行业培训预算的数据是预算培训费用时最常见的方法。首先，人力资源经理可以就培训预算问题和同行沟通，了解彼此的情况；其次，取同行业企业培训预算的平均数据。此外，同行业内不同性质的企业如民营企业、国有企业、外企等，其培训预算也有重大差异。

2. 比例预算法

比例预算法有两种类型，第一种是承袭上一年的资金，加上一定比例的变动，因为假设上年度的每个支出项目均为必要，而且必不可少，所以在下年度里都有延续的必要，只是需要调整其中的不同支出项目的成本；第二种是指对预算严格控制的企业，可能预先对培训预算的范围加以确定，人力资源部门制订培训计划时要以企业已经确定的培训预算为准。

比例预算法的优势在于这两种预算法核算都比较简单，且核算成本低，因而此方法在企业中应用广泛。此外，第二种比例预算法实质上是一种特殊形式的零基预算法，所以方法二的优点类似于零基预算法。

但是运用第一种比例预算法时，每年的培训预算就像是讨价还价，形成了预算人员与审批领导之间关于培训费用的博弈过程。方法二的不足主要是没有参考历史数据。

3. 零基预算法

零基预算法是指每个预算年度开始时，将所有还在进行的管理活动都看作重新开始，即以零为基础，以企业目标为依据重新审查每项活动的重要性和效果，对各项管理活动的优先级进行重新排列。零基预算编制的前提条件如图4-4所示。

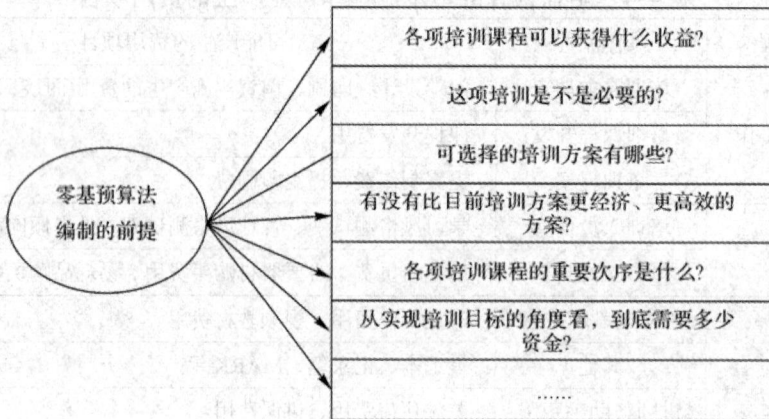

图4-4　零基预算编制的前提条件

零基预算有利于管理层对整个活动进行全面审核，避免内部各种随意性培训费用的支出；也有利于提高主管人员计划、预算、控制与决策的水平。但是零基预算企业不但要花费大量的人力、物力和时间，而且对培训需求与培训有效性评估要求较高，难免在安排培训项目的优先次序上存在相当程度的主观性。

此种方法对证明培训的正当性和有效性的要求更严格。培训经理只有通过证据证明培训对企业有积极的作用才能争取到资金。

4.4.4　培训预算的注意事项

在进行培训项目费用预算时，应注意以下事项：

1. 统计并区分培训对象，合理划分投放比例

培训对象不同，培训的方法也就不同，这会直接影响培训预算费用的大小。完成培训

对象信息收集工作后，要将培训对象分为高、中、低层培训人员，作为区分，并列出相关名单。此外，要根据企业的发展战略和员工比例对培训预算投放比例进行科学、合理的划分。

2. 根据公司情况，合理设定培训预算项目

培训预算项目涉及培训受益部门的切身利益，且对财务管理的便利性和科学性有重要影响，因此必须根据企业的实际情况合理设置。

3. 明确所有的费用项目

培训项目费用必须明确项目总体费用、单项费用金额(是否含税)、费用支付方式、费用支付日期等。

4. 综合考虑各种影响因素

培训预算的影响因素包括企业绩效状况、过去的培训费用、人均培训费用等多种因素，通常基于过去的经验，并结合培训工作的进展情况增加或减少。

5. 预留必要费用用于突发性事件的应急处理

突发事件可能有很多，如因员工增加不得不增加的餐饮费，因无法在规定的时间内完成培训而不得不支付的额外的场地租赁费等。制订项目计划时，培训师或培训经理需要考虑设立相关紧急联络人。紧急联络人通常是除了培训师与其助手之外的第三人，来处理培训项目的应急性事务工作。

4.5　培训实施

4.5.1　培训计划实施的意义

1. 实现培训目标

培训的整个过程包括培训需求分析、培训目标的制定、培训计划的制订、培训计划的实施与评估几个环节。这几个环节环环相扣，缺少任何一个环节都会使培训活动以失败告终。在这些环节中，培训计划的实施是非常重要的一个环节。培训计划的实施可以使企业实现培训目标，使员工的知识、技能、观念、思维及心态等都得到提高和改善；可以帮助员工更好地适应岗位职责的要求，不断提升自身素质，从而实现企业的总体目标。

2. 检验培训管理中存在的问题

培训计划的实施不仅仅是培训过程的一个环节，也是对培训需求、培训目标、培训计划拟定的重要检验。培训计划的实施可以反映出各个环节中存在的问题，而且也可以反映实施中存在的问题。因此，培训计划只有实施了才能使整个培训系统中的不足凸显出来。

3. 有助于员工自我提升和成长

培训计划的实施对于员工职业生涯发展是很有益处的。员工可以通过培训计划实施过

程完成整个培训，从而实现自我提升和成长。如果培训计划只停留在拟定阶段是没有任何意义的，只有将计划有效地实施才能提高员工的能力和技能。只有成功开展培训计划，培训实施者才能使员工真正受益。一个企业如果拥有完善的培训体系，对员工会有很大的吸引力，并且能够留住人才，满足员工的需要。

4.5.2　培训计划实施的要点

1. 培训者的选择

培训师资是企业培训活动的关键，培训师资水平的高低直接影响具体的培训活动的实施效果。

1) 培训师能力要求

一名优秀的培训师要具备的能力如图 4-5 所示。

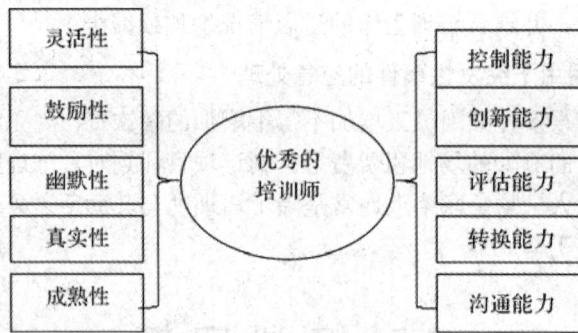

图 4-5　优秀培训师的能力要求

2) 培训师的甄选与培养

(1) 内部培训师甄选与培养。

企业应大力提倡和促进内部培训师成为培训师资队伍的主力。内部培训师能够有效地传播和扩散企业真正需要的知识和技能，从而有效实现经验和成果的共享与复制。

内部培训师甄选与培养工作具体包括内部培训师甄选、内部培训师激励以及内部培训师培养等工作内容。内部培训师在组织培训活动的时候，要处理好兼职培训师的培训工作与其自身的日常工作之间的关系。企业人力资源部门和内部培训师所在部门主管之间沟通是否有效，对培训活动的正常开展具有直接影响。

(2) 外部培训师的甄选。

组织对于外部培训师的选拔也应严格按照程序，和内部培训师的选拔一样，要按照申请、试讲、资格认证、评价、续聘或晋级的流程进行管控，不断强化外部培训师及其授课内容的针对性和适用性。

2. 培训准备

培训的准备工作包括组建培训项目小组、召开培训动员会议以及进行与培训相关的各类事项的准备等。在准备阶段成立项目小组，主要是协调培训中的各项工作安排，确保培训如期圆满地进行。成立项目小组后，就要组织相关人员召开动员会，进行项目总动员，主要目的是强调培训的意义，总结培训规划阶段工作。同时，对所有培训准备事项进行具体安排，把工作落实到每一个人的身上，这是培训前非常重要的一个步骤。最后，要进行培训各类事项准备，如制订培训实施计划表、收集受训者名单、发送培训开课通知等。

3. 现场组织

在培训过程中，组织者和培训师、受训者要保持及时的沟通与交流，指出培训师培训的优缺点，并与培训师协调改进。这时组织者要做的工作主要有：

(1) 让全体受训者对整个培训活动有一个全面的了解并产生一定的期待。这就要求发给每位受训者一份培训计划，并给予一定的解说，使大家了解培训的目的、培训的内容和方式、培训的时间和地点，尤其是培训要达到的目标，以及培训结果对受训者今后工作的影响等。这些工作有助于提高受训者对培训目的的认同感，并对培训产生某种期待，使其能顺利进入受训状态。

(2) 为了保证培训的效率和严肃性，培训的纪律和对受训者的要求需要一开始就被明确告知并严格执行。事先告知纪律和要求，讲明违纪的处理原则，可以预防不良行为的产生，即使出现了违纪情况，处理也会有根有据，使人心服口服。

(3) 在培训的开始阶段可以做一些简单的测试和调查等。一是了解受训者对培训的看法、要求和困难等，表示对受训者的尊重和对受训者意见的重视，融洽培训组织方与受训方的关系，并更好地为其提供服务；二是了解受训者与培训内容有关的情况，如实际的知识、技能水平，对某些问题的看法、态度等，以使培训的内容更具有针对性；三是如果准备精心并执行良好的话，这些活动还可以激发受训者的培训兴趣和学习信心。设计一些活动来拉近受训者间的关系，使受训者有相互接触、了解的机会，不仅可以消除受训者的紧张心态，而且可以帮助受训者实现通过培训结交更多朋友的愿望，有利于其他各方面工作的协调和沟通。

4. 培训总结提升

培训活动结束并不意味着培训的完成，培训后的总结和提升仍不可忽视。对整个培训过程进行梳理总结，一方面可以作为本次培训的效果考核；另一方面积累好的经验，并针对不足之处重点改进，为今后的培训做好铺垫。

培训结束后，培训部门除了要对培训结果总结汇报，还要将相关教学资料发给受训者，包括内外部配套培训材料，如岗位说明书、书籍、课件等，以让其能在培训结束后及时复习、总结。此外，应该收回部分相关资料，如对受训者的调查表、培训效果评估报告等，以便对培训效果进行评估。

4.6　培训风险的类型及防范策略

4.6.1　培训风险的类型

任何一项管理活动都会有不确定性，都会存在管理风险。培训风险是指因观念、组织、技术、环境等负面影响，企业培训过程及其结果对企业造成直接或潜在损失的可能性。常见的培训风险有以下几种类型。

1. 培训效果缺失的风险

这是企业培训最常发生的风险，也对正常开展培训影响最大。这种风险主要是由于企业对培训缺乏合理规划和有效的管理而造成培训的质量低下，导致难以达成培训目的，培训投资效益不高。

2. 人才流失的风险

员工的能力和素质在培训后得以提高，他们会追求更高的知识和自我实现，改变工作环境的需求也随之产生。一项哈佛企业管理顾问公司的离职原因调查显示，"想尝试新工作以培养其他方面的特长者"被列于众多原因之首。企业投资培训的目的是增加企业的人力资本存量，为企业创造经济利益，而培训后的人员流出，必然会使本企业无法收回这部分培训投资，造成巨大的人力、物力损失。

3. 培养竞争对手的风险

企业培训职工就是为了为本企业所用，但流失的人才大部分都会流向本企业的竞争企业。对本企业来说，经过培训的员工将所掌握的信息以及新知识和技能等运用到其他企业中，这无疑是一种潜在的威胁。

4. 专有技术泄密的风险

任何企业在生产经营过程中都有自己的管理经验和专有技术，只有具体的人员去操作和管理专有技术，才能将其转化为生产力和具体的产品。从事这项工作的人员只有通过培训才能掌握这些管理经验和专有技术，但掌握的人越多就越难保密，风险也越大。

5. 培训收益风险

培训收益会有一定的滞后性。如果企业在对原产品线等进行培训后就调整了战略(如转产)，会导致原来的培训完全没有回报。如果是企业进行技术更新、工艺调整或同产业新产品的开发，就可能使正在培训或刚培训完的知识和技术过时。

6. 企业战略风险

企业战略风险是指由于企业战略调整导致企业培训回报减少而产生的风险。根据企业内外环境的变化，企业的发展战略会不断调整，如进行转产、工艺改造、产品结构调整等。

4.6.2　培训风险的防范策略

1. 培训效果缺失的风险防范策略

(1) 做好培训需求分析，合理制订员工培训计划。

培训需求分析对培训的成功与否是至关重要的。培训需求分析过程包括组织分析、人员分析和任务分析。组织分析通常会考虑培训的背景，确定培训是否与公司的经营战略和资源相适应，培训师的同事和上级管理者是否支持培训，使他们能在实际中运用培训中学到的技能、行为等方面的信息。

(2) 选择或培养合适的培训师。

培训师是影响培训效果的关键。如果企业要聘请培训师讲课，则必须寻找优秀的培训师。如果企业选择实行内部培训，就需要注意培养企业自己的培训师。企业可以通过组织参加"培训师"研讨会、请企业内部已有的培训师辅导、让培训师候选人在适当场合实践等方法来培养。

(3) 做好培训的转化工作。

员工能在实际工作中应用所学内容，这是企业实施培训的目的之一。但有研究表明，通常员工所学只有 10% 被转移到工作中。可以看出，在培训效果的提升中，做好培训转化工作非常重要。

(4) 做好培训效果评估工作。

评估在培训管理中发挥着特殊信息反馈机制的作用，通过比较现状与目标之间的距离，能有效促进被评对象不断向既定目标靠近，并持续提高培训质量，为制订下一阶段的培训计划提供依据。

(5) 建立绩效考核制度。

企业只有建立员工绩效考核制度，加大考核力度，将考核结果与员工晋升、薪酬、培训、上岗等联系起来，才能在企业形成注重业绩的良好氛围，员工才有动力自觉提高知识能力，才会更加积极地参加培训。

2. 人才流失风险防范策略

(1) 做好人力资源规划。

根据企业的人力资源状况，预测企业的人力资源质量和数量方面在未来一段时间内的需要，以及引进、保持、提高、流出人力资源等相关事项。企业人员流动是正常的而无法避免的，但是只要企业做好人力资源规划工作，提前做准备，就可以减少人员流出的损失。

(2) 谨慎选择培训对象。

在选择培训对象时，企业应考虑员工的忠诚度。投入较大、时间较长的培训，在选择培训对象时更需要谨慎。例如，某企业挑选了一批年轻的技术骨干去高校全脱产攻读硕士研究生，但是两年后流失了80%。该企业培养的人才流失的原因除了工资待遇偏低，还在于年轻员工对企业的忠诚度要低于年长员工。在试用期内，劳动者可以随时通知用人单位解除劳动合同，因此通常情况下，企业不要对在试用期内的员工进行技能培训。

(3) 签订培训合同。

企业可以在与员工签订劳动合同后，再对员工进行培训，并根据培训投入的大小，规定服务期限和违约要承担的责任。一方面，即使员工在培训后流失，企业也能根据合同获得赔偿，使人员流失的损失尽可能降低。另一方面，员工因培训合同的签订，流动成本增加，所以通常不会轻易离开所在企业。如果一旦产生了法律纠纷，培训合同也是重要的依据。

3. 专有技术泄密风险的防范策略

(1) 谨慎选择专有技术培训对象。

培训前，企业应该深入考察既定的培训对象，选择培训对企业忠诚度较高、品行良好的员工。选择正确的培训对象，对维护技术保密性至关重要。

(2) 与培训对象签订保密协议。

国家有关法律、法规允许用人单位和劳动者在劳动合同中约定竞业避止条款，也就是保守商业秘密的条款。劳动部也在有关文件中规定：用人单位可以和掌握商业秘密的员工在劳动合同中约定员工离开企业后不得泄露本企业商业秘密，在一定期限内(不超过三年)不得到生产同类产品或经营相同业务且有竞争关系的其他单位就职，但用人单位要给予员工一定的经济补偿。企业在与员工签订保密协议时，应该遵循平等自愿、相互协商的原则。在员工侵害企业利益的情况下，企业一定要通过法律途径来维护自身的利益。

4. 为竞争对手培养人才的风险防范策略

企业要注重员工的职业道德教育，切实重视各类人才，形成尊重知识、尊重人才的良好的企业文化，不断增强企业的内在凝聚力。企业要努力提高员工的满意度、忠诚度和归属感，就要做到以感情留人、事业留人和待遇留人。与此同时，对企业经营有重大影响的关键人物(如企业经营者、掌握重要客户的营销人员)和掌握企业商业秘密的员工，要根据国家有关规定签订协议，约定员工在终止或解除劳动合同后的一定期限内(不超过三年)，不得到生产同类产品或经营相同业务且有竞争关系的其他单位就职。

5. 培训收益及战略风险的防范策略

企业的员工培训不仅要与企业的实际生产经营情况密切相关，而且要具有前瞻性，结合本企业的发展战略，对与企业相关的技术发展动态保持密切关注。具体而言，企业必须制订切实可行的培训计划。培训计划以企业战略计划为基础，旨在支持企业战略计划的实现。通过这样的培训计划，企业可以有效地避免由于知识更新和战略调整所带来的培训风险。

◆　思考与复习　◆

1. 简述有效的培训项目设计与开发的流程。
2. 培训项目目标的意义是什么？应该怎样制订培训项目目标？
3. 制订培训计划应注意哪些问题？
4. 影响培训计划制定的因素有哪些？
5. 企业怎样选择和培养内部师资队伍？
6. 选择外部培训师应该注意哪些事项？
7. 培训课程设计有哪些要素？
8. 企业应该怎样防范培训风险？

◆　案例讨论　◆

五月花公司的培训

五月花制造公司是美国印第安纳州一家生产厨具和壁炉设备的小型企业，大约有 150 名员工，博比是这家公司的人事经理。这个行业的竞争性很强，五月花公司努力使成本保持在最低的水平上。在过去的几个月中，公司因为产品不合格问题已经失去了 3 个主要客户。经过深入的调查，发现次品率为 12%，而行业平均水平为 6%。副总裁提米和总经理考森在一起讨论后认为问题不是出自工程技术上，而是因为操作员工缺少适当的质量控制培训。考森说服提米相信实施一个质量控制的培训项目将使次品率降低到一个可以接受的水平上，随后接受提米的授权，负责设计和实施操作培训这一项目。提米很担心培训课程可能会影响生产进度，考森认为培训项目花费的时间不会超过 8 个工时，并且分解为 4 个单元，每个单元进行 2 小时，每周实施 1 个单元。考森向所有一线主管发出了一个通知，要求他们检查工作记录，确定哪些员工存在生产质量方面的问题，并安排他们参加培训项目。通知还附有一份讲授课程的大纲。在培训设计方案的最后，考森为培训项目设定了培训目标：将次品率在 6 个月内降低到 6%。

　　培训计划包括课程、讨论、案例研讨和一部分电影。在准备课程时，培训师把讲义中的大部分内容印发给员工，以便员工准备每一章的内容。在培训过程中，员工花费了相当多的时间来讨论教材中每章后面的案例。员工培训由于缺少场所，培训被安排在公司的餐厅中举办，时间安排在早餐与午餐之间，也就是餐厅的工作人员清洗早餐餐具和准备午餐的时间。本来每个培训单元应该有大约 50 名员工参加，但是只有 30 名左右员工出席。在培训过程中，很多主管人员向考森强调生产的重要性，有些学员对考森抱怨说：那些真正需要在这里参加培训的人已经回到车间去了。

　　考森认为评价这次培训最好的方法是在培训项目结束后，培训的目标是否能够达到。结果，产品的次品率在培训前后没有明显的变化。考森对培训没有能够实现预定的目标感到非常失望。在培训结束 6 个月之后，次品率与培训项目实施前一样。考森感到自己压力很大，他很不愿意与提米一起检查培训评估的结果。

　　根据案例回答下列问题：

(1) 考森的培训项目的设计有哪些缺点？培训项目的各个阶段存在哪些问题？

(2) 你认为应该如何评估培训的需求？

(3) 请你重新为培训项目设定一个目标。

(4) 你认为培训评价的方法可以做哪些改变？

◈　培 训 游 戏　◈

纸 飞 机

游戏类型：复习技巧/团队合作/充能器/晚会

活动形式：全体参与

所需时间：15 分钟到 20 分钟

场地要求：宽敞的会议室，或户外

所需材料：奖品、和听众数量相当的用来叠飞机的纸、盒尺

活动目的

使听众在紧张、刺激、趣味十足的竞赛中，充满快乐地复习所学内容。

操作步骤

1. 在培训进入复习阶段时，将全体成员分成两大组。

2. 发给每人一张纸，请大家来制作纸飞机。

3. 告诉大家，现在要进行一场竞赛，胜利的一方将获得"丰厚"的奖品。

4. 竞赛的规则是：围绕课程所讲内容，培训师将对两个组分别进行提问，回答正确的组可以请一个人来投掷纸飞机，当飞机落地后，工作人员丈量飞行距离，各组将分别进行累加，最先到达 50 米的一方，将获得胜利。

5. 培训师问大家是否还有疑问，然后开始比赛。

提示

1. 为了确保公平性，培训师可以事先将问题写在纸条上，卷起来放到一个透明的瓶子中，由各组组员分别抽取。

2. 为了使全体人员都能够积极参与复习，规定每人只可以回答一次(谁回答谁投掷飞机)，在其回答时，该组组员可提示。

3. 奖品最好准备可以分享的东西，如糖果、西瓜、蛋糕等。失败的一方也可以获得安慰奖，如花生或瓜子等。

相关讨论

1. 在课程及会议中，为什么人们往往不愿意第一个发言？

2. 你想到了哪些开始的方式？有极具幽默性的吗？

3. 当课程中采纳了你的方式，你的感觉如何？

4. 培训师巧妙解决问题的方式，对你有什么启发？

第 5 章 培训方法与技术

学习要点

➢ 培训方法概述及其历史发展
➢ 基本的培训方法的类型
➢ 不同培训方法的差异
➢ 培训方法的优势和劣势
➢ 不同情境下培训方法的选择

导读资料

苹果的低科技领域：实体零售店

乔布斯(Steve Jobs)用 iPad 和 iPhone 等高科技产品将苹果公司(Apple Inc.)变成了世界最具价值的科技公司。但苹果公司成功的一个支柱却出人意料的低科技：实体零售店连锁。

看看机密的培训手册、一次门店会议的记录以及对十几名现任及前任店员进行采访，就能看出苹果店的一些秘密。这些秘密包括：严格控制员工与顾客互动的方式，对现场技术支持人员的用语进行规范培训，考虑门店的每个细节，细致到样机上的预载图片和音乐。

苹果在客户服务和门店设计的许多方面都被视为先锋。根据几位员工的描述以及培训手册的内容，销售专员被传授了一种非同寻常的销售哲学：不是为了销售，而是为顾客解决问题。其中一本培训手册说，你的工作是了解客户的所有需求，其中有些需求可能是客户自己都没有意识到的。鉴于此，员工们没有销售提成，也没有销售配额。

苹果的零售店很受顾客欢迎，这与苹果对其店员的全方位培训是分不开的。正是严格的管理营造了轻松的顾客体验。

26 岁的安普罗斯(David Ambrose)在弗吉尼亚州阿灵顿的一家苹果店工作到了 2007 年。他说，你永远不是在试图敲定一笔销售交易，而是为客户找到解决方案，找到他们的痛点。

根据《华尔街日报》查看的一份 2007 年苹果公司的员工培训手册，苹果将其"服务步骤"浓缩成了"APPLE"，每个字母代表一个步骤。这本手册目前仍在使用。

"用个性化的热情欢迎词迎接客户""礼貌地询问以了解客户的一切需求""向客户提供一个可以今天带回家的解决方案""倾听并解决任何问题或担忧""以温和的再见结束，并请客户再次光临"。

苹果对客户体验的控制延伸到最微小的细节。苹果门店的保密培训手册指导技术人员具体该向客户说些什么富有感情的话：倾听，将你的反应限制在简单保证你正在照做。"嗯嗯""我理解"，等等。

苹果员工接受的培训旨在展示产品和为顾客解决问题，而不是推动产品销售。

分析人士说,很多零售商努力提供优秀的客户服务和具有吸引力的店面设计,不过很少有公司像苹果那样精心安排每个细节。举例来讲,连锁百货商店 Nordstrom Inc.几乎没有客服培训,而是指望销售人员在工作中学习。行业组织零售设计学会(Retail Design Institute)会长戴切斯(Brian Dyches)说:至于店面设计,大部分零售商会选择一个样板,然后大批推出;相比之下,苹果常常变换门店的外观和氛围。

其他零售商一直试图复制苹果的一切,从苹果在内部提供技术支持的做法到店面布局。2002 年 10 月,也就是在苹果开设了第一家门店的次年,百思买收购了电脑修理服务公司 Geek Squad,不过却没能重振公司的业务。据 Customer Growth Partners 估计,百思买的税前利润率(不包括在线销售)徘徊在约 1%。相比之下,Needham & Co.估计苹果门店的利润率为 26.9%。

到苹果店工作,这一过程可能充满竞争,一般至少要经过两轮面试。苹果门店的几位现员工和前雇员说,求职者会被问到有关其领导力、问题解决技巧的问题,还会被问对苹果产品是否热爱。零售专家说:大多数零售商不得不四处寻找愿意为其打工的人,而很多苹果专卖店却挤满了前来求职的人。一旦被雇佣,员工会得到广泛的培训。他们会在培训课程中学习如何运用苹果的客户服务原则。卖场新员工须跟随更有经验的同事进行实地学习,在没有被认为可以之前,不得擅自与客户沟通交流。培训过程可能会延续几周甚至更长。

经营零售咨询公司 Friedman Group 的弗里德曼(Harry Friedman)说:对于关心服务质量的专卖店来说,在员工培训方面的投入达到苹果那样的水平并不罕见,不过苹果的员工一般都是苹果产品的粉丝,十分愿意了解公司的情况,所以从本质上来说,苹果的培训较其他公司更为有效。

23 岁的布鲁斯(Keith Bruce)曾在美国弗吉尼亚的一家苹果零售店工作了三年半的时间,2009 年 12 月辞职。他说:培训让他知道,在卖场他应该把注意力放在自己力所能及的事情上,而非其力所不能及的事情。如果客户读错了一个产品名称,他不可以纠正客户,因为这会让客户感觉店员在他们面前摆出居高临下的态度。

"天才"技术支持人员职位的候选人会在世界各地接受更多培训,过关后会得到技术证书,定期还要考试。给他们提供的培训课程甚至包括语言培训。前"天才"员工说:他们被告知,在自己无法解决一项技术难题时,要说"事实证明",而不要说"很遗憾",这样听起来消极态度会少一些。知情人士说:"天才"职位经常收到三倍的预约申请,所以总是极为抢手。

资料来源:http://www.iceo.com.cn/guanli/109/2011/0816/227474_2.shtml

新时代的到来使得企业和员工都要面临复杂多变、充满竞争的环境,在这样的环境下,每一个人都要不断地学习才能进步。工欲善其事,必先利其器。人力资源管理中的培训方法就是员工学习和企业进步的利器,如何合理的选择培训方法,使得员工和企业能在最短的时间内学习最多的知识,将是在众多竞争对手中脱颖而出的制胜法宝。

5.1　培训方法概述

培训方法是指为有效实现培训目标而采取的手段和技术。培训方法必须适应教育培训需求、培训课程和培训目标的变化。随着科学技术的发展与应用，培训手段和技术也在不断地改变，培训方法的选择必须结合多种因素，进行恰当的选择，才能使培训有显著的效果。

传统的企业培训呈现出与传统教育相似的一些基本特征。在企业发展的初始阶段，这种培训由于其标准化的设计可能产生低成本的规模效益，随着企业的成熟、培训技术手段发展和外部环境的变化，传统的培训方法逐渐显示出不符合企业发展的问题，所以企业培训不断受到企业管理者的批评。

从目标出发，传统的培训旨在培养员工的基本工作能力，培训内容主要以知识和技能为主，培训目标一般限于企业的普通成员，管理水平一般不包含在培训的范围内，培训仅仅被看作企业内的一个培训部门，与其他部门无关，与组织的战略目标没有重要关系，培训方法以讲授灌输为主，很少考虑个人需求，并且是强制性的。传统培训最明显的特征是趋向于补偿性而非开发性。

随着外部市场竞争的加剧，传统培训越来越难以适应快速变化的现代社会的要求。企业不断反思培训的方法，评估培训实施的成本效益，整合现有培训资源，打造企业自我特性的培训项目，帮助员工提高工作绩效，以促进个人和企业发展。培训已成为企业管理的重要组成部分，通过培训实现的智力资本开发逐渐与企业的战略目标相结合，智力资本发展被看作传统培训基本内容的延伸。在培训方法上不断创新，形成了多元化的培训方法。

5.2 培训方法的发展

人类社会的进步与变化，使工作种类、工作技能和使用的工具也发生了很大的改变。为了适应工作的复杂性，以及工作数量和内容的变化，培训工作也随之产生并不断地发展。

1. 起源于古代的在职培训

在职培训起源于古代，是最早的培训方式。在职培训(OJT)是在工作场所进行的一种面对面、一对一的培训。在这种培训中，工作熟练的人会向另一个工作不熟练的人展示如何完成工作任务。在古代，人们从事的工作是不需要专业知识的非技术性或半技术性工作。家长或小组其他成员通常知道如何完成所有必要的工作，并可以通过直接指导把他们的知识传递给下一代。

在职培训在古代应用是因为它不需要学习者能够读或写。即使在书写系统发展之后，大多数农民和工匠也不会读写。因此，有必要进行一种培训，让一个人向另一个人展示如何完成一项工作任务。大多数人从事的工作是种田或制作工艺品，所用的工具相当简单。此外，由于当时工作产量较低，因此每次只需要培训少数人来完成工作任务。

在职培训至今仍在使用，一直是最流行的培训方法，因为在其最低层次上，它只需要一个熟悉如何完成工作任务的人和熟练使用完成工作任务的工具，除了指派一个有经验的员工去培训一个没有经验的员工外，一般不需要安排特殊的培训。虽然在职培训可能不是最有效的方法，但它却是最容易安排的培训方法。

在职培训的优点是对学习者做的正确或错误的结果能即时反馈，允许立即纠正错误行为。因为培训是在工作中进行的，所以不需要进行转移学习。此外，培训成本很低，因为除了工作中通常使用的设备外，不需要其他特殊设备。

在职培训无法产生众多的培训师和培训资源，因为培训师通常一次只培训一个人。如果工作产量低，人员和设备可供在职培训使用，那么这将是最经济的低成本培训方法。在职培训的效率取决于员工的学习能力、培训内容的数量及复杂性，以及培训师的培训能力。

2. 兴起于中世纪的学徒制

学徒制产生的时间要早于中世纪，但学徒制在中世纪才更加普遍。随着劳动工具越来越复杂，使用这些工具所需的知识和技能就越来越专业。在家庭里，父母或族人再也不能教给下一代人所有的东西，所以他们便涌向特定行业会专业技能和使用工具的工匠们做学徒。作为工作的交换，工匠会教授自己所擅长的手艺，学徒通常和工匠师傅吃住在一起，除了维修和培训之外，几乎没有任何报酬。

在中世纪，工匠们一次只生产一件商品，足以满足需求。因为这些技能更加专业化，需要掌握的技能也更多，学徒制比在职培训更持久，通常持续数年，学徒制在今天社会的组织里仍在继续。其实，学徒制就是一个培训初学者技能的项目，而一个全面的技能培训意味着至少需要两年的学习。确切地说，它并不适用于专门操作一两台机器的工作。熟练的学徒能够适应不同类型的机器，虽然一开始可能没有那么高效，但通过培训、练习很快就会精通。此外，学徒的适应能力范围并不局限于此。那么，对于全面的技能工作而言，学徒制说法就能恰当地反映这一工作的需要。同时，学徒不同于学习者，学徒制适用于有关行业认为需要较短时间学习的职业。

现代学徒制原则上保护师徒双方，对于什么工作要做，培训要怎样完成，学徒制要持续多久，以及在什么条件下进行都有明确的规定。

3. 发生在工业革命时期的课堂培训

19世纪工业革命后，工厂学校应运而生，员工们在工厂内的教室里接受培训，在职培训和学徒培训得到了进一步的发展。工业革命开启了工场大规模的生产，需要大量能够操作机器的员工，旧的学徒制度显然不能够满足需要，必须要建立一所工厂学校对员工进行规模培训。工业革命的机器极大地提高了工厂的生产效率，因此需要更多的员工来操作机器。工厂管理者希望工人们能迅速接受培训，以便满足生产出大批量产品的需要。由于使用机器比过去农业社会使用的工具复杂得多，而且需要迅速完成培训，所以过去的培训方法是不够的。

虽然课堂培训可以同时在一个培训师的指导下培训很多员工，经济又可行，但也存在缺点。因为工人在课堂学习时远离工作现场，学习到的东西都是在课堂记忆的内容，尽管在课堂上也会有抽象的机器工作模式和环境配套场景，但与现场实际操作还是存在差距。课堂培训中的不足还表现在：在课堂学习必须按照培训师的速度学习，学习后的反馈缺乏及时性或次数较少，在课堂也不容易提出问题，这就对学习内容的消化吸收存在一定的影响。

4. 20世纪初出现的仿真培训

仿真培训方法是在1900年前后发展起来的，它结合了课堂培训和在职培训的好处，是两次世界大战中都很流行的一种培训方式。在仿真培训中，一间教室或培训室，配备与生产中使用相同的机器。每个培训师负责6到10名员工，培训师均是企业的熟练工人或主管。

仿真培训中，使用类似于在生产车间操作的机械，通过仿真模拟操作培训使员工达到上岗或熟练操作机器的要求。在培训中，通常是高度熟练的操作人员或监督员作为培训师，新员工在接受了使用特定机器的培训后，就成为生产的后备力量，明确了将要从事的工作。

仿真培训的好处很多，员工培训时会感觉像在工作中一样，不需要将他们的知识从教室转移到工作现场，而且每个培训师所教授的员工数量很少，因此培训师可以得到员工的即时反馈，并且在培训中员工比在教室里学习更容易提出问题，能够快速学习并掌握技能。

仿真培训的缺点在于仿真培训费用昂贵，因为它需要复制生产线，所以当大量的工人需要快速培训，或者不需要长时间培训一些非熟练或半熟练的任务时，仿真培训将最为适合。仿真培训方法经过不断地更新和改进，在帮助企业界解决培训新员工问题方面显示了巨大的可能性。但是仿真培训并不能取代其他培训方法，而只是对其他培训方法的补充。

5. 二次世界大战中产生的系统性培训

第二次世界大战的爆发，迫切需要迅速培训大批国防工人，以满足应对战争的巨大生产需求。随着工厂的复杂性和规模的不断增加，市场的不断扩大，对生产量的增加产生了强烈的需求。工程专业的不断兴起使工厂工作的管理、控制、协调和规划系统成为一个新的紧迫问题。许多有经验的员工应征入伍，因此不仅需要人员填补这些职位，而且需要填补许多新职位以满足对军需生产的需求。以此为目的，企业就得寻求比以往更迅速和彻底地培训工人的方法。

第一次世界大战期间，为在职培训提出了一个系统，该系统将提供更为一致和更有效的培训，以便更快地培训工人掌握知识和技能。例如，1917 年，为了应对美国航运行业对新员工每年高达 450 000 人的需求，查尔斯·R.艾伦发明了造船企业培训的一种方式，其中包括四个步骤：准备、培训、应用、检查或验收。根据艾伦的工作和第一次世界大战期间陆军的研究，制定了若干培训指导原则。

(1) 培训应该由主管在行业内完成，他们应该接受如何教学的培训。

(2) 培训应以 9 至 11 名工人为一组进行。

(3) 在培训前应该对工作进行分析。

(4) 当在工作中进行培训时，时间会减少。

(5) 当在培训中给予个人关注时，员工会产生一种忠诚感。

这些指导原则被用于工业企业培训，但直到第二次世界大战才出现系统培训。尽管在20 世纪二三十年代出版了一些关于如何指导的书籍，但直到 1940 年国防生产要求越发变得规范严谨，才开发并采用了一种新的系统指导方法。在第二次世界大战期间，由于急需一种快速有效的培训方法，国防咨询委员会成立了一个咨询服务机构，开发了一种系统的在职培训方法叫 JIT (Job Instruction Training)。这种方法有四个步骤：第一步，让学习者做好准备。让他放松，解释工作是什么，解释工作的重要性。第二，分步介绍工作。解释工作的内容、时间、方式、原因和地点，然后进行演示。让学习者解释每一步，然后让学习者演示每一步。第三，进行性能测试。让学习者在监督下完成这些步骤。第四，随访。定期检查工作。JIT 主要用于教授操控性技能，但在更复杂的任务中使用 JIT 会有局限性。例如，学习者对一些比较复杂的操作环节不能很好理解的话，便无法熟练掌握工作要领。

JIT 的优点是灵活性，培训师和学习者可互换角色。要想成功实施 JIT，就需要在整个工厂进行充分的监督和统一的应用。

6. 二战后个性化教学的提出

在第二次世界大战期间，许多企业设立了培训部门。随着世界的重建和商业的蓬勃发展，企业希望他们的员工接受培训，但与往常一样，他们想要一种更高效、成本更低的培训方式。在工作分析和行为主义理论的基础上，提出了个性化、自动化教学的理念，就像在工业企业工作中一样，培训本身即将实现自动化。

个性化教学实质上是用系统化的或程序化的学习材料代替完全由培训师讲授的一种针对个体差异进行培训的方法。程序化的学习材料就是被分成若干个小步骤进行教学，学习者很容易理解。每一步之后，学习者都需要以回答问题、绘制图表、解决问题等形式做出积极的反应。每次回复后，立即给予反馈。个性化的教学可以是纸质化的、电脑化的学习，也可以是使用其他媒体的教学。

例如，1926 年西德尼·普雷西(Sidney Pressry)的测试设备和 1954 年 B.F.斯金纳(B.F. Skinner)的行为主义学习理论，是新编程教学的基础，也是可以实现自动化的教学机器。斯金纳的程序化学习模型是线性的，因为学习材料的作者决定了接下来要呈现的步骤。然而，许多程序化的学习材料都是在设计工作方面，所以尽可能少的由工人做出决定，或者由项目的分支做出决定。但是，在一个顺序排列的程序中，是可以跳过一个项目的条款的，这样一来，快速学习者就可以绕过那些对他来说可能是多余的项目，那些在程序中遇到困难的学习者却不必跳过。诺曼·克劳德(Norman Crowder)开发了一款内在编程，在这种编程中，学习者可能的反应是多项选择，程序根据选择的反应分支。通过这种方式，学习者可以跳过他们已经知道的步骤，或者学习已经提供的信息的补救材料。

个性化教学的优点是允许学习者以自己的速度阅读材料，可以减少学习时间，降低学习者的错误率；通过即时反馈改善了学习，提供了一致的教学。但个性化教学也有缺点：个性化教学的制作成本很高，因为它需要很长的时间，而且需要熟练的人员来分析主题和准备材料；它只教授作者所包含的内容；它通常是在任务之外学习的，要求学习者把学习转化为工作。

7. 互联网时代的嵌入式培训

个性化教学的进一步发展得益于计算机在培训中的广泛应用，互联网的兴起，使个性化教学步入到了嵌入式培训。

嵌入式培训是一种专门的基于计算机的培训形式。嵌入式培训主要由军队开发和使用，包括将整个或部分的培训功能合并到一个作战系统中，如空对空交战和空战机动行动。由于操作系统是基于计算机的，所以培训功能也必须是基于计算机的。军方使用嵌入式培训来教授重要且易逝的任务。易逝性就是特定技能要求的程度没有定期的加固措施就容易遗忘。例如，海军使用嵌入式培训来培训其人员精通各种系统。当然，在指派工作人员之前，不应使用在学校或其他地方已经完成的培训系统。然而，如果技能是易逝的，也就是说随着时间的推移，它们会丢失的话，为了保持所需的性能水平，可能需要反复的培训。

嵌入式培训的好处是有更多的现实培训和反馈的机会，增加了业务单位培训的可用性和可及性；还有更多的机会在目前由于成本、安全或空中交通限制而受到制约的任务中进行培训。嵌入式培训的缺点包括试图维护它并使其文档保持最新，这是任何基于计算机的培训中常见的问题。

8. 20 世纪末新生的工作支持

20 世纪后期，社会步入了知识社会时期。知识社会是指从事知识和信息的使用为主导工作的劳动力占据了最大比例的人力资源数量。知识社会的显著特征是强调智力工作而不是手工工作，头脑比手显得更重要。人们从事一项工作所需要的知识数量正在稳步增长，工作程序会迅速变化，生产出来的商品往往不是具体的，而是抽象的，如信息。在这样的工作环境中，学习不断变化的程序和完成工作所需的所有信息几乎是不可能的，需要一种新的培训形式来管理这种工作上的变化。

工作支持就是新出现的一种培训形式，它不需要员工去学习相关的工作知识，只需知道在哪里可以找到他们需要的不断变化的信息。工作支持工具包含逐步说明如何完成任务，它们存在于开始任务之前和员工不需要学习的步骤中。在此环节，只要员工知道在哪里找到所需的特定工作支持工具就可以了，不需要像在教室里那样，在任务完成之前很早就学习完成任务所需的信息，员工只需在需要的时候按照工作支持工具上的说明去做就可以了。事实上，工作支持工具已经从培训工具转变为工作工具。

一种著名的工作支持工具就是就业援助，它的根源可以追溯到第二次世界大战中使用的 JIT 方法。就业援助最初是一张纸质卡片，里面有执行特定任务的分步指导，员工不需要记住这些步骤，因为在卡片上有记录。就业援助中的工作辅助被认为是指导性的干预，也需要了解一些知识和技能问题。然而，工作辅助工具并不是真正用来学习的，它们反而是代替了学习。

然而，并不是所有的任务都适合代替学习。经常做的工作就不需要支持。需要快速思考和行动的工作，如飞机上的紧急程序，因为没有时间阅读和遵循一个循序渐进的工作支持工具，所以必须学会掌握，以便在必要时能够快速有效地执行。但是那些不经常做的工作，或者必须绝对正确地做的工作，或者每次都按照特定的顺序做的工作，都是工作支持的主要对象。

另一种类型的工作支持工具是专家系统，这是一种计算机程序，已经被赋予了规则，必须要遵循，其中包含了专家在特定领域的知识。在该领域工作的员工可以向专家系统提出问题，并接受专家的建议。

工作支持工具的优点在于能够减少培训时间、降低选拔标准、提高质量、减少工作失误、提高工作绩效的可靠性、产生更大的生产力、增加执行任务的范围和复杂性。工作支持工具也有缺点，如果有分散注意力的干扰，员工就很难跟上具体的步骤。此外，当需要快速响应时，工作支持工具就不再有用了，因为工作人员在执行任务时必须阅读、理解和遵循它们。工作支持工具不能很好地支持复杂的任务，因为它们变得太复杂而没有多大用处。当工作支持工具累积到个人无法跟踪的程度时，也就失去了效力。

此外，从另一个角度来看，一些优点可能被视为缺点。如果工作支持工具的使用可以降低人员选择标准，那么这些工具可能正在减少工作，将认知工作从工作中剥离出来，并将其简化为一个简单的机械练习。有效的工作工具辅助，通过减少工作中的信息保留负载，可以理想地作为一种替代方案，以避免由于工作变得更复杂或劳动力投入质量下降而导致的持续扩张或分散化。

另外，信息科学技术的不断进步以及在生产、生活、教育培训中的广泛运用，极大地替代了人的劳动，尤其是人工智能的应用与推广，在降低劳动力数量的同时，也提高了劳动过程和成果的精准度和效率。对机器人编程带来的自主学习、深度学习必然依靠编程者的智力与相关专业知识的运用，培训的对象与要求呈现出高、精、专融合的趋势，为了能够解决未来人工智能系统的复杂性和尖端性，对员工的培训必须提供集成性的支持，这成为未来员工培训方法的必然选择。

5.3　培训方法的类型

5.3.1　传统培训方法

1. 知识技能类培训

(1) 讲座研讨法。

培训师向众多的受训者进行讲授，并辅以问答、讨论、自由发言等形式。

讲座研讨法的优点是：传授知识和技能内容较多、全面，受训人数较多；培训环境简单，有利于培训师的发挥；培训费用较低。讲座研讨法的缺点是：不能满足受训者个性化的要求；沟通、互动有限；受训者的问题不能及时得到解决，因此运用讲座研讨法进行培训时应辅助其他方法，克服其缺点。

(2) 案例研究法。

培训师运用案例研究法时，首先向受训者介绍案例法的基本知识，拿出案例介绍背景，然后让受训者分成小组讨论，或给出的信息并不完全，还需要受训者向培训师寻求信息，这样可以锻炼决策时对决策信息需要的判断。

案例研究法的优点是：能够帮助受训者学习分析问题和解决问题的技巧；能够帮助受训者确认和了解不同解决问题的可行方法。案例研究法的缺点是：案例分析需要较长的时间；案例讨论中可能会产生对立派；与问题相关的资料有时可能不甚明了，影响分析的结果。

运用案例研究法进行培训时需要注意：研讨前要提供充裕的时间让受训者阅读相关的资料；培训师应详细介绍议题，并解释研讨案例与受训者应有的表现或成果；培训师要适时引导研讨以便于达到研讨的目标；所选案例最好来自真实的问题，但切忌透露相关人员的真实姓名。

(3) 角色扮演法。

角色扮演即员工在同事面前，未经预先演练且无预定的对话剧本而表演实际遭遇的情况，并讨论在类似情况下的各种反应与行为，其演出具有即兴表演的意味。角色扮演的目的是给受训者提供不同的待人处事的观点和练习处理各种人际关系的技巧，寻求在情绪激动情况下解决问题的可能方法。

角色扮演法的优点是：能激发受训者解决问题的热情；能够增加学习的多样性和趣味性；能够激发热烈的讨论，使受训者各抒己见；能够提供在他人立场上设身处地思考问题的机会；可避免可能的危险与尝试错误的痛苦。角色扮演法的缺点是：观众的数量少；演出效果受限于学员过度羞怯或过深的自我意识。

运用角色扮演法进行培训时需要注意：要准备好场地与设施，使演出受训者与观众之间保持一段距离；演出前要明确议题所处的环境；谨慎挑选演出受训者与角色分配；鼓励受训者以轻松的心情演出；可由不同组的受训者重复演出相同的情况；可安排不同文化背景的受训者演出，以了解不同文化的影响。

(4) 师徒传承法。

师徒传承也叫师傅带徒弟、学徒工制、个别指导法，是由一个在年龄上或经验上资历深的员工来支持一位资历浅的员工进行个人发展或生涯发展的方法。

师傅的角色包含了教练、顾问以及支持者。身为教练，会帮助资历浅的员工发展其技能；身为顾问，会提供支持并帮助他们建立自信；身为支持者，会以保护者的身份积极介入各项事务，让资历浅的员工得到更重要的任务，或运用权力让他们升迁、加薪。

师徒传承法的优点是：在师傅的指导下开始工作，可以避免盲目摸索；有利于尽快融入团队；可以消除刚刚进入工作的紧张感；有利于传统的优良工作作风的传递；可以从师傅那获取丰富的经验。师徒传承法的缺点是：员工与企业之间的劳动关系产生变化，会影响个人对技能经验的获得与运用；技术本质上的改变，会影响其个人生涯及发展的形式与功能；组织结构的改变，会影响个人接受发展帮助的途径；组织成员的多样性，尤其是种族、国籍、性别，会影响发展资源的有用性。

师徒传承法的应用逐渐减少，现代科学技术的发展与运用，学习的渠道与方式越来越多，团队合作的实践中也可以弥补个体某些方面的不足。现在师徒传承更重要的是价值观和精神层面的传递。

2. 综合能力类培训

(1) 学习契约法。

学习契约就是一份由学习者拟定的书面资料，清楚说明学习的内容、学习的程序和方法、学习的时间以及评估的方式等，详细规范教与学的职责。制订学习契约的目的主要是培养成人学习者规划学习的能力和加强成人学习者自我学习的责任心。

学习契约法的优点是：可加强教与学之间的良性互动；可使教学更具弹性，更能顾及受训者间的差别；能够有效地控制学习程序；能够同时培养教与学双方的教学设计能力；受训者具有一定的主动权，能激发其学习的积极性。学习契约法的缺点是：受训者可能对未知产生恐惧、退缩或反感；当受训者规划能力不足时，可能会影响学习的质量；课程时间可能造成重大压力。

运用学习契约法进行培训时需要注意：先向受训者说明拟定学习契约的目的；给受训者讲述学习契约的范例，并说明要点；要求受训者根据学习目标、学习方法、学习时间、学习成果、评估方式等项目，列出切实可行的个人学习契约；单独与受训者沟通，修正并确认契约内容；教与学双方共同对学习过程及学习效果进行检查。

(2) 头脑风暴法。

这种方法属于创造力培训方法，一般 7~12 人为一个小组。培训师给出问题，受训者给出解决方法。其原则是：任何人不得对他人想法发表意见，想法的数量越多越好，越新奇越好，鼓励受训者在别人的基础上做出改进或再创造。这种方法参与性非常强，对于培训受训者的创造力非常有效。

头脑风暴法的优点是：适合任何人的参与和贡献；可以对原有问题产生新的解决方法；能最大限度地鼓励受训者发表意见。头脑风暴法的缺点是：所得的部分意见可能一文不值；多数受训者可能因拘泥于旧有的观念，不愿踊跃发言。

运用头脑风暴法进行培训时需要注意：准备一个舒适而无干扰的场地；寻找一个热诚而又有激励与统合技巧的培训师；参与者人数不要多于 8 人；讨论过程要有记录；给予时间限制，让参与者感受压力；激励受训者间的资讯交流与辩论，鼓励良性竞争；讨论之前禁止参与者批评任何意见；讨论之后，鼓励受训者选出最佳意见并进行比较。

(3) 模拟法。

通过模拟某种情境，给受训者提供处理动态人际关系的机会，培训其团队合作和决策判定的知识与技能，鼓励受训者相互学习。

模拟法的优点是：使学习活动多元化并能增进受训者的学习兴趣；以团队的方式处理问题，更接近真实情况；可为受训者提供冒险犯难的机会。模拟法的缺点是：模拟与真实之间仍有一定的差距；一些受训者可能过度强调竞争而破坏学习经验；需投入相当的时间、金钱和精力去发展。

运用模拟法进行培训时需要注意：需准备简单、明了但详尽的书面资料；准备各小组讨论的场地与其他设备；依受训者的数量、特质与实力，平均分组；召集各小组解释模拟培训的意义与目标；安排充分的时间，避免匆忙进行；给予各小组自我讨论和分析的机会，使受训者能感受到模拟学习的乐趣；模拟结束后，要召集各小组进行分析和评估。

(4) 辩论法。

辩论就是不同立场的参与者面对争议性的议题提出自身看法并反驳对方论点的公开竞赛。辩论的目的主要是培训员工的逻辑思考能力和表达与思辨能力。

辩论法的优点是：能够激发受训者参与的热情；能够为受训者提供动态学习的机会与经验；能够为受训者提供生动、活泼、热烈的学习气氛；能够提高受训者在具有一定压力的情形下独立思考问题和随机应变的能力。辩论法的缺点是：议题的研究与准备要耗费相当的时间；受训者的个性差异可能会影响辩论的程序与效果。

运用辩论法进行培训时需要注意：需要挑选正反双方至少各有 3 人参与辩论；需要挑选一位有经验的主持人和裁判团；准备一个为双方都能接受且具有争议性的论题；准备一个能足够容纳参与者和听众的场地；正反双方依序进行论述，最后再进行总结；裁判团做胜负决定，并做简短的讲评；明确辩论的规则。

3. 心理培训类培训

(1) 敏感性培训法。

敏感性培训就是通过团队活动、观察、讨论、自我坦白等程序，使受训者面对自己的心理障碍，并重新建构健全的心理状态。敏感性培训主要用于为受训者提供自我表白与解析的机会和了解团队形成与运作的情况等。敏感性培训法的优点是：能使受训者重新认识自己；能够使受训者重新建构自己。敏感性培训的缺点是：所需的时间较长；有造成受训者心理伤害的可能与危险；需要一名受过专业培训的主持人与数名有一定基础知识的助手；受训者可能不愿泄漏内心深处的秘密而影响整个程序与效果。

运用敏感性培训法进行培训时需要注意：需要准备一个舒适的场地，以免给受训者形成任何的心理压力；主持人需事先说明培训的程序、规则与目的；主持人先交付所有受训者共同参与并完成一项任务，任务结束后，以一受训者为中心，其他受训者则依序将任务中所见、所听、所闻，与所想象与该目标受训者有关的资讯报告出来(包括个人言行与如何影响他人等行为)，并由目标受训者详细说明、坦白为何产生如此言行；轮流指定目标受训者，重复上一步骤，直至所有受训者均参与为止；由主持人做最后的评价、总结，并鼓励、赞许受训者面对自我的勇气。

(2) 演练法。

演练是指两个以上的人经过简短的排练之后，通过固定的对话，进行具有幽默感或讽刺意味的表演，以此来唤起受训者对某种特殊议题的重视和兴趣。演练主要适用于管理中凸现的某种特殊情况。通过演练，从不同的角度对某一特殊问题进行描述，以此来塑造受训者的语言或行为模式。

演练法的优点是：能吸引受训者积极参与；能制造学习高潮，激发受训者的学习兴趣；能使受训者具有置身其中的感觉，容易吸引受训者投入。演练法的缺点是：需要找到好的演员；需要耗费相当的时间和精力进行筹划与排练；所转达的信息层面较窄。

运用演练法进行培训时需要注意：需要准备好场地、道具等，使所有的受训者都能清楚地看到表演；定好主题，撰写好台词，挑选好演员；要安排预演；演出前要向观众说明主题；演出后要进行讨论与总结，检讨演出的得失。

5.3.2 新技术培训方法

随着信息技术的发展和应用，新技术不断应用到培训中。新技术培训即"结合信息、计算机和通信技术应用的学习""采用多种媒体来组织、交换信息和进行互动的学习过程"。其主要特点是：以技术为支持基础，跨边界学习，更以受训者为中心。

相对于传统培训方法，信息技术条件下的培训，受训者可以完全控制培训时间和地点；可以根据自己的要求获得有关知识和专家的建议；可以自行选择培训媒体，如印刷材料、音频、视频媒体；可以实现电子化培训管理，如课程登记、测验、记录，减少文案工作和管理活动所需的时间；掌控受训者在培训中取得的进步；可以改变传统的集中培训方法，实现员工培训的自主性和灵活性。新技术改变了学习环境，如图 5-1 所示。

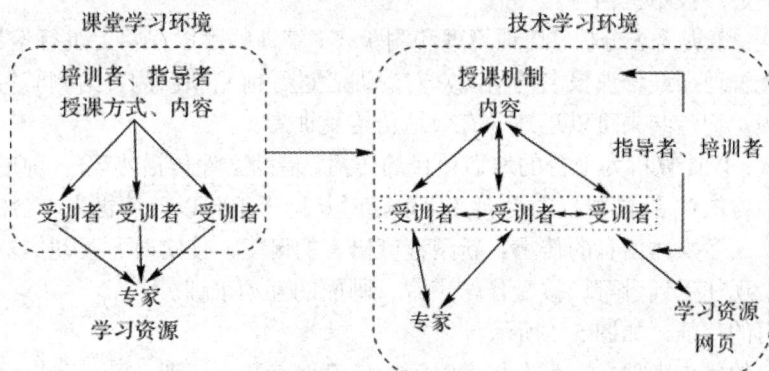

图 5-1 新技术学习环境改变

　　与传统培训方法相比，运用新技术进行员工培训的特点是：

　　(1) 实现远程学习。这种方法一般是基于运用计算机培训(computer-based training, CBT)的一种互动培训方法，这种允许使不同地点的人同时进行学习的培训形式叫做远程学习，以人们之间的双向沟通为特征。它适应培训需求的快速变化，成本更小、时间更灵活以及更加客户化，可以向分散在不同区域的企业和员工提供关于新产品、政策、程序的信息以及技能培训和专业讲座，可以通过卫星电视、互联网、电话等工具传递培训信息。虽然这种培训节约了培训的人力成本、差旅费，但是课程设计和材料准备的成本比较高。

　　(2) 智能指导系统(intelligent tutoring systems, ITS)。这是运用人工智能进行培训指导的系统。它是以计算机为基础的培训项目，强调培训的完全个体化。智能化指导系统能够诊断出员工现有的理解和行动水平，并且选择适当的干预方法使员工向更加专业化的表现方向进步。运用智能指导系统进行培训，培训更加客户化，可以更好地满足个体的特殊需要，包括指导、训练和授权环境。指导就是提高受训者对某项内容的理解力；训练就是让员工在人造环境中灵活运用技能；授权就是受训者能自行开发培训项目内容的能力。ITS可以使指导符合受训者个人的需求，与员工进行沟通并作出回应，模拟受训者的学习过程，根据受训者以前的绩效来决定为其提供何种针对性信息，可以及时鉴定受训者的理解力水平，可以及时有效的评估培训过程和结果，从而有效调整培训过程。

　　(3) 多媒体培训。多媒体是由计算机驱动，使各种类型的课文、图表、图像和声音信息交互性交流的系统。各种形式的多媒体相互结合，可以使各种不同的内容被受训者以多种不同的方式获得，学习进度也可以由员工自由掌握。

　　(4) 网络学习。这是通过在线计算机和互联网开展教学和传递培训课程的方式。网络学习可以轻易地得到内容更新并可以提高受训者对培训的接收性、及时性、灵活性和深入性。网络学习可以划分为五个层次：

　　第一层次：一般性的沟通和交流。培训师和受训者可以借助互联网进行交流。培训师可以在网上发布课程通告、布置作业、回答问题；受训者则可以在网上向培训师提问；所有类型的合作学习都可以通过互联网来实现，如小组讨论、论坛，同一个项目中的受训者之间可以在网上聊天。

　　第二层次：在线资料检索。借助超文本标志语言和万维网的通用程序语言，培训师可以创造一个网上图书馆，这样受训者就能很方便地获取所有的培训辅助资料，包括产品说明书、安全手册、技术文档等。

　　第三层次：培训需求分析、培训管理和测验表。培训师可以在网上进行培训需求分析，如人员分析，管理在线培训报名的情况，对受训者进行前测和后测、给测验打分、进行评估、记录成绩。测验结果可以迅速、有效地传给受训者。

　　第四层次：以计算机为平台的培训项目的传播。借助文件传播协议(一种通过互联网传送电子文档的方法)，经过授权的受训者可以随时从网上下载以计算机为平台的培训项目。

　　第五层次：多媒体信息的传播。新型程度语言的诞生，使实时、互动的多媒体信息交流成为可能。现在受训者可以接受伴随声音、画面的互动培训。

　　网络学习的特征，如图5-2所示。

　　网络学习的优点表现在：可在任意时间、任意地点开展培训；学员可以包括企业受训者、经理人员、销售商、顾客和代理商；培训不受地理位置限制，各地的学员都能接受培训；培训传递速度更快，便于培训内容的更新；具备实践、反馈、目标、评估等学习特征；培训过程可以通过多媒体技术的使用，和受训者之间的互动交流使学习得到强化；可以减少与培训管理有关的文案工作。

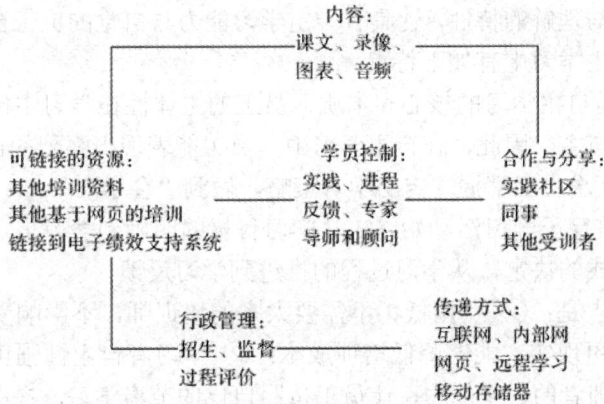

图 5-2　网络学习特征图

(5) 虚拟现实培训(VR)。通过虚拟现实培训受训者，能够看到他们在工作中可能遇到的各种情境的 3D 世界，受训者能够接触、观看、参与设置，能够高程度地激励和吸引受训者参与，可以把学习经历迁移到模拟情境中去，并且不受环境和时间的限制。

新技术培训采用技术手段、组织形式、信息交流渠道等，反映出了与传统培训方法的区别，如表 5-1 所示。

表 5-1　新技术培训与传统培训的区别

培训方法 比较项	传统培训	计算机辅助培训	E-Learning	远程培训
跨地域性	无	无	应用地域 范围极广	可在几地 同时进行
信息流动	双向	通常为单向	通常为单向	多向
组织形式	正规	松散	松散	一定正规性
安全	有交通危险	无	无	无
培训内容	会滞后	及时	及时	及时
技术设备要求	低	中	高	极高
培训师要求	中等	自适应学习，培训师 仅负责回答和咨询	仅负责回答	高，同时面对多个培训 点，不同培训对象
受训者准备性	低	中等	高	高
受训者主动性	一般	高	高	高

5.3.3　其他常用培训方法

除了前面所讲述的按照不同类型区分的培训方法之外，在实践中，还有经常使用的以下培训方法，企业会根据培训的实际需要进行选择。

1. 自主学习

自主学习是指完全由员工自己负责的学习，如自主进行工作分析、列出学习目标、制订学习内容计划、制订评估计划等。这一方式较适合于一般理念性知识的学习。由于成人学习具有偏重经验与理解的特性，让具有一定学习能力与自觉的员工自学是既经济又实用的方法。员工在自主学习中有如下特点：

(1) 主动学习是自主学习的核心和本质，员工的主体性在学习中体现在内在思想和外在行为上的独立与自主。因此，在自主学习中，员工能表现出强烈的自我意识。

(2) 自主学习要求员工掌握一定的学习策略，做到"会学"。

(3) "自主"贯穿于学习活动始终，从学习目标的明确到学习重点的明晰，从学习方法的选择到学习形式的决定，从学习过程的推进到学习反馈。

自主学习的优点是：① 费用低、不需要太多的培训师，不影响受训者日常工作，使培训在许多情况下更现实，能够降低培训成本；② 学习者自主性强可体现学习的个别差异，有利于培养受训者的自学能力，让员工按照自己的节奏学习，提高学习效率。其缺点表现在：① 学习内容受到限制；② 学习效果存在很大差异，遇到的问题在自学过程中可能得不到解答；③ 自学者感到单调乏味；④ 此方法也存在监督性差的缺陷。适用的员工必须是愿意学习，喜欢自己学习的人。

2. 现场培训

现场培训又称"工作现场培训"，是指根据工作的需要在工作现场进行实战性的培训。新员工或没有经验的受训者通过观察并效仿同事或管理者工作时的行为来学习。有效的现场培训必须具备以下特点：

(1) 企业的政策明确解释了在职培训的目的，并强调了企业的支持。

(2) 清楚表明谁有资格成为可以为其他受训者提供现场培训的人。

(3) 对同行业其他企业的现场培训实践进行尽可能详细地调查借鉴。

(4) 培训由经理或同事根据结构化现场培训的原则进行。

(5) 制订课程计划、程序手册、培训手册、学习协议、培训进度报告表格。

(6) 现场培训前，需要评估受训者的基本技能水平。

现场培训的优点是：① 培训师容易掌握和控制学习的进度并可以同时对许多人进行培训，提高培训效率；② 有助于激发受训者的学习兴趣，可利用多种感官，做到看、听、想、问相结合，有利于受训者加深对所学内容的印象。其缺点是：① 适用范围有限，不是所有的学习内容都能通过现场培训演示；② 培训的内容具有强制性；③ 学习效果易受培训师现场培训的水平影响，通常由培训师单向输出，受训者反馈较少；④ 受训者之间沟通讨论机会较少，不利于促进理解，学过的知识不易被巩固。

3. 情景模拟

情景模拟是一种模拟现实工作场景的培训方法。这种培训方法能够设定最接近工作场景状况的培训环境，这个环境可以用来向受训者传授业务技能以及管理和沟通技能。这种方法不仅让受训者身临其境，突出操作性、讲究趣味性、注重实效性、兼顾学理性，具有理论与实际高度结合、培训师与受训者高度投入、受训者自身经验与模拟情景高度融合的特点，而且使得受训者可以看到所做决策在类似真实的虚拟环境中可能产生的影响，因此成为现代能力培训中最受欢迎和追捧的方法之一。情景模拟具有以下四个方面的特点：

(1) 实践性。情景模拟不同于传统的课堂传授方法，而是通过设置一定情景仿真出复杂情况，引导受训者运用知识解决问题，真正实现"从实践到理论，再由理论回归实践"的培训要求，使受训者在模拟中获得体验和感受，因此非常适合以提高能力为主的干部培训。

(2) 综合性。情景模拟通过设置一定的情景，并使该情景所涵盖的外延具有很大的开放性和包容性，促使受训者在分析解决问题时可以把以前所学知识和技能尽可能多地综合运用于一个具体的问题情景中，从而提高受训者以发展的、联系的、全局的眼光分析问题和解决问题的能力。

(3) 参与性。在情景模拟中，受训者自始至终是活动的主体，培训师只是起到组织和指导的作用。受训者全过程的参与能够充分调动他们各种能力，如观察能力、分析能力、探讨与交流能力，这是与纯粹的课堂讲授完全不同的。

(4) 实效性。运用情景模拟手段教学，形象直观，环境与过程逼真，有利于实践能力开发，同时可有效解决某些理论或原理难以形象化讲授、某些课题知识点难以通过实践加以验证的问题，是解决理论知识与实际工作脱节的有效方法，具有很强的实效性。

情景模拟的优点是：① 受训者参与性强，有利于增强培训效果；② 培养受训者之间沟通和交往的能力、提高观察能力和业务能力；③ 具有高度的灵活性。有模拟、有实操，能使学员印象深刻。其缺点是：① 对选题、情景设计要求较高，模拟情景准备时间长，质量要求高，有较大难度。开发成本高，需要不断改进这种仿真环境，其选题素材要来源于实际工作会更有效果；② 对组织者要求高，需要熟悉培训中的各项技能。

4. 商业游戏

商业游戏法是指受训者在一些商业竞争规则的情景下收集信息，将其进行分析，作出决策的过程。它主要用于管理技能开发的培训中。受训者在游戏中所作的决策的类型涉及各个方面的管理活动，包括劳工关系(如集体谈判合同的达成)、市场营销(如新产品的定价)、财务预算(如购买新技术所需的资金筹集)，等等。商业游戏法具有以下三个特点：

(1) 游戏往往以小组的形式进行，适合于人际交流能力的提高；

(2) 参与者从游戏中学到的内容将以备忘录的形式记录下来；

(3) 仿照商业领域的竞争常态，通过情境逼真、具有趣味性和竞争性的管理游戏，是一种决策模拟。

商业游戏法的优点是：① 适用于企业高层管理人员的训练，可有效地刺激受训者的学习兴趣；② 培养受训者的管理思维，提升决策能力；③ 游戏采用团队方式，有利于营造有凝聚力的团队，培养团队合作精神。其缺点是：① 不能真正模拟复杂的实际情况和社会现实，甚至由于是模拟决策，受训者会出现决策随意、不负责任的情况，从而影响培训效果，这种方法需要培训师进行有效引导，把握好现场的互动，并进行总结性辅导；② 这种方法实施起来比较复杂，从前期的游戏选择、道具准备到游戏的开始，直至最后的行为和结果分析，需要相当长的时间，并且在游戏设计、规则制定、胜负评判等方面也有较大的难度。

5. 行为塑造法

行为塑造培训是指向受训者提供一个演示关键行为的模型，并给他们提供实践的机会。该方法是基于社会学习理论，适应于学习某一种技能或行为，不太适合于事实信息的学习。培训计划的开发包括识别关键行为(完成一项任务所需的一系列行为)、设计演示、提供实际机会以及促进培训结果的转变。该方法有以下特点：

(1) 有针对性地对某项工作或任务所需技能进行培训，通过关键行为的培训提高工作绩效；

(2) 着重关键行为的示范演示，通过观察和直接经验进行学习；

(3) 注重对培训结果的评估与反馈。

一次有效的行为塑造培训应包括以下四个重要的步骤：

(1) 明确关键行为。关键行为是指完成一项任务所必需的一组行为。通过确认完成某项任务所需的技能和行为方式，以及有效完成该项任务的员工所使用的技能或行为来确定关键行为。

(2) 设计示范演示，即为受训者提供了一组关键行为。录像是示范演示的一种主要方法。科学技术的应用使得示范演示可以通过计算机进行，有效的示范演示应具有的特点：演示能清楚地展示关键行为；示范者对受训者来说是可信的；提供关键行为的解释与说明；向受训者说明示范者采用的行为与关键行为之间的关系；提供正确使用与错误使用关键行为的模式比较。

(3) 提供实践机会。即让受训者演练并思考关键行为，将受训者置于必须使用关键行为的情景中，并向其提供反馈意见。如果条件允许还可以利用录像将实践过程录制下来，再向受训者展示自己模拟正确的行为及应如何改进自己的行为。

(4) 应用规划，即让受训者做好准备，在工作当中应用关键行为，以促进培训成果的转化。例如，可以让受训者制定一份"合约"，承诺在工作中应用关键行为，培训师应跟随，观察受训者是否履行了合约。

行为塑造法的优点是：① 能够让参与者较好地领会参与的目的，为他们创造良好的实践机会；② 可以构成一个学习环，关注行为因素多于其他因素，有利于受训者在培训中提升交往能力和特殊的工作技能。其缺点是：① 培训过程相对机械，方法不灵活；② 仅适用于对某种技能或行为的学习，无法通过此培训方法学习其他信息。

6. 团队建设培训

团队建设培训法是用以提高团队或群体成员的技能和团队合作有效性的培训方法。这种培训包括对团队功能的感受、知觉、信念的检验与讨论，并制订计划以将培训中所学的内容应用于工作中提升团队绩效。团队建设法包括冒险性学习法、团队培训法和行动学习法三种基本方法。冒险性学习也被称为野外培训或户外培训，专注于使用有组织的户外活动来培养团队精神和领导能力；团队培训法是通过协调一起工作的个人，实现共同目标的方法，通常利用课堂讲授法或多媒体演示法传授相关知识，然后再运用角色扮演法或情景模拟法为受训者提供实地练习以巩固课堂知识的机会。团队培训法的突出特点是促进受训者的交流、增强团队的凝聚力；行动学习法是团队或工作小组针对在实际工作中遇到的一个问题，让他们一起合作解决并制订一个行动计划，然后他们负责培训方法的实施。允许参与者做出反应、进行实验，并从经验中学习，这种方法对于提高组织的有效性非常重要。该方法的特点是：

(1) 以提高团队或群体成员的技能、团队有效性为目的；

(2) 通过制订计划将培训中所学的内容应用于工作中；

(3) 培训过程中，受训者共享各种观点和经历，建立群体统一性，了解人际关系的力量，并审视自身及他人的优缺点，能够有效地提升受训者的团队认知能力、协作精神和合作能力。

团队建设培训的优点是：① 可以促进互相理解，增强团队凝聚力。心理学家马斯洛曾说过，杰出团队的显著特征就是团队成员有共同的愿望和目标。运用团队建设法，可以充分培育团队精神，团结受训者的力量，加深员工的企业责任感，并且可使受训者积极主动地进行学习。② 可以形成团队目标，提高团队绩效。当团队关系变得和谐，受训者不仅不会浪费大量的时间和精力处心积虑、钩心斗角，还会加强工作中的沟通和理解，互相合作，互相信任，更加默契地配合来完成工作，从而产生比单个个体简单相加高得多的劳动生产率，使整个团队的工作产生"1+1>2"的效果。其缺点是：① 极易滋生小团体主义造成内斗；② 容易导致个体的应得利益被忽视和践踏；③ 容易造成企业管理制度得不到有力执行。

5.4 培训方法的选择

不同的培训方法都有自己的优点和缺点，在实际运用中其效果也各不相同。企业培训对采用的培训方法需要有针对性地选择，能够发挥出培训方法的优点，避免其缺点，使员工培训效果最大化。那么，企业在对培训方法选择时需要考虑多种因素的影响，并以其作为选择的依据。

1. 依据培训目的选择培训方法

企业培训目的是引领方向。通常，企业的培训目的有：更新知识、培养能力(包括工作技巧、工作技能和经验决策能力等内容)、改变态度。不同的培训目的可以选择不同的培训方法，如表 5-2 所示。

表 5-2 培训目的与培训方法的对应关系

培训目标	培训方法	理　由
更新知识	多采用课堂讲授、影视技术等方法	知识性培训涵盖内容较多，且理论性较强，课堂讲授法能够体现其逻辑相关性，对于一些概念性的内容、专业术语性内容通常通过讲授，便于受训者理解。影视技术可以作为补充
培养能力	多采用角色扮演、工作指导、案例分析、研讨法等方法	技能培训要求受训者掌握实际操作能力，如销售技能、生产作业技能等。受训者经过角色扮演、工作指导反复联系，使技能运用自如。对于以培训企业中级以上经营管理人员的经营决策能力为培训目的的则应选择案例研究法、研讨法，通过案例研究和事件研讨来增强解决实际问题的能力
改变态度	多采用游戏等方法	态度培训若采用课堂讲授法会使受训者感到空洞；角色扮演又较难体现态度转化课程的内容，如团队精神的培训等。采用游戏培训可以使受训者通过共同参与的活动游戏，在轻松愉快的游戏中得到启发，通过培训顾问在方法上加以引导，将很快转变成受训者的主动行动

2. 依据培训内容选择培训方法

"方法为内容服务"是选择方法时的基本逻辑。有关不同的培训内容选择适合的培训方法，如表 5-3 所示。

表 5-3　培训内容与培训方法的对应关系

序号	培训课程内容	适合培训方法
1	领导艺术	研讨法、角色扮演等
2	战略决策	案例研究、研讨法等
3	管理常识	课堂讲授、影视技术等
4	产品知识	课堂讲授、影视技术等
5	营销知识	课堂讲授、案例研究等
6	财会知识	课堂讲授、影视技术等
7	跨国经营	案例研究、研讨法等
8	品牌管理	案例研究、研讨法等
9	管理技能	角色扮演等
10	作业技能	工作指导、工作轮换等
11	人际沟通技能	角色扮演等
12	创新技能	研讨法、工作指导等
13	商务谈判技能	角色扮演、研讨法等
14	销售技能	角色扮演等
15	服务技能	角色扮演等
16	团队精神	游戏法等
17	服务心态	游戏法等

3. 依据培训对象选择培训方法

不同的培训对象有不同的实际情况，如果对于每一类培训对象，都采用同样的方法，多数情况下都得不到好的效果。针对不同的培训对象选择培训方法时应注意以下几点：

(1) 针对培训对象的学习意愿和学习能力高低差异进行选择。

我们可以通过培训对象四象限图，把培训对象划分为不同的类型，如图 5-3 所示。

图 5-3　培训对象四象限

图 5-3 中，横轴代表学习能力，纵轴代表学习意愿，四象限的含义为：

第一区的受训者成熟度高，即学习意愿和学习能力高；

第二区的受训者为高低区，表现为受训者有学习能力却无学习意愿；

第三区为低高区，表现为受训者有学习意愿却无学习能力；

第四区的受训者成熟度低，表现为学习意愿和学习能力都低。

在进行培训时，首先要甄别受训者处于哪类区域，然后选择有针对性的培训方法。每类区域相对应的培训方法，如表 5-4 所示。

表 5-4　培训对象四象限区域对应的培训方法

成熟度	受训者行为特点	培 训 方 法
双高区	自信心强、自主、自控能力强，喜欢比较宽松的管理方式和更多的自由发挥空间	小组讨论、案例分析
双低区	缺乏能力又不愿承担责任，需要具体明确的教导和指导	讲授互动、提问法
高低区	有学习能力但缺乏学习意愿，加强沟通，调动学习积极性	案例分析、角色扮演、游戏法
低高区	缺乏学习能力应提供支持和帮助，一方面选择合适的培训方法，另一方面帮助其掌握学习方法	讲授互动、师带徒、模拟演练

(2) 针对培训对象的不同职位要求和所承担的具体职责进行选择。

企业内部因工作岗位技能、知识、职权职责的要求不同，因而对员工胜任能力的要求也有所不同，处于企业不同层次管理职位的管理者尤其如此。因此，在选择培训方法时必须要考虑到职位及层次的差异性，选择使用的培训方法，使培训有显著效果。各层次职位人员的适用培训方法，如表 5-5 所示。

表 5-5　不同层次管理者培训方法的选择

职位层次	工 作 性 质	培 训 方 法
基层人员	负责一线的具体操作，其工作性质要求其接受的培训内容具体且实用性强	讲授互动、模拟演练、师带徒
基层管理者	在一线负责管理工作，其工作性质要求其接受如何与一线工作人员和上层管理者进行有效沟通的培训	讲授互动、案例分析、角色扮演
高层管理者	负责组织的计划、控制、决策和领导工作，其工作性质要求其接受新观念和新理念、制定战略和应对环境变化等培训	了解行业最新动态的讲授法和激发新思想的研讨法，以及激发创新思维的拓展培训法

(3) 针对培训对象在企业工作的时间和来源背景差别进行选择。

对于新员工来说，刚进企业，对企业的基本情况还不了解，课堂讲授法和视听技术法是基本的培训方法。新员工要对企业形成全面的认识，还要采取实习和工作指导等方法。

对于基层员工而言，他们的素质能力往往不如中高层员工，他们希望接受的培训非常容易理解且实用性较强。如果采用研讨法和案例研究就不能满足他们的要求，而选择那些实用性较强的方法，如工作指导、角色扮演等方法，就能较好地满足他们的要求。

对于本土员工与非本土员工而言，因为文化背景的不同，存在一定观念习惯的差异。培训师在选择培训方法时，要充分考虑到这种差异。比如，某些国家的员工非常喜欢表现自己，针对这类员工的特点，采用研讨法和角色扮演等参与性强的培训方法就很适合；而有些国家的员工比较含蓄，不愿在众目睽睽之下表现自己，对这样的员工如果事先不了解这一差别，同样像表现欲强的员工一样培训，可能就会在进行参与性强的培训中出现冷场的尴尬局面。

4. 根据班级规模、时间、场地选择培训方法

培训班级的人数多少、时间和场地的确定也会影响培训方法的选择。一般来讲，① 50人以上比较适合讲授法。如果采用小组讨论等培训方法，人数众多是不合适的。② 培训时间短可以选择讲授法、模拟演练法。培训时间长，可以进行实习、小组讨论、案例分析、角色扮演、游戏法等。③ 培训场地大可多用互动性的方法，如角色扮演、游戏法等；场地小则可以采用小组讨论法、案例分析法等。

◆　　思 考 与 复 习　　◆

1. 员工培训的方法有哪些？
2. 新技术培训方法与传统的培训方法有什么区别？
3. 简述培训方法的发展与演变。
4. 企业如何选择适用的培训方法？
5. 比较分析不同培训方法的优缺点。

◆　　案 例 讨 论　　◆

麦当劳的培训

对于如何看待人员的培训和发展，麦当劳创始人雷克罗克先生说过一句经典的话：If we're going to go anywhere, we've got to have some talents. And I'm going to put my money into talents.(无论在哪里,我们都需要人才。我们要不断为人才投资)正是出于对人才的重视，早在 1976 年，麦当劳的创始人就已经开始在人员的发展上做投资。麦当劳认定了培训带来的利益。第一，相信有最好的培训、最好的生产力的麦当劳团队能够在顾客满意与员工满意上达成企业目标。第二，强调在正确的时间提供正确的培训，因为培训的价值在于对员工生产力的大幅提升，同时由于麦当劳的培训也提供给加盟经营者，而加盟经营者在麦当劳的系统里占有很大的部分，所以这对加盟经营者的生产力也有很大的帮助。第三，如果可以有效率地运用培训投资，对于麦当劳的股票投资人也会产生一定的效益，这也是麦当劳企业对投资人一个很重要的责任。第四，透过良好的培训，就能将麦当劳的标准、价值、讯息，以及想要做的改变——达成共识，这对整个系统的永续经营相当重要。

　　和其他企业不同的是，麦当劳的培训是发生在真实的工作里面的，而不只是一个课程。它强调对人员策略的重视，主动地执行培训计划，并且把麦当劳的培训和人员自我的梦想期望结合在一起。麦当劳还强调员工的参与、认同和高度责任感。在麦当劳香港汉堡大学的课程中，有一堂叫做与成功有约，目的是让高阶主管有机会分享成功的经验，同时也帮助未来经营领导者的成长与培训。最后一个就是衡量，在企业的培训里面衡量培训的结果与企业的成果有没有结合，这是一个关键，所以麦当劳有很好的培训需求分析，针对需要培训的部分去设计，同时必须要评估培训的成果是不是能够达到组织的需要。

　　第一是检查在上课结束后，大家对于课程的反应是什么。例如，评估表就是收集反应的一种评估方法，可以借由大家的反应调整以符合学员的需求。

　　第二是对培训师的评估。每一位培训师的引导技巧，都会影响学员的学习，所以在每一次课程结束后，都会针对培训师的讲解技巧来做评估。在知识方面，汉堡大学也有考试，上课前会有入学考试，课程进行中也会有考试，主要想测试大家通过这些方式究竟保留了多少知识，以了解培训的内容是否符合组织所要传递的。除此之外，汉堡大学非常重视学生的参与，会把学生的参与度量化为一个评估方法，因为当学员提出他的学习，或者是和大家互动分享时可以表现出他的知识程度。大学还对每天的课程做调整以适应学生的学习需求。

　　第三是行为，检查员工在课程中学到的东西能不能在回到工作以后改变行为、达到更好的绩效。在麦当劳有一个双向的调查，上课前会先针对学生的职能做一些评估，再请他的老板或直属主管做一个评估，然后经过三个月培训之后，再做一次评估，因为学生必须回去应用他所学的，所以可以把职能行为前后的改变做一个比较用以衡量培训的成果。这个部分在企业对人员的培训方面非常重要，这也是现在一般企业比较少做到的，因为它所花的成本较大，而且分析起来也比较困难，所以很多企业都放弃没有做到。

　　第四是价值观与技能，企业的价值观会影响培训的成效。在麦当劳的人员培训结构上，有两个重要的部分，第一个部分是全职业学习通道(Career-long Learning Path)，第二个部分是全球麦当劳的人员学习发展中心(McDonald's Center of Excellence for Training)，包括所谓的汉堡大学。

　　麦当劳最主要的价值观就是以人为本，在培训过程中注重如何把麦当劳以人为本的价值带入到每一个人每一次的用餐经验中、如何落实在每一天的实际工作中去。员工在传递服务的过程里，如果有一些互动，有一些关怀，有一些感受，会做出更好的结果，而这也就是麦当劳以人为本的要义。麦当劳在人员的发展上，就是要传授一生受用的价值观与技能。让每一个学习者在每一段不同的经验里学到一生受用的价值观和技能，这是麦当劳人员发展的一个很重要的观念，也就是这样的一个价值观，支持麦当劳培训与人员发展系统的成功。

　　有了上述的价值观之后，人员发展系统就可以被有效地执行。麦当劳强调的是全职涯培训，也就是从计时员工开始到高阶主管，都有不同的培训计划，通过各区域的培训中心以及汉堡大学进行进阶式的培训，使得麦当劳的员工能够持续不断地学习、成长。麦当劳的计时员工分为服务员、培训员、员工组长与接待员几部分，这些人都是计时的，麦当劳为什么要培育他们，要给他们这么多的培训？除了传递全球一致的产品与服务以外，这和麦当劳的价值观也有很重要的关系，麦当劳帮助员工实现梦想，所以给予每一个麦当劳员工能力提升的机会。

在麦当劳，经理不只是从计时员工晋升，也有直接从实习经理培育而成的。当麦当劳在招募实习经理这个职位的时候注重观察应聘者是否具有做餐厅经理的潜能。在餐厅经理培育的一连串的培训计划方面，就是要培训实习经理可以做到餐厅经理。其培训内容包括从怎么样去经营一个店面、最基本的餐厅的运作、如何使顾客的用餐体验舒适顺畅，到管理订货、排班几个系统的培训，一直到领导技巧、怎样建立有效的团队，到企业经营等。

中阶主管的职责和餐厅经理有所不同，着重在两个方面：一方面是顾问的技巧，另一方面是部门的领导。除了培训、营运，还有很多其他专业职能的培训。麦当劳有一系列专业讲师的培育课程，当然不是只有上课，还会有很多的实践工作，在这些发展里面包括一连串、一系列的课程来让员工的能力获得提升。

提升为麦当劳的高阶主管之前，在汉堡大学学习也是重要的一环。高阶主管通常要经历从基层到中阶主管的发展，对职能性的和管理性的知识技能已经有某种程度上的掌握，才能做到高阶主管。

麦当劳的高阶主管培训有三个方面：全球讨论会(International Seminar)、外部发展讨论会(External Development Seminar)以及执行辅导(Executive Coaching)。

根据案例回答下列问题：

(1) 麦当劳的培训理念是什么？

(2) 麦当劳是如何将培训与企业需要有效结合在一起的？

(3) 麦当劳在培训评估方面有哪些可取之处？

(4) 麦当劳对员工职业生涯的关注表现在哪些地方？从组织或者员工的角度来思考，你认为该如何保证组织发展和员工发展的双赢？

◈　培 训 游 戏　◈

关 联 记 忆 法

游戏类型：学习方法/记忆力/培训培训师
活动形式：全体参与
所需时间：15～20分钟
场地要求：四方形的会议室
所需材料：一张幻灯片

活动目的

使听众掌握一种已经被证实有效的方法来记忆枯燥的没有联系的事物。

操作步骤

1. 告诉大家，人们通过关联法来学习，认识大多数事物。为了更好地说明这一点，下面的活动将提供给大家一个简单快速记忆十个关键字的方法。为方便起见，我们用会议室作为联系物。

2. 培训师先给会议室的每个角落和每堵墙指定一个数字，如下图所示。之后，培训师和听众一起反复复习这些数字的指向，时间大约为 1 分钟。

3. 请几个人分别站起来，培训师快速发问，检验一下各人的掌握程度(通常，人们的熟练度一般)。

4. 随后，培训师播放幻灯片，对大家说，现在我们来给每个数字赋予一个具体的事物。

1	(角落)	玫瑰花	6	(角落)	录音机
2	(墙)	自行车	7	(墙)	小汽车
3	(角落)	螺丝钉	8	(角落)	塑料袋
4	(墙)	饮水机	9	(天花板)	日光灯
5	(墙)	打印机	10	(地板)	大草原

5. 告诉大家，为了快速准确地记住每个被指定的具体事物，我们要有效地利用视觉和触觉。

6. 如何利用视觉呢？大家可以给每样事物赋予一个不寻常的甚至是极度夸张的视觉效果。

7. 如何利用触觉呢？大家可以想象，当你触摸该事物时那种令人回味无穷、美妙无比的感觉。

8. 培训师和大家一起来创造各种视觉和触觉，来记忆 10 个相互之间原本没有任何关系的事物，直到大家熟练掌握为止。

9. 几分钟后，大家和相邻的人互相提问，来检验关联记忆法的效果。

相关讨论

1. 当培训师第一次提问的时候，你能快速反应出对应的方向吗？
2. 使用关联记忆法后，你的反应速度是否提高了许多？
3. 活动结束时，当提到数字几，你是不是立刻就反映出特定的事物？
4. 你从这个游戏中，还获得哪些启发和收获？

第6章 员工分类培训

学习要点

> ➢ 管理人员的特征、培训目的与作用、培训内容与方法
> ➢ 新员工的特征、培训的目的与作用、培训内容与方法
> ➢ 技术人员的特征、培训的目的与作用、培训内容与方法
> ➢ 操作人员的特征、培训的目的与作用、培训内容与方法
> ➢ 销售人员的特征、培训目的与作用、培训内容与方法
> ➢ 核心员工的特征、培训目的与作用、培训内容与方法

导读资料

日立的分对象、分层次的培训体系

日立公司的经营者认为，企业要担负起为社会培养人才的使命，必须依靠企业的内部教育，通过企业内部教育，一是要培养员工高尚的人格以及创造能力、责任感和实践能力；二是要促使企业内部人员学习知识和掌握技能，从而保证企业人员顺利地完成各项业务工作，以适应高水平的经营技术革新。为了达到上述目标，日立公司摸索出一套完备的人才培养体系，它按照培训对象的不同，把培训分为三大类，每一类又按照不同层次进行培训。

1. 经营管理人才培训

经营管理人才培训的目的是增强经营管理人员的组织和经营管理能力，扩展他们的视野，促使年轻一代迅速进入经营管理第一线，培养他们开拓事业的精神。

经营管理人才的脱产培训主要在日立综合研修所进行，该所共有四个培训中心。培训根据不同的层次分别进行。

1) 最高级别——事业部总负责人(厂长)培训

培训时间：每年2次，每次16人，时间为3天。

培训内容：国内外形势、经营思想。

培训方式：以讨论为主。

2) 第四级别——事业所副所长 (副厂长)培训

培训时间：每年2次，每次20人，时间为10天。

培训内容：各种管理技术。

培训方式：白天上课，晚上讨论。

3) 第三级别——部长培训

培训时间：每年9次，每次16人，时间11天。

培训内容：经济动向、文化素养，另有部分特别培训，以专项业务为主。

培训方式：白天一半上课，一半讨论，晚上个人研究和小组讨论。

4）第二级别——副总工程师、主管研究员培训

培训时间：每年 1 次，每次 16 人，时间为 12 天。

培训内容：经济和技术动向、管理技术、文化素养。

培训方式：上课加讨论。

5）第一级别——课长/主任工程师培训。

培训时间：每年 4 次，每次 20 人，时间为 5 天。

培训内容：管理技术、文化素养和专业技能。

培训方式：上课加讨论。

2. 专业技术人员培训

专业技术人员培训的目的为：

(1) 促使专业技术人员了解企业传统产品和新产品的知识及技术方面的基础知识；

(2) 培养专业技术人员的商品策划能力、开发能力、生产技术能力、销售企划能力等，扩展视野，提高综合思维能力；

(3) 促使专业技术人员学习尖端技术，如跨学科技术和系统技术等新领域，以避免产品落伍，丧失机遇。

日立所属的各事业所或工厂都举办以本单位专业技术人员为对象的技术培训或讲座，全公司规模的专业技术人员培训主要由日立技术研修所、日立工业专科学院以及日立京滨工业专科学院举办。培训内容也因培训对象的层次不同而不同。

1）新进员工

培训内容：基础知识和技术的培训。

主要课程：进修员教育、基础技术讲座和各事业所专门技术讲座。

2）骨干员工

培训内容：第一线技术人员、研究人员所需要的技术。

主要课程：基础技术讲座、各事业所专门技术讲座、综合基础技术进修、高级专业技术进修、讲演会、研究会、学习会、轮流讲读会、研究发表会和海外留学等。

3）管理层

培训内容：技术革命管理。

主要课程：讲演会、研究发表会、高级专业技术进修、管理人员技术进修。

3. 生产技能培训

生产技能培训以日立所属各工厂的现场技术人员为对象，由日立生产技能研修所举办，包括管理类和技能类培训。

1）管理类培训

培训对象：骨干技师、监督者、作业主任和专职人员(监督员、执行员、企划员和技术员)。

培训内容：管理、监督者研修、管理技法、人际关系和新技术等。

2）技能类培训

培训目的：提高工作技巧、取得国家或行业资格。

　　培训对象：执行员、技师、企划员和技术员。

　　培训内容：专门技能研修，包括机械加工、电气电子、机械自动机、OA、半导体制造和焊接等。

　　资料来源：http://wemedia.ifeng.com/66406567/wemedia.shtml

　　企业的性质和战略目标决定了企业根据分工原理必须对组织结构进行设计，明确各部门各岗位的具体工作职责与人员素质能力的要求，这为有针对性地进行员工培训提供了依据。同时，从人力资源管理的角度区分员工类型，在进行岗位专业知识技能培训时，也注重对员工潜力的开发和职业发展方向的培训。

6.1　管理人员的培训

　　企业管理人员，尤其是中高层管理人员的决策会对企业的发展产生直接影响。所以，对于任何一家企业而言，都必须重视并努力提高管理人员的综合素质及管理能力，只有这样，企业才能获得成功。

6.1.1　管理人员概述

1. 管理人员的定义

　　首先，我们应对管理人员有清晰的认知。管理人员也可称之为旁观者，美国管理大师彼得·F.德鲁克认为，管理者不是"对下属的工作负责的人"，而是"能影响自己的所有的业绩负责人"。在一个现代企业里，如果一位知识工作者能够凭借其职位和知识，对该企业负有贡献的责任，因而能实质地影响该企业的经营能力以及达成的成就，那么他就是一位管理者。在传统意义上，管理者是进行计划、组织、人事、协调工作的人，也是在不确定环境中做正确决策的人；现代意义的企业管理者是指所有对企业目标做出贡献并负有主管责任的人。

　　经典学派提出了一个真正的管理者要做什么或者应该做什么。他们把管理者的职能描述为计划、组织、人事、指导、报告、协调、预算。决策理论学派认为，好的管理者与坏的管理者的差别是在不确定环境中做正确决策的能力，管理者能够在给定的条件下找到可行的满意解。工作活动学派指出，真正的管理者的活动繁杂、琐碎、多变，他们一天做大量不同的事，每件事完成的时间比较短，很难在较长的时间集中精力做一件事，他们的工作经常被打断。明茨伯格提出管理者十大角色，分别为：头面人物、领导人、联络人、监督人、传播人、企业家、"救火员"、资源分配者和谈判人。后现代主义学派的观点是最好将管理看成具有很多原则和方法的折中活动，没有明确的方法可用来决定哪种原则和方法好。

　　管理人员是指在企业中行使管理职能、指挥或协调他人完成具体任务的人，其工作绩效的好坏直接关系着企业的成败兴衰。根据亨利·明茨伯格的一项被广为引用的研究，管理者扮演着的十种角色可被归入三大类：人际角色、信息角色和决策角色，如图 6-1 所示。

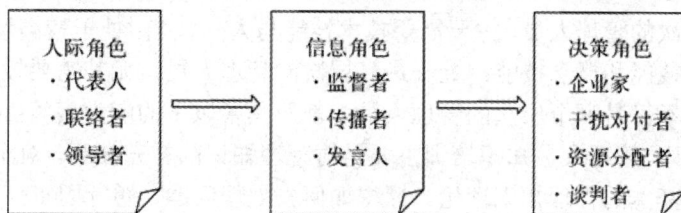

图 6-1　管理者在企业所承担的角色

2. 管理人员的类型

管理人员按其所处的管理层次可分为高层管理人员、中层管理人员和基层管理人员。高层管理人员是对整个企业的管理负有全面责任的人，他们的主要职责是制定企业的总目标、总战略、掌握企业的大政方针并评价整个组织的绩效。中层管理人员的主要职责是贯彻执行高层管理人员所制定的重大决策，监督和协调基层管理人员的工作。基层管理人员的主要职责是给下属作业人员分派具体工作任务，直接指挥和监督现场作业活动，保证各项任务的有效完成；使用日事的工作计划模块，发布部门每日、每周的工作安排，可以随时监督、调整，如图 6-2 所示。

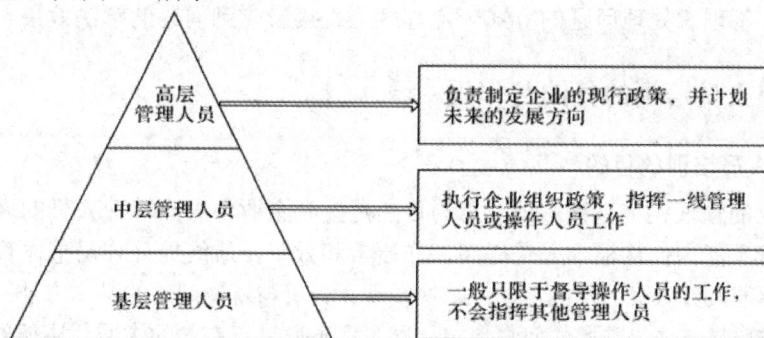

图 6-2　管理人员的层次

3. 管理人员的技能要求

一般来说，管理人员的技能要求表现在三个方面：技术技能、人际技能和概念技能，如表 6-1 所示。

表 6-1　管理人员的技能要求

基本技能	含　义	内　容
技术技能	管理人员掌握与运用某一专业领域内的知识、技术和方法的能力	专业知识、经验；技术、技巧；程序、方法、操作与工具运用的熟练程度
人际技能	管理人员处理人事关系的技能	观察人，理解人，掌握人的心理规律的能力；人际交往、融洽相处，与人沟通的能力；了解并满足下属需要，进行有效激励的能力；善于团结他人，增强向心力、凝聚力的能力等
概念技能	管理人员观察、理解和处理各种全局性的复杂关系的抽象能力	对复杂环境和管理问题的观察、分析能力；对全局性的、战略性的、长远性的重大问题处理与决断的能力；对突发性紧急处境的应变能力等。其核心是一种观察力和思维力

处于较低层次的管理人员，主要需要技术技能与人际技能；处于较高层次的管理人员，需要更多的人际技能和概念技能；处于最高层次的管理人员，尤其需要较强的概念技能。

具体而言，不管是哪个层次的管理人员，都应具备以下的能力素质：

(1) 管理知识。管理人员知识培训主要是对管理知识的补充介绍。对于管理人员来说，首先必须要掌握基本的管理知识理论，懂得如何去处理问题、履行职责，熟悉其所管理的领域，如生产、销售、会计、财务等，才能发挥计划、组织、领导和控制的职能。除此之外，管理人员还应了解经营环境的知识，如其领域涉及的法律、政策、文化、伦理等。

(2) 管理技能。一般来讲，管理人员需要进行的技能培训包括：领导技能、人际关系技能、聆听技能、团队建设、时间管理技能、解决问题技能、决策技能、开会技能、信息沟通技能等。

(3) 工作态度。管理人员的态度培训是指对其思维方式、观念、状态等方面的培训。一个优秀的管理人员，其工作态度一定是积极向上的，有其独特的思维方式，具有创造性思维，能够带给员工健康向上的正能量。

(4) 行为方式。管理人员的衣着、演讲及其他各种行为都会被员工看在眼里，并对他们产生影响。管理者处理问题的方式一定程度上直接影响到问题的解决效果。

6.1.2　管理人员培训的目的与作用

1. 管理人员培训的目的

对于企业的管理人员进行培训，总的目的是提升企业各层次管理人员的素质，提升其管理知识和管理能力；从根本上是提高工作质量和效率，最终提升公司整体管理水平。它包括：了解管理人员应有的角色定位；掌握发现、分析与解决问题的基本方法；学习有效授权、激励的技巧与方法；掌握如何与上司、同事和下属进行有效的沟通；协调部门的关系、建立高绩效团队；找到指导和培育部属的有效方法；掌握时间运筹方法，提高工作效率等。

(1) 对基层管理人员培训的目的。基层管理人员应尽快掌握所需的基本技能，包括管理技能、专业技能等；认清自己的角色定位，扮演好生产参与者、计划执行者和组织者的多重角色；提高沟通协调能力，辅助支持上级，指导监督一线员工。

(2) 对中层管理人员培训的目的。中层管理人员应明确企业的经营目标和经营方针，使企业的宗旨、使命、价值观和企业文化正确而顺利地传达；为其提供胜任未来工作所必需的经验、知识、技能；使其适应不断变化的环境并提高解决问题的能力；使其能够做好上级和下属之间的桥梁，上传下达。其侧重点在于提高管理能力和业务能力，并结合晋升目标来考虑。

(3) 对高层管理人员培训的目的。高层管理者应具备更为广阔的视野，从大局上掌控企业发展的目标、所处环境、发展方向等，因此对其培训的目的是使其认清自己的角色定位，明确自己既是领导决策者、监督者、革新者，又是培训者、授权者、制度制定和维护者；使其掌握用权授权的方法方式；掌握与下属有效沟通的方法；协调各部门之间的关系，掌握制衡之道；使其能够制定有效可行的规章制度，提高整个公司的工作效率。

2. 管理人员培训的作用

管理人员的培训在现代企业培训中有越来越重要的地位，主要是因为企业管理人员大部分来自内部人员的晋升。员工内部晋升在提升到管理岗位或更高的岗位之前，必须要经过培训，帮助他们可以更快地适应新工作，有助于企业的良性发展。因此，管理人员的培训十分重要。其主要表现在：

(1) 管理人员在组织中的地位。管理人员是组织中的主导力量，在组织的一切活动中处于领导地位，管理人员水平的高低直接决定组织活动的成败，组织的正常运作都离不开管理人员的管理，每个组织都应重视管理人员的培训，因为这关系到组织的命运和前途。

(2) 角色的转变离不开培训支持。当员工被提拔到管理岗位，或者管理者被提拔到更高的岗位时，面临着角色的转变所带来的问题。新旧角色间的不同也有很多，包括责任、权力和工作空间等都可能发生变化。比如，把技术人员选拔到管理岗位，他们的专业技能强，但是缺乏相应的管理知识，他们可能会因为管理能力有限而无法胜任管理工作；其次，心态的转变也很重要，这会影响到之后的工作。因此，员工角色的转变离不开培训，只有经过培训，才能获得其职位所需的知识、技能。

(3) 管理人员具有模范带头作用。模范效应就是指领导以身作则，下属就会自觉追随。一个好的管理者为员工树立了良好的榜样，普通员工会潜意识里向优秀管理者学习。管理人员的行为方式对其他员工有很大的影响，因此对管理人员进行培训，一定程度上可以影响到企业整体的培训效果。

6.1.3　管理人员的培训内容

企业员工的培训内容通常可分为知识培训、技能培训以及素质培训三种，而管理人员的培训与一般员工有所不同，其特殊性体现在以下几个方面：

(1) 强调管理技能培训。无论是基层管理者，中层管理者，还是高层管理者，在掌握专业技术的基础上，一定要具备管理方面的知识、技能。只有良好的管理技能和专业技能相结合，才能发挥出其作用。

(2) 重视培养人事技能。人事技能是指管理者做好本职工作并能够带领下属或其他人发挥合作精神的协调能力。这项技能对于管理者来说十分重要。

(3) 更加注重对个性的培养。管理既是一门科学，又是一门艺术。在企业的实际管理工作中，没有一成不变的处理方法，管理人员需要根据实际情况发挥自己的创造性思维，因此培训中更应注重对其思维方式的培养，使其发挥个人魅力。

管理人员的培训内容应针对其所需具备的能力素质展开，不同层次的管理人员要求的能力素质有一定差别，其培训的侧重点也是不同的，如表 6-2 所示。

表 6-2　不同层次管理人员的培训重点

人员类别	主要工作职责	培训重点
基层管理人员	直接指导和监督下属员工的现场作业活动，保证各项任务有效完成	业务知识、实际工作操作能力、一般管理能力
中层管理人员	贯彻执行高层管理人员所制定的重大决策，监督和协调基层管理人员的工作	沟通协调能力、发现及解决问题的能力
高层管理人员	制定组织的总目标、总战略，并评价整个组织的绩效	战略决策能力

1. 基层管理人员的培训内容

基层管理人员包括的对象很广泛，如生产车间的车间主任、班组长、一线主管等，不同人员的工作性质不同，适合的培训内容也不同。在确定培训内容之前需要进行培训需求分析。基层管理人员的培训需求分析重点是个人能力的分析，包括沟通能力、问题分析和解决能力等。针对这些分析，我们可以确定培训的重点。如表 6-3 所示，是对企业基层管理人员设立的通用培训课程项目。

表 6-3　基层管理人员通用培训课程

培训内容	培训课程
基层管理者的角色认知	管理者的角色、地位、责任
	基层管理人员的素质要求
管理技能培训	团队建设与管理
	计划与控制
	沟通与协调
	员工培训与激励
	员工绩效管理
	员工的安全管理
	人员工作调配
	如何改进员工的工作表现
管理实务培训	生产计划的编制与控制
	如何进行成本控制
	质量管理

2. 中层管理人员的培训内容

对中层管理人员的培训需求分析可以有以下几种形式：

(1) 中层管理人员组织分析。从宏观角度出发，考虑企业的经营战略目标，保证培训需求符合企业整体发展战略与目标。

(2) 中层管理人员工作分析。工作分析主要包括工作内容和工作职责的分析，让员工了解有关职务的详细内容以及岗位任职资格要求，根据此进行培训需求分析，确定培训课程的内容。此外，由中层管理人员提供的工作总结或述职报告，也是确定培训需求的来源之一。

(3) 中层管理人员个人分析。从中层管理人员的个人角度出发分析培训需求，可以从个体特征(包括性别结构、年龄结构、知识结构、专业结构、性格特征、管理风格等)、个人能力、职业生涯规划几个方面进行分析。

中层管理人员的培训内容既包括业务能力培训，即企业环境分析能力提升培训，也包括领导力提升培训和自我管理培训，如表 6-4 所示。

表 6-4　中层管理人员的培训内容

培训内容	培训课程	培训内容	培训课程
企业环境分析	企业战略	业务管理能力	冲突管理
	企业目标		职业生涯规划
	企业组织结构与决策流程		沟通技巧
业务管理能力	专业技术知识	领导艺术	有效授权
	如何纠正工作偏差		激励员工
	目标管理		指导培养下属
	时间管理		高效领导力
	项目管理	团队管理	建立学习型组织
	会议管理		团队合作
	组织管理		定编定员管理

3. 高层管理人员的培训内容

对高层管理人员进行培训需求分析，仍可以从组织、职务、个人三个方面开展。培训内容应更侧重宏观角度，从全局性的角度出发，侧重于领导知识与管理技能的培训。如表 6-5 所示，为高层管理人员的通用培训内容。

表 6-5　高层管理人员的通用培训内容

培训模块	培训内容	培训模块	培训内容
企业环境	国内外经济政治	领导艺术	团队管理
	企业所处的经营环境分析		目标管理
	企业所处的行业状况		员工激励
	相关法律法规政策		有效沟通
企业战略发展研究	企业面临的机遇与挑战		冲突管理
	企业核心竞争力研究		员工潜能开发
	如何制定企业发展战略	创新思维培养	创新思维训练
企业现代管理技术	人力资源管理		思维技巧
	生产管理	个人魅力提升	企业家精神
	财务管理		现代管理思想
	信息管理		个人权威和影响力
	质量管理		

6.1.4　管理人员的培训方法

由于基层、中层及高层管理人员之间不论是现有的知识结构，还是学习能力等各方面都有差异，为此培训方法的选择应该尊重员工的差异性，真正做到因材施教。

1. 基层管理人员的培训方法

除了传统的课堂讲授法和师带徒等方法之外，企业要结合基层员工的岗位特点、学历背景和学习习惯，探索各类培训方式方法以达到提升培训效果的目的。

(1) 提供多种培训方式供员工选择。

企业不仅要优化内部培训组织机构，而且还可以启用专业的培训机构。培训前，培训部门认真调查员工认为最合适的培训方式和最容易接受且学习效率最高的培训方法。培训师要在培训过程中交叉运用如野外拓展、情景模拟和案例讨论等培训手段，提高培训活动整体的趣味性和灵活性。

(2) 建立网上学习平台。

企业要与专业的系统开发服务公司合作，通过开发网络培训信息系统，提供音频、图片和文本等多种形式的培训资料，供企业基层员工随时查阅。同时，系统内设置班级与小组学习功能，培训师适时发布团队任务，小组成员互相监督学习，通过群体合作与竞争的方法确保培训目标达成。

企业为提高基层管理人员的素质和能力所进行的培训，在实施课堂教学的同时，还要引导他们学会自学，思考如何提升自己。企业应注重将基层管理人员的日常工作中的小事转化成员工培训教育的一部分。① 让基层管理人员与中层管理人员共同参加学习一些课程和讲座，向中层管理人员学习请教经验教训；② 企业内部或外部组织有创意的竞赛活动，训练基层管理人员的观察能力和创造能力，培养其思维；③ 创造条件使基层管理人员乐于到临时的跨部门专项小组去工作。

2. 中层管理人员的培训方法

中层管理人员的培训形式也不应仅限于课堂教学，可以灵活使用多种培训方法。

(1) 短期培训。短期培训是提高中层管理人员理论水平最常用的一种方法，可以在较短的时间内传递大量信息，针对性比较强。这种培训会采用很多的具体形式，比较常用的是短期学习班、专题讨论会等，用较短的时间传授管理的基本原理以及理论的新发展、新成果，并就此展开讨论。还有一种形式，就是把管理实践中遇到的具体问题放在抽取箱里，受训者自抽自答，展开讨论，互相补充，从而把理论与实践结合在一起，提高受训者解决实际问题的能力。

(2) 工作轮换。定期改变中层管理人员的工作部门，即从一个岗位调到另一个岗位，这样的方式有助于中层管理人员全面了解企业各个方面的工作；中层管理人员也能互相理解，加强部门之间的合作，提高其工作能力。也可以派中层管理人员去其他岗位做一名"观察员"，但最好实际参与不同岗位的工作，这样更能了解不同工作的特性，打造"全能人才"。

(3) 案例讨论。培训师提供一些经典的案例，中层管理人员之间互相讨论案例中出现的问题，并给出解决方案，由培训师对给出的解决方案做出评价，并指出改进的方法。通过案例的分析讨论，可培养中层管理人员发现问题解决问题的能力。

(4) 替补训练。每一位中层管理人员都要被当做上级的替补者，除了要承担起自己所在岗位的职责，还应该熟悉上级的工作职责，如果上级离任，可以很及时地替补上去，接替其工作，这样有利于企业持续发展，减少岗位空缺。

(5) 角色扮演。让一组受训人员集中在一起，随机选择员工模仿某种特定情境。比如，可以模拟员工招聘的情景，一人扮演招聘者，一人扮演应聘者。其他员工通过观察两人之间的交流，进行讨论，找出存在的问题，并指出改进措施。这种方法比较常用，能够使中层管理人员直观感受到怎样处理实际问题，同时提高其语言表达能力。

3. 高层管理人员的培训方法

对高层管理人员的培训，主要采取以下几种方法：

(1) 经理人训练营。经理人训练营的培训项目主要包括：① 在受训期间每个学员都要穿上制服，身上挂着写有任务的布条，每完成一项任务就摘去对应的布条；② 训练员工通宵步行 40 公里，途中携带一根长竹竿，如果出现有走不动的员工，其他人可以通过竹竿拉着走，这项活动培养团队协作能力以及耐力；③ 为了锻炼战胜困难的能力，每位员工都要做一件最难堪的事；④ 训练过程快结束的时候，员工需要讲述未来的计划以及现在自己存在的缺点。

(2) T 小组训练。T 小组训练也称为敏感性训练，主要目的是提高受训者对人的敏感度，学会改善人际关系。同时，T 小组训练为受训者提供了冲突管理的模拟环境和处理方法。T 小组训练需要注意几个细节：① 培训师最好是心理专家；② 员工人数不能太多，10~15 名最佳；③ 培训地点最好远离企业；④ 在培训的过程中，员工必须没有任何任务的负担；⑤ 沟通内容仅限于员工之间当下发生的事，必须互相坦诚。

(3) 工作轮换。与中层管理人员的工作轮换有一定区别，高级管理人员的工作轮换范围可以是各子公司、分支机构或总公司的高级管理职位，让高级管理人员能够更加全面地分析公司该制定怎样的战略与决策。

(4) 脱产培训。脱产培训包括参加高级研修班、研讨会、报告会；进行 MBA、EMBA 教育；出国考察学习、业务进修等。

6.2　新员工的入职培训

新员工入职培训简称新员工培训是指针对新进员工、到新岗位任职的员工开展的培训，提供有关企业的基本背景情况，使新员工了解所从事的工作的基本内容与方法，使他们明确自己工作的职责、程序、标准，并让他们初步认识企业及其部门所期望的态度、规范、价值观和行为模式等，从而帮助他们顺利地适应企业环境和新的工作岗位，使他们尽快进入角色。

6.2.1　新员工概述

1. 新员工的界定

新员工可以简单地分为两类，一是新入职的员工，即大家传统理解中的新员工；另一类则是新调整岗位的员工。

(1) 新入职的员工。新入职的员工是指新进入企业的员工，即大家传统理解中的新员工。例如，刚毕业的大学生。对于有一定工作经历和经验的员工而言，新入职员工最希望得到的是团队的接受(同事们对他的态度、同事们交流中体现出来的文化氛围等)、是对环境的熟悉(各部门的位置、公司的位置、消防通道等),至于专业的岗位资料和现阶段的工作任务都是一点即透的。

(2) 新调整岗位的员工。新调整岗位的员工是指有一定工作经验,从其他岗位调到新的岗位的员工。这部分员工也是新员工培训的目标人群,这部分人群对于公司文化导向是比较熟悉的。

2. 新员工的优缺点

(1) 新员工的优点:① 工作态度端正,职业素养优良。大部分新员工工作态度端正,积极主动,能达到所从事工作岗位的标准要求;② 新员工在从事的岗位上认真努力、吃苦耐劳;③ 学习能力较强,接受新事物快。能快速领会岗位操作要求;④ 虚心求教,善于发现问题。

(2) 新员工的缺点:① 对公司的现状和发展趋势关注不够。新员工普遍对公司的发展现状、未来的发展趋势了解不多或关心不够,关心程度只能用"片面"或"点滴"来形容;② 对工作的内容、操作流程、规范等不够了解,熟悉程度不够,效率比较低;③ 对自我定位与职业发展目标不够明确。大部分新员工因为对公司的了解程度不够,对自己目前的定位与未来发展的思路比较模糊。

3. 新员工的心理特征

新员工普遍具备如下心理特点:

(1) 新鲜感。所谓新鲜感,就是由于他们刚刚接触新工作、新任务,又到了一个新环境,同时还要接触新同事,总之一切都是新的。他们有干好新工作的冲动和自我挑战的欲望。

(2) 陌生感。有新鲜感,自然而然就有陌生感。之所以说新鲜,就是不认识、不熟悉,新的环境中所有的一切都是未知数,这会导致新员工产生陌生感。

(3) 畏惧感。畏惧感是由陌生感引起的。任何人到了一个陌生的环境都会产生这种感觉,不同的人感觉的强烈程度不同。对于新员工来说,特别是刚步入社会的毕业生来说这种感觉尤其强烈,因为他们年轻,社会实践经验几乎为零,对新工作、社会环境、社会状态都存在畏惧感。

基于新员工的心理特点,企业应采取有针对性的措施,对其进行入职前培训,以发挥新员工的优势,使新员工快速适应,融入企业。

4. 新员工的工作要求

新进入企业的员工,企业一般都会提出期望和要求。

(1) 调整心态,尽快进入新角色,明确自己的岗位职责、工作任务和工作目标,掌握工作要领、工作程序和工作方法,适应工作岗位的需要;

(2) 在最短时间内了解企业的基本信息,包括企业战略、企业发展前景、组织结构、职能部门等各方面内容,认同企业文化,适应企业环境;

(3) 对新公司忠诚,产生归属感;

(4) 具备良好的团队精神、沟通能力和协作能力,能够与同事和谐相处、互帮互助,共同完成任务;

(5) 熟悉工作内容、业务流程等，掌握所需技能，提高专业知识技能素养，高效完成工作任务。

6.2.2　新员工培训的目的与作用

1. 新员工培训的目的

新员工入职培训的主要目的是向每一位新员工传达企业的价值观、经营理念、管理制度、行为准则、岗位职责、工作任务、工作目标，以指导新员工快速适应企业环境，尽快进入工作角色。

(1) 新员工是公司新鲜的血液，为规范公司新员工入职培训管理，使新员工能够尽快熟悉和适应公司文化、制度和行为规范，了解企业情况及岗位情况，并快速地胜任新的工作，以满足公司发展需要，打造一支高素质、高效率、高执行力的团队，使公司在激烈的市场竞争中有较强的生命力和竞争力。

(2) 使新员工明确自己的岗位职责、工作任务和工作目标，掌握工作要领、工作程序和工作方法，尽快进入岗位角色。

(3) 让新员工了解公司相关规章制度，培养良好的工作心态、职业素质，为胜任岗位工作打下坚实的基础。

(4) 加强新老员工之间、新员工与新员工之间的沟通，减少新员工初进公司时的紧张情绪，让新员工体会到归属感，满足新员工进入新群体的心理需要。

(5) 提高新员工解决问题的能力。

2. 新员工培训的作用

新员工培训，是新员工进入企业后工作的第一个环节，是新员工职业生涯的新起点，是企业将聘用的员工从社会人转变为企业人的过程，同时也是员工从组织外部融入组织或团队内部，并成为团队一员的过程。

(1) 新员工培训对企业的作用。

如果说招聘是对新员工管理的开始，那么新员工培训是企业对新员工管理的继续。对企业来讲，新员工未来选择如何在企业中表现、决定自己是否在企业长期发展，很大程度上取决于在最初进入企业的一段时间内的经历和感受，在此期间新员工感受到的企业价值理念、管理方式将会直接影响新员工在工作中的态度、绩效和行为，而这些因素和新员工入职培训的效果关系密切。将企业的发展历史、发展战略、经营特点及企业文化和管理制度介绍给新员工，对员工进入工作岗位有很大的激励作用。新员工明确了企业的各项规章制度后，可以实现自我管理，节约企业管理成本。新员工通过逐渐熟悉、适应组织环境和文化，融入企业当中，明确自身角色定位，规划职业生涯发展，不断发挥自己的才能，会提高工作效率，从而推动企业的发展。

(2) 新员工培训对个人的作用。

新员工培训对于个人来说，是对企业进一步了解和熟悉的过程。通过对企业的进一步熟悉和了解，一方面可以缓解新员工对新环境的陌生感和由此产生的心理压力；另一方面可以降低新员工对企业不切合实际的想法，正确看待企业的工作标准、工作要求和待遇，顺利通过磨合期，在企业长期工作下去。

6.2.3 新员工的培训内容

1. 新员工上岗前必备信息的培训

1) 明确自身职务

(1) 了解自身职务。新进员工想要有好的成绩，想要赢得企业的重视，就得对自身的职务内容有充分地了解。这需从以下三个方面着手：

① 责任。责任就是分配给每一个人的职务且规定了"该做什么及如何做"。有些公司有明确的职务表，详细地规定了职务的内容；有些公司可能就没有这样一份职务表，而由上司口头传达。这时，新员工最好能逐项记下工作项目，以使自身能清楚地把握。

② 权限。为了完成每个人的责任，必须配合应有的力量，这个力量称为权限。在工作进程中，主管领导会不时授权，并让其承担更大的责任。

③ 义务。百分百地完成职责就是义务，表现义务的方式有许多种，不仅仅是最后的成果，还包括向领导及时做中途汇报，遵守公司的各项规定，执行权限之外的工作时事先请示有权限的人等。

(2) 掌握岗位技能信息。新员工在上岗前要了解岗位知识、掌握岗位所需的工作技能。只有在这些培训合格以后，才能正式上岗。

① 岗位知识。新员工的岗位知识培训包括职位说明和职业必备两个方面。职位说明就是要向新员工描述出恰当的工作行为，并做出示范，制定日程安排，并在规定的时间内让新员工掌握工作方法和工作技能，要回答新员工提出的问题并给予必要的指导。职业必备是指新员工应掌握具体工作中如何与同事联络、上司的管理风格、保密要求等。

② 岗位所需技能。岗位技能培训包括新员工岗位的工作标准及操作要求、产品判定、与上下游流程的关系、对他人的影响等，技能培训应多辅以成功的个案，运用榜样的力量。

对每个企业来说，让新进员工掌握做好本职工作的技艺才是最基本的要求。

(3) 熟悉前后工序环节。新员工了解自身的职务后，接下来就要了解自身的工作与其他人的关系，每个人的工作都是企业组织体系中的一环，所谓环环相扣，一定有前导工序和后续工序，即俗称的"前手"和"后手"。员工自身成绩的大小，将极大地取决于前手和后手的关联和配合，同时也取决于前手和后手对自身的满意程度。因此，新员工若能从前手和后手的更广泛角度来衡量自身的职责，将能更好地把握履行职责的重点。

(4) 明确工作守则在培训新员工的工作守则时，应让其明确以下内容：

① 做得比上司期待的还要好。只有这样，才能使上司迅速产生信任感，并成为他值得信赖的左膀右臂。

② 懂得提升工作效率的方法。善于苦干是好事，但更要善于巧干。

③ 尽力在指定的期限内完成工作。新员工要知道，不能按期完工是上司最痛恨的事情。

④ 工作时间内要集中精神、专心工作。这点对新员工特别重要，做事要有做事的样子，切忌模仿有些吊儿郎当的员工。

⑤ 任何工作都要用心去做。用心工作既可以避免错误，提高效率，又可以展示自己的敬业精神。

⑥ 要有防止错误的警觉心。许多错误都是可以避免的，如果新员工多问几个为什么

的话，问题在这个过程中便解决好了。

⑦ 做好清理整顿。整洁、干净、科学的工作环境是人人都乐于见到的。

⑧ 秉持工作的改善意识。除了要有"目的意识""问题意识"外，还应具备改善意识。改善可从简单化、代替化、综合化、分期化着手。

⑨ 养成节省费用的习惯。节省不等于吝啬，节省是指不浪费企业资源，因此新员工必须养成好习惯。

2) 了解规章制度

(1) 企业规章制度培训。规章制度的培训是企业新员工培训中不可缺少的部分，关系到新员工正式工作后的方方面面。它是员工在企业的工作标准、获取报酬的标准、个人与企业权利义务关系的标准。从另一角度来说，企业规章制度是企业文化的实施基础，没有良好规章制度作为保障，企业文化是很难建立起来的。

一般来说，企业规章制度的培训采取课堂学习或培训者具体介绍的方式进行。培训部门首先要将企业的规章制度印制成内部刊物、员工手册或规章制度手册等形式，然后发放给每一个员工，培训期间还需要专门安排时间进行介绍。

(2) 企业员工行为规范。企业员工行为规范主要包括：员工行为标准、企业礼仪、工作场所行为规范、生活守则、工作休息制度等，是员工日常工作和生活的准则，新员工更应了解这些规范。

3) 认同企业文化

(1) 认识企业。对企业本身的介绍是极其重要的，只有当新员工对企业有较深刻的认识后，才会产生认同感、使命感，即"主人翁"意识。对新员工进行企业介绍，其内容包括：企业历史、企业概要、业务内容及发展前景。另外，企业介绍还可引出企业的组织结构、管理流程、组织目标、经营目的、宗旨、理念、方针及员工的努力对实现这些目标和目的的重要性。

(2) 认识企业文化。企业文化是指一个组织内共享的信念、态度、假设、价值观和行为规范，它们塑造着员工的行为方式、交往方式，还强烈影响着员工完成工作的方式。一个良好的企业文化是企业宝贵的财富，来之不易，显然也需要新进员工来薪火相传、发扬光大。因此，新员工要尽快认识并认同本企业的企业文化。认识企业文化的方法有：文字、图像及视频资料，先进人物现身说法，实地体验和感受。当然，认识企业文化不是一朝一夕可以完成的，上岗培训只不过是开个头而已。

(3) 认识企业精神。一个具有强有力的企业精神的企业，可以有效地调动员工的积极性，激励他们与企业同呼吸、共命运，为企业的命运与前途、理想与目标努力拼搏。企业精神有以下几种表现形式：

① 企业目标：企业追求的理想状态。

② 企业宗旨：反映了企业的主要目的和意图，表现了企业的发展方向。

③ 企业信念：企业认为正确而坚信不疑的观点。

④ 企业经营方针：指导企业生产经营活动的行动纲领。

⑤ 企业道德规范：具体规定了企业员工的道德行为准则。

⑥ 企业作风：具体规定企业员工应当在工作或生活中一贯坚持的风格和态度。

(4) 认识企业道德规范。

① 员工的基本道德。员工以正直和公正的信念，树立本企业的正确价值观念，通过不断地自我启发和公正地执行职务，完成自己所承担的业务工作。在理解企业各项政策、法规及相关业务规定内容的基础上，要在完成业务时忠实地遵守。并对完成业务的各方面进行必要报告，做到公平和公正。为了维护员工的名誉，员工要做到行动上的道德性和伦理性，不允许出现在企业内部制造和散布流言蜚语和破坏企业和谐气氛的行为；企业内晋升和调换工作时，要防止员工之间虚文浮礼的行为。保护企业财产，当出现给企业财产带来重大损失的事件或发生这种事件的可能性时，要及时报告并采取适当的措施；对于企业的机密资料，要依据有关规定保证资料的安全，对外企业公开资料时要在事前得到企业的认可；企业的机密资料只能向得到承认的对象公开。

② 对客户的责任和义务。企业真正的工作基础是客户，客户的满意是对企业的工作结果所做出的肯定反应。因此，得到客户正直、公正的肯定和无条件的依赖是建立坚实的事业基础的关键。故企业经常努力去发现客户所必要的价值；继续创造和不断提供给客户具有实质性帮助和使客户感动的价值；对客户说实话，必须信守对客户的诺言；为客户提供最高质量的商品和服务，对客户的正当要求做出迅速而正确的答复。

③ 对任职人员的责任和义务。公平对待每位员工，企业应尊重所有员工的人格，并根据每个人的能力、业绩给予公正的待遇，努力使每个人的创造性得到充分发展。制定和完善人才方针，企业要做出最大努力去培养人才，确立正直的人才标准和人才开发方针，完善并坚持必要的制度。合理配置人员，根据每个人的愿望，对工作的忠诚度和能力来考虑安排职务。要为员工找到能够提高工作能力的机会，依照每个人的学位、性别、地区，以公正合理的态度，对其工作素质、能力和业绩进行评价，从而达到人员配置的最优化。为员工的健康采取适当措施。尊重个人的意愿，保证个人的良好作业和个人生活环境。要做到自由地发表健全的提案、建议及困难事项，尊重个人的宗教信仰和政治意愿。企业应通过事业的合理扩展，使自身茁壮成长，从而提高员工生活素质，为社会发展做出贡献。

2. 与工作环境有关的培训

(1) 企业宏观环境。

企业宏观环境包括企业的历史、现状、行业地位、发展趋势、目标、优劣势、组织机构、部门职能、产品和服务、市场战略、质量方针、企业文化与传统以及经营理念等。

(2) 工作环境与设施。

工作环境与设施包括办公设备、生产设备、各办公场所、食堂等，人力资源部经理可根据本企业具体情况选择要参观介绍的具体工作环境。

3. 与工作制度有关的培训

这一部分涉及的内容较多，且都关系到员工的切身利益，包括企业各项人力资源管理制度、财务管理制度、行政办公管理制度等。

4. 与工作岗位有关的培训

(1) 岗位职责培训。

根据员工岗位说明书，向新员工介绍其所在岗位的主要职责、新员工的主要任务和责任、工作绩效考核的具体规定等。同时，根据工作流程图，向新员工介绍企业各相关部门的职责和岗位职能，以及本部门和其他部门的关系。

(2) 技术培训。

对于技术性特别强的岗位，企业可安排新员工到新的工作岗位上进行实地训练，并指定一位资深员工作为指导，由其向新员工说明操作规范、协助新员工独立完成工作，并指出应改进的地方。

(3) 行为规范培训。

行为规范培训主要是针对员工仪容仪表要求、着装要求、工作场所行为规范、工作休息制度、公司礼仪规范等方面进行的培训。某企业的新员工入职培训内容如表6-6所示。

表 6-6 新员工入职培训内容

姓名： 部门： 职务： 到职日期： 年 月 日

序号	培 训 项 目		培训日期	时间	培训人
1	欢迎新员工，致欢迎词				
2	培训计划简介				
3	工作环境简介				
4	公司概况	(1) 公司基本情况； (2) 发展历史、文化、经营理念、未来发展方向； (3) 组织结构			
5	人员介绍	(1) 主要高层领导介绍； (2) 各级主管介绍； (3) 部门同事介绍； (4) 员工自我介绍			
6	规章制度	(1) 人事规章与福利说明； (2) 作息及签到规则； (3) 休息和用餐规则； (4) 礼仪和接待规定； (5) 办公自动化使用规定； (6) 休假加班规定； (7) 奖罚规章			
7	学习员工手册内容				
8	财务制度	(1) 财务制度说明； (2) 出差规程； (3) 报销费用流程； (4) 主要财务方针决策			
9	部门本职位工作内容介绍				
10	消防安全知识普及				
11	紧急事故及灾害处理方法				

6.2.4　新员工的培训方法

　　新员工培训通常可采用课堂讲座、多媒体教学、工作指导等方法，也可以采用角色扮演法和建立行为标杆的方法来提升新员工的一些基本工作技能。针对调岗和职位晋升者，可以运用工作指导、角色扮演及工作轮换的方法对他们进行培训。以下是常用的新员工培训方法。

　　(1) 讲授法。讲授法类似于教师的课堂教学，是目前采用最为广泛的一种新员工培训方式。培训师应创造性地应用自己的一套教授方式，如角色扮演法、头脑风暴法、模拟实验法、游戏法等，弥补了讲授过程中单向的传递信息，员工被动地应付，缺乏热情和主动性的弊端。

　　(2) 实训演练法。实训演练法通过受训者积极参与实际情景的演练过程来训练、开发特定技能，学习某种操作方法或模拟有关行为方式等。把真实的物件摆到新员工面前，模拟现实中的工作项目，让他们进入到一个工作环境片段，由培训师手把手地讲授操作步骤、要领等，直接、有效地让员工接触、领会实际的操作技能，使他们在可控的无风险的实际操作过程中掌握、提高相关的操作管理能力。

　　(3) 拓展训练法。拓展训练法通过特定器材、障碍物或特殊体育项目等对新员工进行身心方面的特殊训练，如背摔、攀岩、高空跳落等。考验和加强员工勇敢、果断的心理素质，减轻新员工恐惧感，增强体能、心理上的抗击能力。这对打破人与人之间的隔阂，增强向心力、凝聚力，增强集体协作意识有很大的促进改善作用。

　　(4) 座谈会法。通过开座谈会，了解新员工的兴趣和心理诉求。座谈会形式可以多样，可以是老员工和新员工的茶话会，也可以是新员工之间的聚会。在座谈会上，员工可以自由发问，通过轻松的氛围和话题，拉近彼此间的距离。侧面了解新员工的心声，建立起交流的桥梁。同时，也可以发挥老员工榜样人物的示范作用，用身边人的典型事迹影响和带动新员工，使他们尽快融入企业，踏实进取，真抓实干。

　　(5) 岗位轮换法。岗位轮换法不只是专业方面的学习，更重要的是让新员工对公司主体结构有全面的了解。只有对公司全面的了解，在日后工作中才会考虑问题更加周全。

6.3　技术人员的培训

　　技术人员掌握着企业生产的核心技术，他们的综合素质、忠诚度、创新能力对企业的可持续发展产生重大影响。因此，技术人员的培训越来越受到企业的重视。为企业培养一批技术能力强、综合素质高、有创新思想并能适应企业变化和发展的技术人员队伍是企业培训管理的重要内容。

6.3.1　技术人员概述

1. 技术人员的概念

　　技术人员是指企业中掌握了特定技术、专业理论知识和基本技能以及具有良好的创新和学习能力，将自身所掌握的技术作为工作依据，在企业中从事技术研究、开发和设计工作，通过专业知识、方法、程序和设备解决相关领域问题，并为企业以及社会创造经济价值以及社会价值的员工。

2. 技术人员的特征

(1) 专业素质较高，创新能力强。

技术人员从事专业性和创造性强、技术含量高的工作，主要职责是利用技术知识解决技术问题，需要掌握必要的专业知识，也要求技术人员具有足够技术知识储备和技术处理能力。企业的发展离不开对产品的研发，技术型员工通过对企业产品进行升级改造，创新企业产品，保证企业能够在市场竞争中获得产品优势，使得企业能够创造更高的价值。

(2) 技术知识具有时效性。

随着产品技术和企业生产技术更新换代加快，产品和技术生命周期缩短，技术人员培训的重要性日益突显。技术人员与管理人员一样面临多变、复杂的工作环境和工作内容，需要及时进行知识更新，以了解和掌握相关专业技术的前沿知识。

(3) 与其他部门工作相关度高。

技术人员的工作与企业生产、管理、营销等部门工作的相关性很强。技术人员工作与这些部门工作存在着直接联系，因而牵涉面广、影响大，直接影响到企业的大局乃至整体。

(4) 流动性强。

技术人员的专业性技术使其在企业中能够占据优势地位，尤其是其对于技术以及产品的更高层次的追求使其在行业中拥有更多的选择，能够选择更有发展潜力、福利待遇更优越的企业。并且，技术人员通常具有较高的个人目标值和心理期望值，对于报酬和成就也保持着较高的期望。通过学习和工作经验的不断积累，他们认识和改造世界的能力也不断提高，其强烈的成就意识促使他们追求更高的目标，更具挑战性的任务，从而更好地实现自我价值。对技术人员而言，知识、技术、经验几乎完全只由本人控制，能发挥多大作用由其意愿和受激励而定。在控制相关技术的情况下，技术人员作为技术载体，如果从企业流失，则其专业技能也随之流出。

3. 技术人员的素质要求及培训特点

1) 技术人员应具备的基本素质

(1) 具有深厚的专业理论基础、广博的知识面、全面掌握最新技术发展。

(2) 通过各种媒介及调研方式对专业及相关知识的发展趋势做出正确、及时的判断，快速获取最新信息并能较快运用到实际工作中，全面了解所属行业工艺、技术、本企业的产品特性，能将市场信息转化为技术决策。

(3) 具有较强的分析解决问题的能力，能够对出现的新问题、新状况运用多种技术和方法进行分析，迅速发现线索并找出问题产生的原因。把握项目整体，解决项目开发中的关键技术问题，根据实际情况做出针对性技术调整方案。

(4) 具有较高的自我学习能力、较高的研发能力及创新开拓能力。能够提出比较有创意的想法、在他人成果的基础上进行改造等。

(5) 具有较高的团队合作精神，爱护团体，服从领导安排并引导他人协调一致地开展工作。

2) 技术人员培训的特点

技术人员的培训重点在于学习知识，尤其是专业领域新知识及前沿知识的学习。通过培训提高技术人员专业技能、实践技能，最终提高其业务水平。针对技术人员的培训具有以下特点：

(1) 培训内容深入。相对于其他类型的员工，技术人员更需了解业务方面的知识、技能，并且是深层次、高级、精密、尖端的。

(2) 培训方式灵活。一般来说，专业技术已经具备一定程度的专业知识和技能，针对培训需求和培训内容的不同应相应选择合适的培训方法。

(3) 培训任务紧迫。当今，技术发展日新月异，技术人员需要不断"充电"，紧跟领域内技术发展的动态，因此技术人员的培训需跟上技术发展的步伐，避免企业因技术水平落后而被淘汰。

6.3.2　技术人员培训的目的与作用

1. 技术人员培训的目的

(1) 通过全面提升现有技术人员的技术水平和职业素质，提高技术人员的工作效率与工作绩效，帮助技术人员了解传统产品、新产品及技术改进方面的知识，开展技术、产品和相应的市场培训，开发适合市场需求的产品，提升企业的技术优势，提高竞争力。

(2) 培养技术人员在工作中的积极心态、工作态度、团队合作意识、对企业的归属感。

(3) 培养技术人员的创新意识和创新能力，持续开发具有市场竞争性的产品。

(4) 提高技术骨干培养新技术人员的能力，启发一般技术人员的分析问题与实际应用能力和创新实践，为企业未来发展储备人才。

2. 技术人员培训的作用

(1) 对技术人员来说，随着科学技术的快速发展，技术人员想要在企业发展中占据一席地位，就要不断地学习，不断地更新自己的知识和技能，才能让自己不被社会所淘汰。通过培训，提升自身技术水平和工作水平、工作效率，提高技术创新意识和能力，熟练掌握企业技术知识和技术发展方向，提高自身市场竞争力。

(2) 对企业来说，在高速发展的今天，知识和人才是企业创造最大价值的核心，而技术人员是创造核心价值的重要因素。技术人才是企业人才队伍的重要组成部分，是推动技术创新和实现科技成果转化的重要力量。加快技术人才队伍建设，关系到企业核心竞争力和综合能力的增强，是提高企业自主创新能力、建设创新型企业的重要举措。企业要想在激烈的市场竞争中站稳脚跟，必须拥有自身的核心竞争力，加强技术人员的培训是企业可持续发展的不竭动力。打造一流的高素质、高水平、与企业发展相适应的技术人员队伍，是企业应该长期坚持的一项规划。尤其是对于依托技术人员创造生产价值的企业而言，技术人员的工作效能可称之为企业的"第一生产力"，企业的创新与发展均需要依托技术人员来实现，而为了不断提升技术型员工的工作绩效，就需要注重员工的培训工作。

技术人员是企业发展的中坚力量，培训是更新技术人员知识储备、提升其工作能力的重要手段，也是提高技术人员专业素质和创新能力的重要途径。在当前竞争白热化的现实背景下，企业必须高度重视技术人员培训工作的开展，在诊断、分析企业技术人员培训存在的问题基础之上，采取切实有效的措施全面提升整体培训效果，为企业核心竞争优势的构筑打下坚实的基础，为将来发展储备人才。

6.3.3　技术人员的培训内容

根据技术人员应具备的基本素质要求，技术人员的培训内容主要包括：专业技术培训、管理技能培训、工作态度培训、团队合作与自我学习能力培训、应变能力与创新精神培训等方面。

(1) 专业技术培训。专业技术培训一般是指科学技术培训。技术人员入职初期，由老员工带新员工结合专业知识以及产品情况进行技术培训。待新技术人员熟悉工作内容后，企业结合内外部环境，对他们进行知识更新的培训，可聘请专家来企业培训或派遣技术人员外出其他企业、学校、培训机构研修。此外，在企业购买新技术、引进新设备、突破更新某项技术、原有技术标准改革时，要对技术人员进行技术更新培训。在专业能力的培训过程中要注意建立核心、多种形式、持续不断的专业能力培训。

(2) 管理技能培训。管理技能培训将管理知识与技能作为重要内容列入技术人员的培训范围，大力提升企业管理现代化水平。管理技能培训主要围绕管理思想、原理、方法、应用等内容。在技术人员中选取优秀的人员，将其作为技术人员储备干部，对其进行管理培训。

(3) 工作态度培训。衡量技术人员工作成绩的不是工作时间长短而是其责任心和工作绩效。技术人员对待工作的态度直接或间接地决定其工作效率，只有具备强烈的责任意识才有可能在工作中取得好成绩。企业文化、优秀职业操守等的培训都是端正其工作态度的手段。

(4) 团队合作与自我学习能力培训。通过设定一些培训课程和培训项目，努力提高技术人员的团队合作精神与自我学习能力。企业中的新产品开发通常都是研发团队实现的，技术人员的团队精神是影响团队效率的重要因素。企业自身的知识更新、技术水平提高更多的是通过研发人员的自我学习来实现的。

(5) 应变能力和创新精神培训。在不断变化、改革和激烈竞争的市场中，只有未雨绸缪，提前做准备才有能力应对新的变化和挑战。任何事物都不可能一成不变，技术人员更不应该满足于现有的工作方式和成绩，而应不断尝试新的思路、方法、实践等。

技术人员的课程应注意平衡合理的知识结构、针对性强的专业技能培训、职业素养等多个方面。技术人员的知识结构应包括但不限于：企业知识、产品知识、行业动态、专业知识、管理知识等，如表 6-7 所示。

表 6-7　技术人员培训课程设置

课 程 内 容	培 训 对 象		
	高层	中层	基层
企业品牌形象建设	√	√	
市场顾客需求研究	√	√	
竞争产品研究与新产品策略	√	√	
产品开发	√	√	√

课 程 内 容	培 训 对 象		
	高层	中层	基层
设备操作与维护		√	√
新技术研究与学习	√	√	√
工程、工艺流程改善与管理	√	√	√
品质管理	√	√	√
目标管理	√	√	
项目管理	√	√	
团队管理	√	√	
质量管理	√	√	√
技术安全管理	√	√	√
生产安全管理	√	√	√
技术人员职业道德、操作规范	√	√	√

6.3.4　技术人员的培训方法

为使技术人员的培训具有针对性，必须认识到不同岗位技术人员所需要的不同技能。针对不同部门岗位的人员，培训方式的选取要有针对性、适用性，要因材施教，采取恰当的培训方法。

1. 普通授课

由技术专家或经验丰富的技术员讲解企业及产品相关知识、技术原理、心态及职业素养培训。课堂讲授应用广泛，成本较低、易于操作，可同时对大量技术人员进行培训，培训内容同时兼顾知识的广度和深度，能在较短时间内使技术人员系统地学习和掌握有关知识。可通过案例分析、角色扮演等方式丰富课堂形式，把实际工作中出现的问题作为案例，由受训者依据背景材料来分析问题，提出解决问题的方法，从而培养技术人员的分析能力、判断能力、解决问题及执行业务能力。也可依据培训内容，设计安排一个或多个现实问题相关的情境，由受训者模拟其中的人物，带着与学习有关的问题，引导技术人员独立思考。

2. 工作指导

由培训部门指定培训专员对技术人员进行操作流程、标准、专业技术技能等方面的一对一指导，使技术人员在工作过程中学习技术，运用技术。可通过录像、多媒体教学，录制生产中的操作标准、工艺流程，工作中的基本步骤、流程、要求等过程供受训的技术人员学习和研究。或通过直播等方式间接地现场式教学，节省培训专员的时间，提高培训效率。

3. 互动讨论与小组学习

将受训的技术人员聚集在一起，就某个共同的技术专题或问题展开讨论和交流，最终获得统一方案，使受训者之间加强沟通和信息交流，并且可以启发与会者的思维，开阔他们的视野培养其综合能力。为达到共同的学习目标，技术人员以小组形式参与学习，与其他受训者保持融洽及相互合作的态度，共享信息和资源，共同担负学习责任，完成学习任务，充分发挥每个人的主动性与积极性和团体合作精神，适用于团体协作能力和思维能力的培养。

4. 参观访问、交流合作

针对某一特殊环境或事件，组织技术人员做实地的考察和了解，有计划、有组织地安排他们到有关单位有针对性地参观访问。从其他单位得到启发，巩固自己的知识和技能。也可和国内外一流高校、科研机构密切合作，邀请他们的研究人员和企业技术员工一起开展工作，或选派优秀技术员工外出学习。为了增补跨学科知识、新技术新知识，组织技术员工参加行业学会举办的短训班、研究班、委托大学代培等。

5. 自学

企业应尽可能整合内外部资源，鼓励技术员工自学，不断进行技术与知识的更新。

6.4　操作人员的培训

在生产活动中，人自始至终处于主体地位，操作人员的重要性尤为突出。使操作人员发挥更好的作用有利于企业提高竞争优势，在瞬息万变的市场经济大浪潮中求得生存和发展。因此，合理有效的操作人员培训对企业生产类人才的发展有重要意义。

6.4.1　操作人员概述

1. 操作人员的概念

操作人员是指在工业、制造型企业中具有一定技能的岗位操作人员或其他企业生产部门中从事生产制造、加工、运行、维修等技术操作相关工作的人员。操作人员主要负责产品的制造、品质的保证及改善、生产效率的提高以及操作生产设备等工作。

2. 操作人员的工作特征

(1) 分工协作。

由于产品的不同，生产制造部门一般会采用不同的工序。在工序设计中每一种职位承担不同的工作任务和要求，都有自己在制造流程中的内部客户，上一道工序出现进度或质量问题会影响下一道工序的进度或质量。分工协作的特点使得操作人员按照职责的重要性和承担的具体职责分为一般工序操作员工、关键工序操作员工和多能力操作员工。生产部门一般具有详细的工作计划，人员分工明确，要求操作人员具有较高的服从性，各尽其责。关键工序操作员工需保持一定的稳定性，以确保生产制造流程的顺畅和关键环节的质量及进度；多能力操作人员有利于高效率地应对小批量订单的生产需求；一般工序操作人员在使用上可保持一定弹性。

以订单为核心的生产运作造成两个普遍现象：一个是生产存在淡旺季，多是由市场需求的淡旺季造成。二是操作人员忙闲不均，一般是订单不均匀或产品质量问题造成返工。

(2) 体力劳动重复性强。

操作人员从事的工作主要通过操作设备、或者手工操作等进行，一般以体力劳动为主，工作内容的重复性强。很多企业将操作类工作和销售类、技术类、管理类、专业类等脑力劳动为主的工作区别开来。由于以体力劳动为主,操作类工作对操作人员的体力要求较高。生产部门要求操作人员具备本岗位特定的专业知识和操作技能,要求操作管理人员具备一定的专业管理知识。

3. 操作人员的基本素质

操作性工作的特点要求操作人员应具备基本素质。

(1) 熟悉本岗位的专业知识、技能,精通生产操作流程,按照设备操作技术规程要求进行设备操作,做好操作设备的日常维护。随着自动化、信息化、数字化的生产设备不断引入,还需具备智能制造所要求的编程、监控、维护、管理、突发情况处置等多种具体的操作能力。

(2) 熟悉公司的规章制度,遵守工艺纪律。

(3) 熟悉自己的工作内容和责任,确保本工序产品质量符合要求,按时完成工时。

(4) 具备较强的实际操作动手能力以及学习能力、对新技术的适应能力。随着产品和制造技术的更新变化速度加快,操作人员必须通过终身学习不断更新知识和技能。

(5) 服从管理人员的管理。

(6) 善于与人沟通,懂得一定的人际关系处理能力。生产制造环节日益高度集成,必然对各部门各环节员工之间的团队合作提出更高的要求。操作人员需要有更强的整体性、团队性理念,具备更强的交流协调、组织管理等能力。

6.4.2　操作人员培训的目的与作用

1. 操作人员培训的目的

操作人员培训的目的是通过各种教导或经验传授的方式提高操作人员的综合素质、技能、态度、知识等方面的水平,进而改善操作人员的行为,使操作人员融入企业文化的氛围,保证企业的生产质量、进度与操作安全,减少企业在生产中的浪费,节约成本为实现企业的战略目标在生产方面做出贡献,达到组织和个人期望的结果。其具体表现在:

(1) 调整操作人员的思想意识、价值观和行为规范,理解和贯彻公司战略意图,调动积极性,增强凝聚力;

(2) 使操作人员了解企业在行业中的地位与自身的重要性,激发其归属感;

(3) 使操作人员了解、掌握企业在生产方面的各项规章制度(如质量手册、现场管理制度、设备保养制度、安全生产制度等);

(4) 使操作人员掌握生产领域的专业知识和技能,接受新观念和新理论,拓展知识面和开阔视野;

(5) 加强操作人员的成本意识、安全意识与责任意识;

(6) 提高操作人员的工作技能和工作效率,进而提高组织绩效;

(7) 加强操作人员的自我管理等。

2. 操作人员培训的作用

(1) 对操作人员来说,在新科技革命深入发展并广泛影响的今天,为获取竞争优势,一线员工需要具备更高的生产操作技能、社会能力以及创新能力，提高自身综合素质能力变得尤为重要。通过培训可使操作人员了解企业在行业中的地位与自身的重要性，改善工作态度、激发其归属感，让操作人员了解掌握企业生产方面的各项规章制度(如质量手册、现场管理、设备维护、安全生产等)，能提高操作人员在生产领域的专业知识与操作过程中的技巧和能力，可以加强操作人员的成本意识与安全意识，加强操作人员的自我管理等，激发操作人员"学技术、练本领、强素质"的积极性，提高操作人员的综合素质。

(2) 对企业来说，操作人才是班组的一分子，是企业一线工作的主力军，是人才队伍的重要组成部分，更是企业执行力的最终体现。操作人员的技能、知识、素质水平直接影响企业的产品质量和效益，而这正是企业生存的命脉和发展的基础。通过培训可以提高操作人员的素质、知识、专业技能水平，使操作人员合理利用和维护设备，融入企业文化的氛围，增强其敬业精神和责任心，进而提高操作人员的劳动效率，成为企业增值的源泉之一，为企业生存和持续发展存续力量。培训操作人员，可以减少企业在生产中的浪费，保证企业的生产进度与生产安全，提高产品产量，从而支撑企业一系列营销、拓展市场决策，为实现企业的战略目标在生产方面做出贡献，为企业的长远性、周密性和先进性提供保障。培养和造就高素质的生产操作一线员工队伍，增强一线操作人员的凝聚力，提高企业效益和竞争能力，使企业在激烈的市场竞争中立于不败之地。

6.4.3　操作人员的培训内容

为了提高操作人员的专业技能，强化市场管理，提高企业的市场占有率，增强企业在市场中的竞争力，操作人员的培训一般包括以下四个方面。

1. 思想道德方面的培训

思想教育是提高企业人员素质，逐步将员工队伍培养成为有理想有道德有文化的劳动者最为重要的一个方面。其主要包括：道德教育(提高员工的社会意识)、企业文化教育(了解企业情况)、纪律教育、法律法规教育、树立规范化理念、培养爱岗敬业良好品质，提高自我认知度等。

2. 科学文化知识培训

文化教育是学习一切科学技术的基础，注重强化基础理论功底与提升专业理论知识。普及科技知识教育的目的在于使操作人员开阔视野，认清生产发展的前景，将这些知识、理论自觉运用到平时的生产和管理中。

3. 业务技术培训

业务技术培训的主要内容包括：基层操作人员的专业知识和技能培训、知识更新和在职继续教育、岗位职责、工艺规程、设备操作规程等。当实施新工艺、新技术或使用新设备、新材料，企业生产的产品及技术标准发生变更时，对操作人员进行针对性的操作及安全培训。岗位职责包括：安全职责、质量职责、特种作业岗位职责、班组长岗位职责等。安全职责包括：有关安全生产的各项规章制度、所用设备的安全操作规程、生产中可能发生的事故、事故产生的原因、避免事故发生及降低损失的措施。质量职责是指质量体系文件中规定必须掌握的相关内容。工艺规程包括：工艺流程图、工艺技术指标、具体操作步骤、特殊工艺要求等。

4. 现代管理培训

将现代管理知识教育作为单独一项列入操作人员培训范围，是适应大力推广管理现代化的需要。管理培训主要围绕现代化管理思想、组织、方法等内容。在操作人员中，除普遍进行企业管理现代化和基本理论知识培训之外，还应该进行必要的现代化管理方法和有关基本管理技术的培训。在班组长和生产管理者中，进行必要的现代化管理措施和手段的基本知识教育。

操作人员培训课程体系设计应根据企业发展战略，结合操作人员的培训目标与课程重点进行设置，如表 6-8 所示。

表 6-8　操作人员的培训课程

培训项目	培训课程内容
企业概况	① 公司战略及发展前景、机构体系、运行机制、企业文化与经营理念等； ② 各分公司及销售网络、新厂建设； ③ 产品种类及销售情况； ④ 固定资产情况； ⑤ 公司各项规章制度，如安全生产管理制度、人力资源管理制度等
角色定位	操作人员的责任与角色定位
生产管理	① 生产计划管理； ② 作业环境管理； ③ 作业流程管理； ④ 生产材料管理； ⑤ 目视管理； ⑥ 看板管理
品质管理	① 质量问题的识别； ② 运用品管圈活动改进质量管理； ③ 质量改善
成本管理	成本监控与差异纠正
设备和安全管理	① 设备使用管理； ② 生产安全管理。 (1) 安全生产管理基本知识； (2) 安全生产技术管理； (3) 职业危害及其预防措施
员工素质提升	① 如何给下属布置任务？ ② 人际技巧与关系处理； ③ 员工工作态度； ④ 员工工作技能

此外，对操作人员的培训应分对象、分层次、分步骤进行不同内容的培训。员工层次

不同，培训内容的重点也不同。

对班组长的培训应注重强化组织能力、应急举措、工艺、控制指标、专业技能、安全规程的掌握和应用；对关键岗位人员的培训主要是加强轮岗性培训，并结合操作中存在的问题，有针对性地进行安全规范化的操作、岗位技能的提升和特殊技能的持证上岗培训，不断增强操作人员的实际操作能力；对基层操作人员的培训应更加注重生产工艺操作、处理异常事态、掌握专业技能、保证装置和自身工作安全等方面；对新员工的培训要将风险识别能力、自我防护能力和岗位操作技能的形成和提高作为重点。

6.4.4　操作人员的培训方法

操作人员的培训方法要不断创新形式，使培训与时俱进，让日常的技能培训和生产、安全紧密结合，着重培养团队成员理论和实践相结合的能力以及分析、处理异常问题的能力，把培养"一专多能、一工多艺"的复合型人才标准落实到培训当中。操作人员常用的培训方法有如下几种：

(1) 讲授法。由生产专家或操作技术能手讲解生产技术原理、操作知识、操作标准、质量要求、操作技巧、操作人员心态及职业素养等。成本花费较少，操作人员可获得大量理论知识。这种方法主要是培训者的单向输出，与操作人员的沟通交流较少。

(2) 短训班。以讲座的形式介绍生产技术知识，也可以是某一新工艺、新技术的短期培训。一般用于适应某一专业技术需求或为了适应新科学技术发展而提供的为期较短的培训形式。也可结合新技术、新工艺的推广应用，以及设备、工艺流程和改造情况开展专题培训。

(3) 演示法。具有丰富生产操作经验的培训师在生产现场进行生产过程中具体的操作技巧与操作规范的展示讲解和演示，操作人员进行现场模仿。这种方法比较直观，能增强生产操作人员的实践经验；但耗时长，容易造成机械模仿。在培训过程中，还可以采取各专业操作人员交叉演示培训的形式，运行操作人员给辅助车间操作人员培训工艺流程的知识，辅助车间员工为运行操作人员培训技术方面的专业知识，相互培训、共同提高，达到技能全面发展。在培训结束后，可以采取考核、技能展示比赛等方式，通过员工之间的竞争比拼，以战带训，调动他们参加培训的积极性。以班组为单位，设立小课堂、小考场，紧密结合工艺生产流程、设备操作需要，开展岗位练兵，将生产中的关键环节点、重点部位点、事故多发点、工艺控制点作为考核内容。

(4) 工作指导法。由指定人员对操作人员进行一对一指导，在工作中传授操作知识经验。这种方法虽然可在培训中较好地融合理论与实践，但所传授的知识、技能以及过程都是具体的、狭窄的、机械化的，一般用于新进生产操作人员的培训。在培训过程中，大力开展"师徒结对子"培训活动，以技术人员和技师为主体，采用"严、传、帮、带"的方式，老技工将所积累的经验毫无保留地传授给新员工，也有利于提升班组凝聚力。

(5) 多媒体教学法。以计算机为基础，综合运用图表、动画、视频等媒介具体、形象地开展操作标准培训、工艺流程培训、质量管理培训、安全教育培训等内容。这种方法受众范围较广，可供操作人员反复观看学习，节约培训时间。操作人员可以更直观、生动地接受知识、掌握技能、改善态度等；缺点是多媒体教材的标准化或同质性不能完全符合培训需求。

6.5　销售人员的培训

随着商品经济日益市场化，市场在指导企业经营的过程中处于越来越重要的地位。而销售人员是与市场直接打交道的员工，产品的功能、特色，品牌的文化与内涵等都要靠销售人员传递给客户，所以销售人员培训是十分有必要的。企业产品不同，目标顾客不同，对销售人员的素质要求也不同，企业需要根据自身情况明确对销售人员培训的目的、内容及方法。

6.5.1　销售人员概述

1. 销售人员的概念

销售人员是指在一定的经营环境中，采用适当的方法和技巧，宣传企业产品及品牌，引导潜在顾客购买本企业的产品和服务，以完成企业的销售目标的人员。销售人员包括总经理、业务经理、市场经理、区域经理、业务代表等。销售人员是销售的主体，是企业与客户沟通的桥梁。按照不同的分类标准，可将销售人员划分为不同的种类。

2. 销售人员的类型

1) 根据销售职责分类

销售职责包括从最简单的到最复杂的所有销售活动，简单的销售活动只需要销售人员保持现有客户并接受客户的订单，创造性的销售活动则要求销售人员寻找潜在客户并使之成为企业的客户。根据销售职责可以将销售人员划分为五类：

(1) 简单送货型销售人员：主要负责把客户已购买的产品发送给客户；

(2) 简单接单型销售人员：主要负责把客户的订单转交给企业的生产部门；

(3) 客户关系型销售人员：主要负责在客户中间建立起良好的声誉，使客户满意；

(4) 技术型销售人员：主要负责向客户提供技术方面的服务，提高客户的忠诚度；

(5) 创造型销售人员：主要负责寻找产品的潜在客户，并把他们转变为企业的实际客户。

2) 根据在商品流通链中的位置分类

按照销售人员在商品流通链中所处的位置可以将销售人员分为厂家销售人员和商家销售人员。厂家销售人员不直接面对消费者，而是面对商家、面对经销商，其主要工作内容是客户管理，开发新客户和维系老客户，规范价格，维护市场；商家销售人员则直接面对顾客，进行店面管理和现场管理。

3. 销售人员的工作特点

销售人员作为企业员工中相对独立的一个群体，有以下特点：

(1) 工作难以监督。销售人员独立开展销售工作，工作时间较为自由，一般是单独行动。管理人员不能保证全面监督销售人员的行为，销售人员的工作绩效在很大程度上取决于销售人员愿意怎样付出劳动，很难用死板的硬性规定来约束销售人员的行为。用科学有效的绩效考核制度指导销售人员从事销售活动，更能规范销售人员的行为，使销售人员全身心地投入到销售工作中，提高工作效率。

(2) 工作业绩不稳定。销售人员的工作业绩受多方面因素的影响，如社会政治环境、社会舆论、流行趋势、季节变化、消费者心理等。这些因素都会影响客户的购买能力或购买需求，从而影响销售人员的工作业绩。某种程度上说，销售人员的工作业绩具有不可控性，非常不稳定。

(3) 不太追求稳定的工作环境。销售人员由于工作的不稳定性，经常想跳槽以改变自己的工作环境。另一方面，他们也试图通过不断的跳槽来找到最适合自己的工作，从而使自己对未来的职业生涯有所规划。

4. 销售人员的工作要求

(1) 在知识层面，要求他们了解每款商品的特性知识，掌握所要销售商品的介绍方法；在与客户沟通的过程中要具备能够为其提供正确服务的相关理论知识；了解市场上竞争对手的同类商品，分析本公司商品的优势和劣势；掌握商品分类及陈列知识；了解本行业市场供求情况，掌握行业专业术语。

(2) 在技能层面，要求他们具备良好的沟通能力，提高新员工所需要的相关销售技术及销售服务技巧；能够明确产品所面对的消费人群，了解顾客特性与购买心理；积极主动地向他人推荐自己的产品，让潜在顾客变为实际顾客；能够分析产品在同类产品中的优势和劣势以及产品在市场上的供求情况。

6.5.2　销售人员培训的目的与作用

1. 销售人员培训的目的

1) 销售人员培训的总目标

销售人员培训的总目标是提高销售人员的整体素质和销售技能，增加销售人员对企业的了解和信任，激发销售人员的潜能，提高销售人员的自信心，从而提高销售人员的业绩，提高企业的销售额和市场占有率，达成企业的市场目标，实现企业的经营业绩。

2) 销售人员培训的基本目标

(1) 通过培训掌握基本的销售理论和销售技巧，即员工从事岗位所需要的基础知识和技能，使员工胜任工作；

(2) 增加销售人员的产品知识、行业知识，使销售人员了解如何更好地利用现有信息进行销售工作；

(3) 提高销售人员的自信心，帮助他们树立积极心态，对销售工作充满信心，降低离职率；

(4) 提高销售人员解决实际问题的能力，包括心理素质、理解能力、判断能力、创造能力、组织能力和协调能力等；

(5) 增强销售人员的目标管理和团队合作意识，灌输企业文化理念，凝聚共同理想；

(6) 改善顾客关系，提高销售人员与顾客建立长久业务关系的意识和能力；

(7) 通过培训发挥人力资源潜能，提高销售效率，降低成本。

2. 销售人员培训的作用

(1) 销售培训是企业发展的必然要求。培训的目的就是为了在激烈的竞争中保持人才优势，为提高企业的核心竞争力提供人力资源保证。而现代人力资源理论认为，企业员工的智力、技能、经验与品质是企业人力资源质量的重要组成部分。员工很大程度上代表了企业形象，提高员工的智力水平、专业技能、道德品质，已经成为企业生存和发展的关键所在。

（2）销售培训有助于销售人员发展。销售培训能够提升销售人员的知识、技能乃至整体素质，从而改变或加强其行为，使之能更有效地实现工作目标。销售人员接受培训之后往往能完成他们在一般情况下无法完成的工作，或者取得更高的效率。销售人员从中获得的往往不仅是进行销售工作的相关知识和技能，同时还包括企业的文化、理念、组织结构和独特的运作模式，由此也能加强企业文化认同感，极大影响销售队伍的文化建设，同时对销售人员角色认同感的建立起到至关重要的作用。此外，如果销售培训比较出色，也能够鼓舞士气，提高员工的工作满意度，可以说实现企业和销售员工的双赢。

（3）销售培训能给企业带来利益。对企业而言，销售培训甚至可被视为一项有效的投资。销售培训的终极目标是增加利润，通过销售人员技能的提升可以显而易见地做到这一点。同时，就长期而言，销售培训能改善顾客关系、减少销售人员流动率，同时实现更好的销售控制。因此，销售培训是企业应对市场竞争、获得竞争优势的必然要求，也对企业和销售人员自身具有至关重要的意义。

6.5.3　销售人员的培训内容

企业通过有计划、有针对性的培训可以逐步提高销售人员的销售技能和整体素质，让其对企业增加了解和信任的同时，激发出潜能，提高自信心。销售培训是一个系统工程，销售培训的内容涉及面较广，一般包括工作态度、知识、技能、销售技巧三个方面。在企业销售培训实际工作中，培训的内容是根据工作的需要和受训人员的素质而定。

1. 工作态度培训

工作态度包括：对企业方针及经营者的态度，对上司、前辈的态度，对同僚的态度，对客户的态度，对工作的态度。

企业应让销售人员全面了解销售的性质和重要性，使一些销售人员走出对销售工作的理解误区，纠正对销售和培训不准确的看法。比如，有些人认为销售人员的销售能力是天生的，任何销售培训都是在浪费时间。

销售人员必须认识到他们自身对企业的重要性。销售人员是与顾客沟通的主要纽带，为企业带来直接利益。如果没有很好地与顾客沟通，失去销售创造的收入，企业将会受到重创。

2. 知识培训

1）企业知识

企业知识的培训主要是针对新招聘的销售人员而言的。了解企业历史、文化、规章制度、远景规划，认清企业现有的地位和发展目标、组织结构、财务状况，了解本企业的公共关系策略以及其他有关政策，从而尽快消除陌生感，提高销售信心。

2）产品知识

销售人员必须对本企业的产品有全面深刻的了解。产品知识培训可能涉及企业所有产品线、品牌、产品属性、设计制造过程、产品用途、产品结构，产品质量，使用材料、产品的包装、产品价格、产品损坏的普遍原因及其简易维护，修理方法等。全面掌握产品知识，就能准确地向客户说明本企业的产品能满足他们哪些方面的需求，熟练地解释和回答有关产品方面的疑问，实事求是地把竞争者的产品同本企业的产品进行比较，从而提高客户对产品的购买兴趣。同时，销售人员应该像了解自己的产品一样，去了解竞争对手的产品。对竞争产品的细致了解，可以使销售人员设计出突显自己产品、优于对手产品的销售策略。

3) 市场知识

销售人员应当对整个行业市场的整体情况及变化规律有较深入的了解，包括以下几个方面：

(1) 产品价格。现有产品的价格可能会由于季节性因素和促销型打折而经常发生变化，因此销售人员不仅要了解业内各种类型产品的市场价格，而且要了解价格背后的成本结构和定价策略。同时，销售人员要积极关注新产品的信息，留心价格的变化。

(2) 广告和促销。销售人员必须关注公司的广告和促销活动，随时更新自己的销售信息库，如果能为客户提供一些新近的促销信息或者对方感兴趣的宣传活动，对最终的成交也有所帮助。

(3) 分销渠道。销售人员必须了解公司所使用的分销渠道组合与结构，并进一步地了解每一个渠道成员。重要信息包括：渠道成员所经营的产品类型、结构；通常的购买数量和变化规律；进货习惯；通常会见销售人员的时间；个人爱好和重要的生活习惯等。此外，重要信息还包括行业发展水平、特点和趋势、竞争情况等。

熟悉本企业商品的市场占有状况及市场开发战略，了解顾客在经济高涨和经济衰退时期的不同购买模式和特征。掌握市场的分布及其容量、潜力、特点和企业在相关市场的强弱分布；主要竞争对手及其分布，竞争对手的产品、价格、品牌、促销手段及其他销售政策、策略，分析本企业与竞争对手相比的优劣势。

4) 客户管理知识

在竞争环境中，销售人员必须以顾客为导向。每个客户的重点和问题都不相同，销售人员要能够识别它们并做出相应的反应。要研究顾客类型、购买心理过程，学习如何鉴别和满足不同类型顾客的要求。另外，要掌握本企业客户的基本情况，如客户的地区分布、采购政策、购买动机和模式、经济收入以及习惯偏好。需要培训的内容有：如何寻觅、选择及评价未来的客户；如何获得约定、确定日程；如何做准备及注意时效；如何明了有关经销商的职能、问题、成本及利益；如何与客户建立持久的业务关系；客户的消费行为特点等。

5) 法律知识

市场经济是法制经济，销售人员要顺利完成推销任务，必须了解有关的法律法规，如《中华人民共和国经济合同法》《中华人民共和国产品质量法》《中华人民共和国商标法》《中华人民共和国专利法》《中华人民共和国反不正当竞争法》《中华人民共和国税法》等，依据法律法规办事，同时懂得用法律来维护自身的利益。

6) 技术知识

尤其是电脑操作技术，对销售人员而言正在变得越来越重要，它能够协助销售人员将传统的销售活动进行拓展，并大大提高效率。为销售人员提供电脑使用技能培训，能协助销售人员更有效地管理销售线索，实现更方便精准的后续跟踪服务，从而与客户建立更为密切、实时的联系；能协助改进销售计划的安排，帮助销售人员监控、调整自己的工作安排；有助于销售人员以更多样化、更吸引人的方式进行销售展示，还能提高工作效率。

7）岗位知识

岗位知识主要包括岗位职能、本部门在组织结构中的作用和地位以及跨部门合作情况、本部门结构和设置、岗位文化、职业道德等和本岗位相关的众多内容。

3. 销售技巧培训

销售技巧培训是一项关键的培训内容，在整个销售工作中是至关重要的，它关系着一个销售人员是否能把自己的产品和其他相关知识以适当的方式清晰地传递给客户，并帮助客户从中找到自己的利益。通过销售技巧培训，销售人员要掌握推销时的仪表和态度、应具备的服务精神和工作技能。

(1) 识别潜在客户。识别潜在客户是销售人员进行客户开发的重要工作。要善于通过现有客户、商业会议、各种联谊会、报刊甚至电话簿捕捉信息。

(2) 准备访问。在识别出潜在客户后，就要确定访问的目标客户，尽可能多地收集目标客户的情况，并有针对性地拟定访问时间、方法及销售策略。

(3) 初访和再访。如何把握访问时的举止言行，如何建立顾客对你的认同和好感。

(4) 展示与介绍产品。如何利用实物对顾客进行说明，如何才能引起顾客的注意，激发购买欲望，最后使之付诸购买行动。

(5) 应对反对意见。销售人员在向顾客介绍和推销产品时，顾客一般会提出一些价格异议、产品异议、需求异议，甚至会提出反对意见，这时销售人员就要掌握如何排解异议，引导顾客情绪的技巧。

(6) 达成交易。销售人员需要把握如何判断交易时机的技巧。他们必须懂得如何从客户的语言、动作和提出的问题中发现可以达成交易的信号。

(7) 后续工作。交易达成后，销售人员就应集中精力履行合同，保证按时、保质、按量交货，并就产品的安装、使用、保养、维修等进行指导。

销售技巧的培训主要包括说服性沟通和销售过程两部分。任何一个销售培训程序都应该包括一些最主要、最基本的说服性沟通技能，如向潜在客户说明产品能给客户带来的收益而非简单描述其特点、功能。学习肢体语言，学会识别购买者肢体动作所传达的信息以及如何通过肢体语言向客户传达积极的信号。培养提问和调查的能力，并且学会倾听。在销售展示过程中，应学会使用视听辅助手段、情景模仿或者图形等多样化、容易令人兴趣盎然的方法。

6.5.4　销售人员的培训方法

针对销售人员的培训，企业可以使用的培训方法很多，可以根据其培训目标和企业所处的内外部环境来选择恰当的培训方法。美国学者 Robert E. Kite 和 Wesley J. Johnston 将培训方法分为以下四类：第一类是向销售人员集体传授信息的方法，如讲授法、示范法等；第二类是销售人员集体参与的方法，如销售会议法、角色扮演法、案例研讨法等；第三类是向销售人员个人传授信息的方法，如销售手册、函授、销售简报等；第四类是销售人员个人参与的方法，如岗位培训法、计划指导法、岗位轮换法等，如表 6-9 所示。

表 6-9　销售人员的培训方法

培训方法	传授信息	销售人员参与
集体指导	讲授法、示范法	销售会议、案例研讨、角色扮演、户外拓展
个人指导	销售手册、销售简报、函授	岗位培训法、计划指导法、岗位轮换法

在企业销售培训中应用比较广泛的方法有以下几种：

(1) 讲授法。讲授法是具有代表性的，也是企业最广泛使用的方法。这种培训方法的费用较低，但与销售人员的沟通多为单向沟通，不能及时得到销售人员的反馈和讨论；培训过程中，培训师不能考虑到销售人员的个体差异。此法最适用于有明确资料做内容的培训，可以作为一个基础，配合其他培训方法对销售人员进行培训。

(2) 销售会议法。销售会议法是一个双向沟通的过程，培训师可以根据销售人员的表现来了解他们的培训情况。具体是在每次会议的议题中插入销售培训的内容，提出销售工作中遇到的问题，由参会的销售人员和新员工进行互动讨论，取长补短，既可以提高销售会议的质量，又可以帮助销售人员进步。销售会议又包括许多种类，如感化会议、质疑会议、讨论会议、产品会议等。

(3) 案例研讨法。案例研讨法是通过模拟某种业务情景，在培训师和受训销售人员的演绎下，可以观察销售人员现场分析问题和解决问题的能力，多涉及头脑风暴法，激发销售人员的创造性和领悟能力。这种方法后发展为业务游戏法和示范法两种。

(4) 角色扮演法。角色扮演法是培训师安排受训销售人员分别扮演客户及销售人员，模拟实际销售过程发生的状况。这种方法使销售人员真正站在自己扮演的角色的角度思考，更能锻炼销售人员的临场发挥能力，理解客户想法，更出色地完成销售任务。

(5) 岗位培训法。岗位培训法是指在销售实际岗位中，锻炼和磨砺新学员在实际工作中处理问题的工作能力。它的优点在于适用于各种类型的销售部门，不需要培训工具和预算，可以尽快发现销售人员出现的问题，帮助他们尽快提升业务素质。

6.6　核心员工的培训

人力资本是推动现代经济增长的第一因素，而那些拥有职业化技能，掌握企业核心技术，控制企业关键资源，对支撑企业发展不可或缺的核心员工更是支持企业获取持续竞争优势、获得长期成功的中坚力量和核心资本。因此，加强核心员工培训，培养有高超技艺和精湛技能的核心人才，是增强核心竞争力和自主创新能力、建设创新型企业的重要途径。

6.6.1　核心员工的特征

多数学者将企业中掌握核心技术、从事核心业务、担任关键职务、掌握关键技术的人员视为核心员工，他们通常拥有丰富的行业经验，高超的专业技能、管理能力或广泛的外部关系、具有创新精神，是企业价值创造的源泉。从所担任的职责以及对企业的贡献角度来看，核心员工应该是那些从事技术创新与研发、经营成本控制、产品质量、产品销售、客户满意以及人员配置与建设等与企业经营效益直接关联且具有重要性的岗位人。集中体现为经过较长时间的教育和培训，有较高的专业技术和技能、经营管理才能，或本行业内具有丰富从业经验的高层主管和技术专才。这些员工的工作成果对企业经营的成功具有重要的影响，在企业战略实现、财富创造方面发挥着不可替代的作用。

核心员工具有以下特征：

(1) 稀缺性。一方面，核心员工经过长期学习和实践锻炼后拥有精湛的专业技术、丰富的管理经验、较高的个人素质与能力等，在人力资本市场中较为稀缺。另一方面，核心员工符合管理学中的"80/20 定律"，即企业中 20%左右的核心员工为企业创造了 80%以上的效益和利润，是企业的灵魂和骨干。他们在企业中处于关键位置，掌握着企业的核心技术和业务，以及大量的市场资源、人脉资源等，在生产经营过程中有一定程度上的"不可替代性"。这种"稀缺人力资源价值"是公司可持续发展的市场基础。

(2) 高价值性。从知识、能力、人脉等方面来看，核心员工不仅自身价值较高，而且能够高效地为企业创造丰厚的利润和价值。

(3) 高层次需求性。需求层次中的精神层面，包括学习需求、增值需求、自我实现需求、成长与发展需求等，是核心员工更关注的层面。核心员工的认知层次较高、创新意识较强，自我成长、自我实现的愿望更强烈。核心员工在工作中不仅追求物质需求的满足，更重要的是能否挖掘潜能、发挥专长、实现自身价值。

(4) 高流动性。由于核心员工拥有丰富的资源、具备较高层次的能力素质，在企业发展中发挥着中流砥柱的作用，他们是企业竞争对手之间争夺的重要资源。此外，核心员工更关注专业领域的发展和个人价值的实现，如果企业不能够为其提供发展空间或成长机会，便面临流失核心员工的风险。

6.6.2　核心员工培训的目的与作用

1. 核心员工的培训目的

(1) 为企业的持续发展提供必要的人力支持。

培训是促使核心员工更出色地完成工作，提高工作效率的重要手段，更是改变核心员工工作态度、激发他们的创造力和潜能的有效方式。在培训时，学习到的知识在实际工作过程中反复实践并持续提升，促使员工进而持续改善自己的工作，为不断提升企业效益提供人才保障，同时可为企业在市场拓展、新产品开发等方面提供必要的人才储备。

(2) 减少核心员工的流失率。

员工流失是不可避免的，但核心员工的跳槽往往让企业蒙受巨大损失。通过培训增强核心员工的认同感，提高他们对企业的忠诚度，帮助企业留住人才，建立共同的价值观念、企业目标，提高核心员工凝聚力，自觉地把自己的智慧和力量汇聚到企业的整体目标上，把个人的行为统一于企业行为的共同方向上，从而凝结成推动企业发展的巨大动力。

(3) 为核心员工的职业发展加油充电。

随着技术的进步和知识的更新，核心员工都面临不进则退的竞争压力，培训是他们进行充电的良机。核心员工本身起点较高，接受新知识、新观念、新思维的愿望也更加迫切，按照核心员工实际需求设置课程，制订有特色的培训方案，提供相应的知识与技能，为他们职业生涯的发展提供了强劲动力。

(4) 提高客户的满意度。

企业只有让员工满意，才能让客户满意。通过培训有效地满足核心员工的自身发展需求，使他们能更好地面向客户完成工作，从而提高客户的满意度。

2. 核心员工的培训作用

在一个以知识和智慧为主导的全新经济时代，知识的更新越来越快，核心员工在工作岗位上受到的挑战越来越多，对学习的需求也越来越强烈。培训意味着为自身能力和素质的提高、自身人力资本的增值以及将来更好的发展提供机会和条件，因此培训对核心员工个人发展具有重要作用。

(1) 通过培训使核心员工掌握新的学习能力，在态度、技能、行为等方面更具竞争力，为核心员工人力资本增值提供智力支持。

(2) 通过培训满足核心员工个体发展和成长的需求，为核心员工自我实现提供精神动力。

通过发挥核心员工培训的作用，企业在日趋激烈的市场竞争中才能吸引和占据核心人力资源，为实现企业战略目标提供强大的人才动力。对企业核心员工培训——这种高承诺人力资源策略将吸引员工在企业中，承担起责任、学会团队合作和寻求成长的机会。

企业在建立之后，持续经营成为其首要的任务。核心员工的素质水平对企业的持续生存起决定作用。核心员工是企业立足于激烈市场竞争的源泉和动力，在市场竞争中，科学合理的培训计划给企业和核心员工提供了互利互赢、相得益彰的平台。就企业总体而言，企业通过培训核心员工获得的收益可以分为短期收益和长期收益、有形收益和无形收益。企业在短期内得到的收益，如生产率的提高、销售额的增加、错误的减少等；长期收益如客户的维持及满意度提高、核心员工离职率的减少等，这需要通过一个较长的时间才能表现出来。有形收益是指企业的现实收益如销售额的增加、核心员工离职率的减少等；无形收益如企业商誉的提高、核心员工忠诚度的增强等能为企业带来潜在的收益。

6.6.3　核心员工的培训内容

根据学习内容与学习过程的不同特点，可以把核心员工的培训内容分为知识技能、个人素质能力、态度与心理培训三种类型如图 6-3 所示。

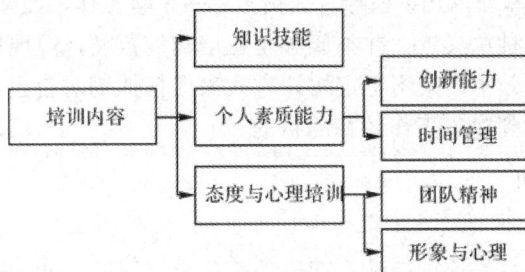

图 6-3　核心员工的培训内容

1. 知识技能培训

知识技能培训的目的是使核心员工与岗位要求更加匹配，使其能够更高效地完成本岗位的工作。针对核心员工的业务工作能力而采用的提高该岗位所需知识技能的培训，是现代企业培训体系中最基本的培训内容。要求员工学习岗位必备知识和工具、处理和解决工作中实际问题的技巧与能力，提高工作效率。对于企业来说，在如今的信息经济时代，信息技术的变化日新月异，企业想在竞争中保留优势地位，就必须不断更新核心员工的专业知识、提升技术创新能力。对于核心员工本身来说，"不断学习、终身学习"是他们的学习宗旨。

要在变幻莫测的市场中保持竞争力，企业所提供的产品与服务必须有别于市场上的其他企业。当一种新技术、新产品、新商业模式出现时，员工必须接受特定知识技能的培训，企业才能提供独特的产品与服务，知识技能培训是确保企业成功的要素。

知识技能培训以企业内训为主，通常由本企业资深员工作为培训师，教材以自编或操作性实践的形式为主，采用在职培训的形式。

2. 个人素质能力培训

(1) 创新能力培训。

创新能力培训在于提高核心员工开拓新思想、打破常规、勇于创新的能力，目的是使员工能够创造性开展本职工作，从而促进整个企业核心创新能力的培养。

创新能力被认为是现代企业生存和发展的最核心的能力，如果一个企业创新能力不足，即失去企业参与市场激烈竞争、持续成长的力量。员工的创新能力是企业获得核心竞争力的源泉，员工的创新意识和开拓精神对企业自主创新能力的形成有重要的作用。其中，核心员工即企业决策层、管理层和核心技术人员的创新能力尤为重要。

创新能力培训不同于其他知识、技能的培训，培训的主题、任务和结果都很明确，授课有针对性。创新能力培训着重提高员工的思维能力和基本素质，很难量化成为各种指标。创新能力培训多集中在企业的管理层和技术人员，其培训方式以外部培训为主，走出去的培训可以很大程度上避免企业内部培训的近亲繁殖现象，有助于突破固有思维方式，接受新观点，产生新想法。

(2) 时间管理培训。

时间管理培训旨在提高个人时间观念和工作效率，与团队精神培训的集体性活动正相反，基本上是以改善个人行为为主要培训目的的培训活动。

有效使用好时间和提高个人工作效率，对组织或个人来说都是极力要追求的目标。但是，每个人工作时更多受工作惯性的影响，往往在不知不觉中无为地丧失工作效率。鉴于此，企业需要通过科学的分析和理论知识引导，让员工更了解工作，改变观念，提高效率。

时间管理培训从某种意义上，并不属于企业培训的范畴，但现代企业为了提高组织中关键或主要员工的工作效率，采用特定培训方式来促使他们对自己进行剖析，使自己认识到在工作上的瓶颈，达到提高工作效率的目的。

3. 态度与心理培训

(1) 团队精神培训。

团队精神培训是通过集体性活动，使培训者在共同生活、共同学习、协同解决问题的过程中提高员工对集体的认知程度，从而达到提高团队凝聚力的培训活动。

团队精神在近年来越来越受到企业经营者的重视，团队工作的方式也几乎为所有的企业所接受。团队精神培训几乎没有职位的限制，只要可能，在一起工作学习的员工和管理者都可以同时进行团队精神培训。也有很多企业在新员工进入企业之前，先进行团队精神培训，把它作为岗前培训的一部分。对于核心员工来说，他们的工作也离不开团队的支持和配合，企业核心团队的合作精神培训是十分有必要的。团队精神培训的表现形式有很多，主要有挑战训练、团队组织活动、建立学习型组织、在企业内部建立非正式组织等。

(2) 形象与心理培训。

形象与心理培训是为了保证企业和员工外在和内在的健康而进行的培训活动，是目前企业培训体系中较为热点的培训内容。形象培训有多种作用。① 核心员工由于占据着企业的关键岗位，需要企业文化的认同。通过形象培训使企业文化逐渐内化于核心员工思想深处，产生对组织极强的认同感。② 使核心员工的全面服务意识加深，形象本身就代表了企业对客户的尊重和自尊。③ 清晰界定本企业在行业中与其他企业的不同，差异带来竞争优势，带来更多效益。因此，形象培训就是企业核心竞争力培训。

心理培训是关于调整心态、提高承受心理压力的一种培训。基于核心员工的心理素质需要提升、企业管理者与核心员工间的人性化沟通需要更多的关注，有必要在核心员工管理中引入心理学方法，心理培训是最直接有效的途径。心理培训的主要目标是协助核心员工设立管理的工作目标。核心员工人际关系障碍的突破，可以提高核心员工协同作用的层次。核心员工的心理素质以及人际沟通能力的提高，通过开展户外拓展训练等来激发核心员工，帮助他们调节体力、智力和心力，调适品性与态度、调整行为、达到目标，使他们在工作中处于健康的心理状态。心理培训是集培训、启发、疏导、辅导四种功能于一体，将人力资源最大限度地发掘和转化为现实生产力的有效工具。

6.6.4　核心员工的培训方法

企业在培训核心员工中最常用的、具有普适性的培训方法大致包括传统教学法、案例研究法、情景模拟法、行为学习法、经营管理游戏网络模拟法等，如表 6-10 所示。

表 6-10　核心员工的培训方法

培训方法	具 体 内 容
传统教学法	通过讲座、录像、幻灯片和其他视听媒介，向受训者传授培训内容，是企业实际培训中应用最多的、操作最简便的培训方法。它的好处是便于大规模传授知识信息，但在单向传递信息中，受训者往往处于很被动的状态，而且难以有具体操作实感
案例研究法	在培训过程中，参与者就某个工作或生产经营问题提出书面报告，描述问题状况，分析根源所在以及提出自己关于解决问题的对策建议，并在与其他受训者相互讨论中进一步剖析和挖掘案例的深刻内涵和意义，以提高其综合分析、探索创新及研究评价的能力
情景模拟法	模拟现实中的工作片段或处境，让受训者进入工作状态，使他在一个可控制的无风险环境下实际体验行为过程及后果，以提高其操作或管理技能
行为学习法	向受训者展示一个行为范式，扮演模拟情景中的行为角色，让受训者在相同情景中模仿关键行为
经营管理游戏	主要针对经营管理人员的团队培训方法。一般将受训者分成若干经营管理小组，让他们模拟真实的生产经营单位或公司进行竞争，做出有关经营管理方面的决策，并允许他们有各自的博弈对策行为，以提高受训者的领导能力、培养其团队合作和创新开拓精神
网络模拟法	借助多媒体和互联网络技术提供的互动性和虚拟化情景来进行模拟培训

随着计算机和互联网的普及，一些新兴的培训方法，如计算机辅助学习、网络学习、多媒体远程培训等开始为企业所采用。不过应用新兴技术的培训对培训设施、师资、受训者要求较高，企业可根据实际情况有选择地加以运用。例如，构建多元化学习平台，搭建在线学习平台，进一步完善和丰富员工培训学习的方式，方便员工利用碎片化的时间随时随地、及时有效地进行学习，更好地平衡了工作与学习，帮助员工解决"工学矛盾"。通过后台学员管理、课程管理、课程进度管理及课程考试管理等，满足公司对培训管理的需求。E-learning自助式培训方法通过互联网提供互动式的沟通机制，进行教学和提供相关服务。E-learning相对于传统培训方式，不容易受到时间、地点和环境等因素的影响，具有学习时间的选择随意性、培训地点的不固定性以及学习的及时性等特点，而且能够节约企业培训成本、节约物力和人力，是现今高新技术企业培训的良好选择。

此外，还需不断创新改革企业核心员工培训方法，通过多样性、层次性的培训方法满足企业核心员工的多样化需求。例如，对核心员工制定一套多岗位挂职锻炼的机制，培养复合型人才；沙龙法：积极寻求一个适宜的场所，举办形式多样、轻松活泼的学习活动；讨论式法：组织企业核心员工针对工作中遇到的难题，开展专题讨论，或通过头脑风暴的方式共同思考、相互启发，从而引发创意；主讲式：邀请技术骨干、有经验的员工组织课题分享；激励法：对于培训成绩优异的受训人员予以相对应的奖励，并与表彰、晋升、薪酬调整等挂钩；代理式培训与体验式培训的有机结合。代理式培训对于编码化的显性知识(如书籍、程序、原理、图像音像等)最有效最直接。代理式培训有助于核心员工快速掌握新的理论、企业政策和其他显性的知识。体验式培训直接促使员工通过自己的活动和体验来感受、理解、思考所要学习的问题，以达到"知行合一"的效果。

◆　思考与复习　◆

1. 不同层次管理人员的培训内容的重点是什么？分别适合用哪些培训方法？
2. 新员工入职培训包括哪些内容？
3. 技术人员的培训重点是什么？
4. 操作人员的培训特点是什么？可以采用什么培训方法？
5. 销售人员需要培训什么内容？对企业和员工自身产生什么样的作用？
6. 与其他员工相比，核心员工有哪些特征？培训时需要注意哪些方面？

◆　案例讨论　◆

M公司培训案例分析

M公司创建于1996年，地处西北地区的中心城市西安，是一家专注于医药健康产业的民营高科技企业。其业务范围包括：医药科技、医药原料、药物合成。在微乳及脂质体等制剂技术领域有较大优势，特别是脂质体技术，达到世界领先水平。

该企业拥有一支以数名博士、教授为主体的高科技科研队伍，并与加拿大UBC大学、美国多家研究机构及国内科研机构建立了紧密的技术合作关系，公司从 2003 年 11 月到 2006 年 4 月共有氟哌利多、氯化琥珀胆碱、丙泊酚、葡甲胺、泛影酸、盐酸多沙普仑、盐酸川芎嗪、盐酸索他洛尔、盐酸氯己啶、醋酸氯己啶、盐酸布比卡因、羟丁酸钠、盐酸托哌酮、尼可地尔等 14 个产品通过了 GMP 认证，并且获得 GMP 证书。美托拉腙、氟哌利多等产品在 2000 年 3 月通过了美国 FDA 检查。根据 ICH 及《药品生产管理规范》要求，M 公司原料厂能进行各种化学原料药及中间体的生产。

1. M 公司人力资源基本情况(如表 6-11、表 6-12 和表 6-13 所示)

表 6-11　M 公司人员年龄结构

合计(人)	50 岁以上	40～49 岁	30～39 岁	30 岁以下
422	19	57	140	206
占比	4.5%	13.5%	33.2%	48.8%

表 6-12　M 公司人员学历结构

类型	博士	硕士	本科	大专	高中	中专	其他
管理人员	2	1	23	3	0	0	0
专业技术人员	3	10	26	16	3	0	0
销售人员	0	1	33	62	6	15	2
操作人员	0	0	9	31	42	72	11
服务人员	0	0	0	3	6	27	15
总计	5	12	91	115	57	114	28

表 6-13　M 公司管理及专业技术人员职称结构

类型	高级工程师	中级工程师	助理工程师	其他
管理人员	2	18	8	1
专业技术人员	4	28	14	12
总计	6	47	22	13
百分比	6.8%	53.4%	25%	14.8%

2. M 公司培训体系现状

(1) 新员工入职教育培训。

一般是在新员工报到后一周的时间里，由公司安排如下两方面内容的培训。首先是由管理者和人力资源部门对新员工进行认知培训，这主要包括企业概况、企业制度、员工守则、企业文化宣讲等内容，学习的方式实行集中培训。接下来，结合新员工将上任的工作岗位而进行的专业技能培训即由技能熟练的老员工对相应岗位的新人进行指导。培训的形式比较单一，而且由于老员工的技术水平也不大一致且没有相应的培训计划，因此对于新人的技术培训，不同的人可能培训的内容大不相同，从而造成培训效果大打折扣。

(2) 在职培训。

在职培训是结合员工所从事的工作需要，主要对其进行以岗位和专业为主的培训。这一类的培训，目前仍以讲课为主，重知识传授，轻技能训练，课堂的单向教学方式难以达到互动，同时此类培训流于形式，缺乏整体性和系统性。而且员工在职培训缺乏培训激励机制，一方面由于在职培训没有正规学历，另一方面接受在职培训又与劳动报酬不挂钩，因此员工接受在职培训的积极性不高，从而失去学习的积极性。

(3) 特殊培训。

特殊培训包括出国培训、在职研究生(博士)学习、其他公司认为有必要的研修或者培训项目这几部分。在资料分析中，发现公司在选拔人员进行培训时，没有一个统一的制度和标准，盲目性、随意性较大。而且对于 30 岁以下，这批青年职工的培训不够重视，这对于提高企业的学历结构，更新职工的专业知识技能起到阻碍的作用，不利于企业未来发展，从而导致近几年员工流失现象大幅增加，具体如表 6-14 所示。

表 6-14　M 公司培训体系资源分析

潜在的资源优势	潜在的资源缺陷
有完善的企业文化和核心领导团队	培训制度不健全，没有完善的培训体系
企业对发展战略重视	没有长期的培训计划
聚集了一批比较优秀的技术开发、生产营销和管理人才	缺乏高素质培训人员
企业重视员工培训	缺乏适合企业发展的有效培训激励体系
员工接受新知识、新技能能力强	培训效果评估不全面
企业面临的潜在的机会	危机企业的外部威胁
中国医药市场巨大的发展前景	国内医药行业的无序竞争
国家加强了对医药市场的整顿，市场趋于理性	医药企业普遍认识到培训的重要性，加强对医药代表的培训工作，一些企业开始结合自己的发展战略规划进行高级别的培训
培训机构越来越多	研发经费大幅上涨，技术开发成本过高，员工培训成本也相应增大
培训市场越来越规范	人才流失现象大幅增加

根据案例回答下列问题：

(1) M 公司人力资源培训体系在管理员工、新员工、技术人员、操作人员、销售人员、核心员工的培训方面存在的问题。

(2) M 公司在各类员工培训过程中存在问题的原因是什么？

(3) 通过分析 M 公司资源优劣势，如何对各类员工培训方面的不足进行再设计？

◆　　培 训 游 戏　　◆

海上救生

游戏类型：培训管理人员和/或技术人员决策能力

活动形式：全体参与

所需时间：40分钟到50分钟

场地要求：宽敞的会议室

所需材料：白板

活动目的

1. 让学员领会团队组织技巧。
2. 让学员领会团队决策技巧。

操作步骤

1. 培训师给大家讲一个情景：一艘在海洋上航行的轮船不幸触礁，还有20分钟就要沉没了。船上有16个人，可唯一的一只救生小船上只能载6个人。

2. 培训师提出问题，问受训者：哪6个人应上救生船呢？

3. 培训师展示如下的附表，要求受训者给附表中的16个人排序。即首先应获救的为1号，其次为2号……应放在最后考虑的人为16号。

4. 培训师告诉受训者，当个人选择结束时，将个人的选择顺序放在个人顺序那一栏内，个人有5分钟的时间；将小组顺序放在小组顺序那一栏内，小组讨论时间有20分钟，小组必须意见统一。

附表

船长	男	45岁
船员甲	男	30岁
船员乙	男	28岁
船员丙	男	23岁
副省长	男	62岁
副县长	女	39岁
副县长的儿子	男	12岁
海洋学家	男	52岁
生物学家	女	33岁
生物学家的女儿	女	3岁
公安人员甲	男	40岁
公安人员乙	女	34岁
罪犯(孕妇)	女	29岁
医生	男	44岁
护士	女	23岁
因公负伤的重病人(昏迷)	男	26岁

提示

1. 每人在5分钟内作出决定。
2. 小组在20分钟内作出决定。

3. 小组意见必须统一。

相关讨论

1. 为什么有的小组直到船沉还没有达成统一意见？
2. 你们组是否缺少领导者？
3. 你们组是否有统一的原则？
4. 你们小组成员是否懂得妥协？

第 7 章　培训效果评估

学习要点

➢ 人力资源培训效果评估的内涵

➢ 评估培训效果的重要性

➢ 柯克帕特里克、CIRO、CIPP 和菲利普斯的培训效果评估模型

➢ 培训效果评估中的主要方法与实验设计

➢ 培训效果评估的财务模式

导读资料

培训的费用构成

任何一个企业要进行培训，首先需要了解的问题是：培训的费用构成是什么？培训的收益到底又包含什么？在选择培训课程时，一项 800 美元的课程和一项 1200 美元的课程到底有什么区别呢？这些是困扰许多企业的问题。下面我们以一个美国高科技产业公司为例来解答这个问题。

公司为一个销售人员一天支付多少开销？

首先我们分析一个职业销售人员一年的真正开销：平均薪水加上该领域的福利，一个销售人员的收入大约是 1900 美元，这包括薪水、保险、股票、税金和其他州级、政府级的费用。除此之外，还有间接开销包括：汽车、保险、房屋、其他供应品、必需品、商务旅行以及娱乐。再加上公司招聘费用、培训和岗位调整的开销。这几项合计起来，一年还有 4000 美元的开销。

与销售人员相关的还有一块很大的费用是技术支持部门的巨大开销。我们所共事的大多数公司都有技术支持部门(设计、系统工程、技术咨询等)，因为他们的客户有很少或没有这方面的支持。这些部门的支出在许多情况下只是销售成本的部分。大多数的客户同意一年用于支付一个工程师的费用超过 200 000 美元。假设其开销的四分之一列支于对销售人员的支持，则为 50 000 美元。根据这一分析，在这个市场中，雇佣、培训、支持、维系一个销售人员的总开销为 280 000 美元。当然，这个数字是很保守的，因为我们的许多客户的这一个数字介于 350 000 美元~400 000 美元之间。如果按美国公司一年工作日 225 天算，则每天一个销售人员的开销大约为 1350 美元。

由此我们可以计算出，假设一项三天的培训课程外加一天的路途时间，该销售人员的直接开销是 5400 美元。

直接的旅行开销是每张机票 400 美元~1600 美元，平均一天的就餐费为 75 美元，三晚的平均住宿费用加上税金是 400 美元，每天每人会议开销是 35 美元，其他费用(出租车、小费、电话)为 25 美元一天。所以每人的旅行和住宿的花费总和是 1600 美元。

把这些加到直接开销中去，每人参加一项三天培训的开销是 7000 美元。这些费用还不算培训本身，数字看起来已经很高了。800 美元和 1200 美元培训课程的区别是什么？

公司培训部的组织人员每天开销约 1600 美元，同受训人员基本一致。培训部领导的一天费用在 1500 美元～2500 美元之间，三天培训总开销是 7600 美元。把这些费用平均到 18 个人的小班上是每人开销 422 美元。把这一费用加在 7000 美元基础上可得 7422 美元。

关于分析 800 美元和 1200 美元的培训课程的区别时，仅仅在上面的基础上加上本身的开销，则分别得到 8222 美元和 8622 美元。

如何比较培训投资的回报？

比较培训投资的回报是培训投资非常重要的一个环节。在专业机构所做的两项研究中，我们发现在销售领域的培训可以有以下五个方面的影响。

(1) 完成的销售在没有接受培训时是不可能做到的。

(2) 即时结束某项销售，从而减少公司损失。

(3) 扩大销售规模，从而扩大公司的收益。

(4) 赢得销售边际利润，增加公司收入。

(5) 确定放弃该商业"机会"较有利。

所有这些情况都受个人经验的影响。有些是很容易解决的，像提高边际利润。有些几乎是不可能做到的，像放弃销售。咨询机构认识到培训课程可以对每个参与者的公司产生不同的影响。

在对部分培训客户研究中表明，通过销售培训，销售额达到 350 万美元，客户创造了 700 000 多美元的利润，而平均每位参与者的开销是 8622 美元。这样的一个培训，投资回报是非常明显的，在这当中，培训课程是 800 美元还是 1200 美元，它的区别不是最关键的，最根本的问题是培训的投资回报问题。

培训参与者应该考虑的是：投资回报的结果是如何计算出来的？上文给出的分析方法将有助于企业对此进行界定。集团公司和销售主管，以及培训主管应该需要关注每个人参加培训的开销，但这不是唯一的事，更重要的是，他们应该能预期到实在的价值，在考虑参与培训者的投资回报的基础上仔细评估培训的投资和回报。

资料来源：https://wenku.baidu.com/view/cca963b8852458fb760b5671.html

培训作为人力资源开发的主要手段，是企业能力提升的基础，是员工接受"再教育"的主要形式。但是，在大多数企业中，培训一直处于无足轻重的地位，往往是"说起来重要，干起来次要，忙起来不要"。出现这种情况的主要原因就在于培训作为一种新形式的人力资本的投资，它的投资成果即培训效果很难通过直观手段检测出来，从而很容易在人们头脑中形成一种误解，使人们对培训后的效果产生怀疑，进而形成连锁反应，使企业更加不注重员工的培训。所以选择适当的评估工具，对企业员工培训效果进行评估，促进培训成果转化是十分必要的。

7.1　培训效果评估概述

企业在某一培训课程或项目结束后，需要根据培训目的和培训要求，运用一定的评估方法对培训效果进行评估和检查，以便了解培训为员工和企业的发展带来了哪些效益及效益的大小。

培训效果评估(Training Evaluation)是一个运用科学的理论、方法和程序，从培训项目中收集数据，并将其与整个组织的需求和目标联系起来，以确定培训项目的价值和质量的过程。建立培训评估体系的目的，既是检验培训的最终效果，也是规范培训相关人员行为的重要途径。培训效果评估方法主要有笔试测验法、实操测验法、观察法、提问法(面试法)、案例测验法等。培训效果评估是在受训者完成培训任务后，对培训计划是否完成或达到效果进行的评价、衡量。培训效果评估就是针对特定的培训项目和培训实施过程，搜集应有素材，做系统评价的过程，是修改和制订下一次培训计划的参考或依据。培训效果评估的对象不仅包括培训参与人员，还包括培训本身。培训效果评估的内容包括对培训设计、培训内容以及培训效果的评价。通常采用对受训者反应、学习、行为、结果四类基本培训成果或效益的衡量来测定培训成果。一个好的培训能在下面六个方面为企业带来极大的价值，也应该是企业衡量培训效果真正的关注点。

(1) 员工是否通过培训学会了一些必要的技能？可以衡量培训效果的员工成长的三个阶段是：不会、会、熟练。

(2) 员工是否通过培训掌握了某些领域的系统框架？专业水平是否得到了提升？可以衡量培训效果的员工成长的三个阶段是：不懂、懂、很懂。

(3) 员工是否通过系列的培训有综合水平的提升？换句话说，员工是不是变得"好用"了？可以衡量培训效果的员工成长三个阶段是：不可用、可用、好用。

(4) 员工是否通过培训开阔了眼界，学会了融会贯通？可以衡量培训效果的员工成长三个阶段是：死板执行、优化、创新。

(5) 员工是否通过培训对公司更忠诚，企业是否更容易留住人？可以衡量培训效果的员工成长三个阶段是：不可靠、可靠、很可靠。

(6) 员工是否通过培训改变了态度，提高了工作积极性？可以衡量培训效果的员工成长三个阶段是：不可燃、可燃、自燃。

7.1.1　培训效果评估的目标与内容

1. 培训效果评估的目标

培训效果评估是系统地搜集描述性的、判断性的信息，以有助于以后对培训方法和课程进行选择、调整等决策的过程。

实施培训评估可以解决以下几种问题：

(1) 确定培训项目是否实现了培训目标；

(2) 确定培训项目的优缺点，并明确哪些项目获得了预期的培训效果；

(3) 计算培训项目的投资回报率；

(4) 确定哪些受训者从项目中获得的收益最大；

(5) 确定后续培训工作的培训对象；

(6) 跟踪培训全过程，以保证对培训工作做出改进；

(7) 评估培训项目的总体成果及不足；

(8) 搜集资料以支持今后培训项目的设计与完善；

(9) 分析非量化的和无形的收益与影响；

(10) 建立培训数据库，支持员工职业生涯管理与管理者的决策。

2. 培训效果评估的内容

按照培训效果评估的项目和具体内容划分，培训效果评估主要包括以下四个方面的内容：

(1) 对受训者的学习成果进行评估。它包括对培训后的测试，培训后受训者的工作态度、工作方法和工作业绩的改善程度进行评估。

(2) 对培训组织管理进行评估。它包括对培训时间安排、培训场地环境、培训设备器材等计划、组织、安排方面的评估。

(3) 对讲师进行评估。它包括对课程内容、授课形式、培训方法、讲师的语言表达等讲授方面的评估。

(4) 对培训效果、收益进行评估。它包括对培训预算的执行情况、投入产出比、因培训取得的经济效益或收入等效果的评估。

7.1.2　培训效果评估的对象、信息与指标

1. 培训效果评估的对象

培训效果评估的主要对象是培训参与人员。培训参与人员是培训评估的主要人员，它不仅包括受训者在培训中的表现，还包括在培训后的表现，这两个部分共同组成了培训参与人员效果评估的内容。但除了针对培训参与人员的评估外，培训效果评估还需评估培训本身，主要包括培训实施过程、培训课程设置等方面的评估。归根结底，培训效果评估是对于培训的成本效益的评估与分析。

2. 培训效果评估所需的信息

企业在培训时要搜集信息，因为信息是培训效果评估的主要参考数据。企业搜集的信息不仅包括培训后的，还包括培训前的。这样才能将信息搜集全面，做出的培训效果评估才具有科学性和说服力。为有效开展培训效果评估工作需要搜集各方面信息，按照是否可以用数字衡量的标准可分为两种类别：一种是硬数据的搜集，另一种是软数据的搜集，两种数据的区别如表7-1所示。

表 7-1　培训效果评估的信息类型

信息类型	简　介	包含的内容
硬数据类型	以数据比例的形式出现，是培训后改进数据的重要衡量指标	产出信息、质量信息、成本信息、时间信息
软数据类型	在很难统计出科学的数据时，软数据就成为评估效果衡量的一个重要指标	工作习惯、工作氛围、新技能、员工发展、员工满意度、员工主动性

虽然搜集的信息不同，但是数据分析是要将所有的数据尽可能地转换成价值货币。比如，将产品质量的改进情况直接转换为成本节约价值，由此培训效果便可以直接展现。所搜集的信息种类不同和一些特殊情况发生，转化数据采用的方法也就不同。另外，培训效

果评估可以采用问卷调查法、研讨法、观察法等来搜集培训评估的素材。

3. 培训效果评估的指标

培训给受训者带来的好处是他们可以学习各种新的技能和行为方式，而企业的收益则可能包括销售收入上升及客户满意人数增加。培训效果评估包括衡量对项目收益起决定作用的特定成果和标准。培训的成果或标准则是指培训师和企业用于评价培训项目的尺度。为了判断某一培训项目的有效性，企业需要对培训进行评估。培训评估是指收集培训成果以衡量培训是否有效的过程。而为了确保评估的有效性，企业必须确保其信息收集过程的有效性，这就需要进行评估方案设计，即企业设计收集什么样的信息，信息的来源、时间要求、收集方式以及信息与培训项目有效性之间的联系等。

当评估某一培训项目时，人力资源部门有必要明确将根据什么来判断项目是否有效，即学习成果依据什么标准进行评定。一般而言，在评估培训项目时，可选用以下指标对不同培训项目效果予以呈现，从而对整个培训活动成果得以把控，如表 7-2 所示。

表 7-2　培训效果评估指标

成果	例子	测量方式	测量内容
认知成果	安全规则、电子学原理、评估面谈的步骤	笔试、工作样本测试	获取的知识
技能成果	使用拼图、倾听技能、指导技能	工作样本测试、等级评定	行为方式、技能
情感成果	对培训的满意度、对其他文化的信仰	访谈、焦点小组、态度调查	动机、对培训项目的反应、态度
绩效成果	缺勤率、事故发生率、专利	观察、从绩效记录中收集信息	企业收益
投资回报率	收益值	确认并比较项目的成本和收益	培训的经济价值

(1) 认知成果。认知成果可用来衡量受训者对培训项目中强调的原理、事实、技术、程序或过程的熟悉程度。认知成果用于衡量受训者从培训中学到了什么，一般通过笔试来评估认知成果。

(2) 技能成果。技能成果用来评估技术或应用技能以及行为方式的水平，包括技能的获得与学习及技能在工作中的应用。

(3) 情感成果。情感成果包括态度和动机在内的成果。

(4) 绩效成果。用来决策公司为培训计划所支付的费用。

(5) 投资回报率。投资回报率是指培训的货币收益和培训成本的比较。培训成本包括直接和间接成本，收益是指公司从培训计划中获得的价值。

7.1.3　培训效果评估的重要性

企业管理者有义务合理地使用组织资源，因为每位业务部门的负责人都有责任使企业利益最大化，帮助企业实现目标，从而实现企业愿景。投资是面对未来的价值创造，是一种利用现有资源，创造出未来价值的行为。

因此，决定资源分配时，根据投资的性质，要考虑几个问题：在市场营销中需要投入多少已有资源？需要分配多少资源到营销、研究、生产、基础设施及人力资本等方面？如何分配才能够使组织现状与长期发展达到平衡？如何进行投资分配才能为投资者、员工及客户实现长期价值最大化？资源分配的正确与否将深刻影响公司及员工的未来，思考这些问题并做出决策是非常有必要的。即使公司处于繁荣时期，企业管理者依然要权衡、选择最佳的投资渠道。当企业财政增长放缓时，做出投资决策更加困难，而且对企业来说更加关键。

1. 培训必须创造价值

企业的培训与发展项目需要投入很多的时间和资金。因此，不管你喜不喜欢，培训部门都需要与其他部门、其他需求机会进行相互竞争以获取企业资源。所有提议的商业项目投资对企业来说，都有助于企业的发展。但是，我们不大可能将年度预算的所有资金平均投入于所有项目中。因此，面对这么多商业项目，企业领导者会考虑各个商业项目的战略价值、组织贡献度及成功达成率等，他们会经过多方面的权衡、审慎的评估，再做出决策。

企业部门管理者非常理解高层管理者做决策时的难处，也理解他们所承担的压力。因此，部门管理者会尽可能完美地规划和设计部门的预算方案。他们会找寻成功案例、市场数据、市场影响力等，将其作为佐证，证明其预算方案的可行性。所以，培训部门要想让学习和培训预算方案得到企业管理者的关注，就必须拿出同样足够有竞争力和吸引力的方案。同时，为了让预算方案更容易获得批准，他们还需要有相关且可信度高的学习成果来说服决策者。因此，为了让高层相信学习能改善绩效、提升组织效益，就必须向其展示可见的效益，证明学习项目对企业目标的实现产生了价值。

高层管理者需要有可信的、令人信服的相关数据，才会将资源优先分配给培训项目。他们的期望远远大于目前培训部门所做的一切。企业高层管理者期望培训部门能够更多地考虑到如何将学习与业务相关联，如何衡量培训带来的效益。一项针对财富 500 强企业的CEO 的调查发现，高层管理者期待看到培训与发展项目的收益数据，能够证明培训对业务产生重要的影响力。

2. 绩效持续改进

培训效果评估能够促进绩效持续改进。在当今竞争激烈、不断革新的全球经济形势中，没有一个企业能够保证屹立不倒。如果其他的竞争者在不断提升，而你的企业却止步不前，那么将会落于人后。如果培训与发展项目想要成为高层管理者愿意持续投资、与业务相关且具有竞争优势的项目，那么培训部门就需要像其他业务部门一样持续不断地进行绩效改进。

有"现代质量管理之父"之称的戴明博士提出的"PDCA(Plan-Do- Check -Act)"质量持续改进模型，如图 7-1 所示，也称戴明环，是一种简单但非常有用的工具，它不仅用于生产领域中的持续改善，也同样用于培训项目中的持续改善。该模型沿着四个步骤：计划(Plan)、执行(Do)、检查(Check)、处理(Act)——反复循环，不断改进。因此，要将培训评估加入培训阶段中，这是因为在每个循环中，我们都需要进行对过程的检验和评估，随后对后续的行动进行指导和反馈。

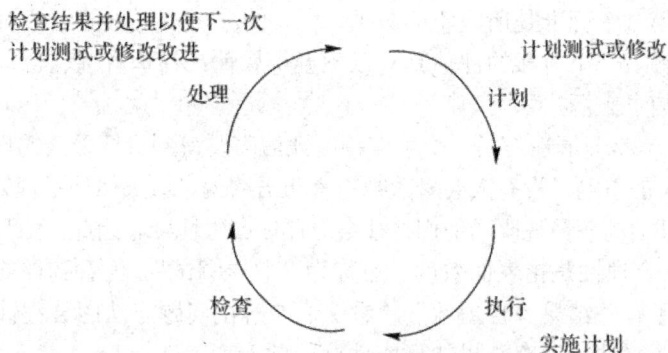

图 7-1 戴明环(PDCA)

培训效果评估是培训人员用于衡量学习项目是否达成目标的重要工具，即是否提升和增强企业学习能力，从而使企业持续地投资于企业学习与培训，使企业获得成功与发展。持续改善的根源主要依靠对过程的精确评估，然后将评估结果反馈到改善系统。

可见，培训效果评估是继培训需求分析和培训计划实施之后又一核心的环节，它在培训中的重要作用是显而易见的。企业在重视培训的内容和过程的同时，培训效果评估这一重要环节也同样不容忽视。通过培训效果评估不仅可以有效了解培训预定的目标和要求是否已经达到，以反映出培训对企业的重要作用，而且能够从不同侧面获得培训项目的改进信息和成本效益，此外，还可以从中总结成功和失败的经验与教训，为下次培训活动的开展积累经验。

7.1.4 培训效果评估的原则

有效的培训效果评估应该坚持四个核心原则：相关性原则、可靠性原则、可行性原则、高效性原则。这四项原则可以作为衡量任何培训项目的检验标准，为培训项目的过程提供指导。

1. 相关性原则

有效评估的第一个标准是"相关"，它包括两个方面：

(1) 与培训项目的目标相关。相关性原则衡量的是培训项目和学习转化环境能否帮助企业达成既定的目标，而不以培训项目本身是否增长受训者的见闻为衡量标准。"反应层级"的数据，特别是受训者对培训课程安排的感知，对于优化内部培训项目设计是非常有用的。基本上，培训需要说明两点：一是参加培训项目的员工将在本职工作上做得更好；二是项目为企业组织产生的收益大于成本。适当的评估方法及数据收集都依于上述两点。在设计培训项目时，都要考虑项目的目标是为了受训者做得更好，或者做得与以往不一样，同时也要考虑项目将产生的影响。

(2) 符合客户利益。培训效果评估的结果主要是看培训项目是否符合"客户"的期望与需求。培训部门的"客户"是那些做出购买决策的人，是他们决定了是否购买培训。只有理解了"客户的声音"，才能设计有效的培训和有效的评估方法。但是，倾听客户的声音并不意味着培训与发展专业人员要盲目跟随客户的任何决定，以不太有效或无效的方式进行评估。

2. 可靠性原则

有效评估的第二个标准是所收集的数据、所做的分析及得出的结论对目标受众而言是否可靠而值得信赖。一个可靠的评估具有以下五个属性：易理解性、合理性、公平性、严谨性、有可靠的信息来源。

(1) 易理解性。易理解性是指一个可信赖的评估需要得到目标受众的理解。人们不会相信那些自己不理解的事物，没有人会喜欢被花言巧语欺骗。如果他们不理解评估的方式或不明白培训部门对评估的解释说明，他们往往会对评估产生怀疑。因此，"目标受众"是关键。

(2) 合理性。合理性是指表面效度，也称为"取样测试"。当看到评估结果时，企业领导者总会迅速产生有关结果"合理性"的看法，如解决问题方法的合理性、数据收集有效性、调查结论的逻辑性、调查结果的真实性。

(3) 公平性。公平性是指培训评估是否能够真实客观、不偏不倚地反映出整个培训活动的最终效果。一个公正的、不带偏见的评估能够提高结果的可靠性，相反，一个被视为"刻意操纵"的分析结果会因为毁了公平性而使其本身的有效性大打折扣。

(4) 严谨性。评估只有"足够"严谨才可信。企业管理者在财务分析、战略计划、市场研究方面必须保持高度的严谨性。他们会拒绝那些肤浅的、不专业的分析。需要注意的是，此时的"足够"是具有相对性的，它取决于受训者及其企业文化，因而无法建立统一的标准。

(5) 有可靠的信息来源。评估的可靠性受到信息来源的强烈影响。为了在组织中赢得一席之地，并进而能得到合理的资源，培训部门必须持续不断地提供可靠的证据来赢得影响力。

3. 可信性原则

有效的培训效果评估还体现在为某特定课程的学习行为编撰令人信服的案例，以延续、提高或改变学习积极性。即使培训效果评估具有相关性，而且是可靠的，然而如果不能令人信服的话，评估可能仍然是失败的。

令人信服的、可信的案例至少应该是：令人难忘的、有说服力的、简洁的。

(1) 令人难忘的。如果一项行动建议被决策者采纳，那么重要结论必须令人难忘。确保重要信息出现在决策者做出决定的关键时刻。最低要求是无论使用何种方法收集和分析数据，都要找机会将那些说明性强的故事包括进来，从而使人们记住所要传达的信息。

(2) 有说服力的。一个有说服力的培训案例可以对阅读者或聆听者产生影响。它应该包括清晰的"要求"，即想要影响受训者达成什么结果。影响力来源于内容和形式，内容是前提，分析时需要说明的内容应是大部分受训者所关注的具有战略意义的内容。

(3) 简洁的。有说服力的分析和建议应是简明扼要的。人们更容易被简短、犀利的分析所吸引，而非冗长、复杂的论断。为了确保受训者能按照事件的逻辑进行思考，事件只包含必要的细节即可。

4. 高效性原则

评估应该是高效的，并且只有在其满足了相关的、可靠的和可信的这三个原则的前提下，评估才可能是高效的。高效很重要，因为评估本身需要耗费时间和资源。要实现高效，面对的挑战是用最小的成本获得所需的信息。

如果在日常商业运营和个人绩效评估中，学习转化系统已经收集了数据，培训结果评估的一些指标则可以使用这部分数据，这样可以节约时间和成本。如果还需要评估经营绩效的其他方面，则可以寻找自动化的方式收集数据。对于大型项目，则可以从所有学员中随机抽样收集数据。因为收集所有受训者的相关数据会增加成本，但抽样量超过一定比例以后，结果就具备可预测性。

但在追求高效的同时，不能牺牲太多的精准性或相关性；在时间和预算的限定框架内，设计培训效果评估时，不可避免地要权衡严谨性和时效性，所以要深思各种得失。如果对效率的要求太高而牺牲了可靠性和相关性，那么最好不要评估。如果评估很容易，但是却不合理，也会导致评估不能使企业和员工受益。

7.2 培训效果评估模式与方法

7.2.1 培训效果评估模式

培训效果评估的主要内容是调查搜集与培训相关的人员和培训对象对于培训看法和意见，并对培训是否达到预期目标和培训对企业产生的效益做出评价。培训内容的评估主要反映在采用的培训模式上，其中主要包括培训的课程内容、培训在实际工作中的应用，以及培训的学习效果和培训为企业带来的效益等方面。常见的培训评估模式为三种：柯氏—柯克帕特里克模式、CIRO 和 CIPP 模式、菲利普斯五级投资回报率模式。

1. 柯氏评估法

1) 柯氏评估法的内容

柯氏四级评法是由国际著名学者柯克帕特里克(Kirkpatrick)1959 年提出的。柯氏四级评估法是目前应用最为广泛的一种培训效果评估方法。该评估方法不仅要求观察受训者的反应和检查受训者的学习效果，而且强调衡量培训前后受训者的表现和企业经营业绩的变化。在柯克帕特里克的模式中，将培训的内容分为四个层次，分别为反应层、学习层、行为层、结果层。并将培训效果划分为四个级别进行评估。四个级别分别是反应评估、学习评估、行为评估和结果评估。这四个级别之间不是简单的并列关系，而是相互配合、层层递进的关系，当从一个级别进入另一个级别时，评估的程序和内容都有所变化。

以下是柯氏四级评估法的内容，如表 7-3 所示。

表 7-3　柯氏四级评估法的内容

评估层级	主要内容	评 估 事 项	衡量方法
反应评估 (一级评估)	观察受训者的反应	① 受训者是否喜欢该培训课程？ ② 课程对受训者是否有用？ ③ 受训者对培训讲师及培训设施等有何意见？ ④ 受训者课堂反应是否积极？	问卷调查、评估访谈
学习评估 (二级评估)	检查受训者的学习成果	① 受训者在培训项目中学到了什么？ ② 培训前后受训者的知识、理论、技能提高了多少？	填写评估调查表、笔试、绩效考核、案例研究

续表

评估层级	主要内容	评估事项	衡量方法
行为评估 (三级评估)	衡量培训前后受训者的工作表现	① 受训者在学习上是否有改善行为？ ② 受训者是否将培训内容运用到实际工作中？	由上级或同事进行评价、查看绩效记录
结果评估 (四级评估)	衡量公司经营业绩的变化	① 行为的改变对组织的影响是否积极？ ② 企业是否因培训而经营得更加顺畅？ ③ 考察质量、事故、生产率、工作动力、市场扩展、客户关系维护等	通过事故率、生产率、员工离职率、次品率等指标衡量

　　我们将上述四个方面的结果进行汇总分析，形成最终的培训效果评估报告送予上级领导，以反馈所开展的培训活动或项目的效果，从而有利于以后培训工作的展开。

　　2) 评估层次的选择

　　企业在进行培训评估时应根据培训的实际情况，综合考虑各项因素，并针对不同的培训项目采取不同的评估层级以及选择差异性的评估方式。柯氏评估法各评估层级的优缺点比较的具体内容，如表 7-4 所示。

表 7-4　柯氏评估法评估层级优缺点比较

评估层级	优缺点	评估时间
反应评估	优点：简单易行； 缺点：主观性较强，容易以偏概全	培训结束时
学习评估	优点：给受训者和培训师一定压力，使之更好地学习和完成培训； 缺点：依赖于测试方法的可信度和测试难度是否合适	培训开始前 培训进行时 培训结束后
行为评估	优点：可直接反映培训的效果，使企业高层和主管看到培训效果后更支持培训； 缺点：实施有难度，要花费很多时间和精力，难以剔除不相干因素的干扰	培训结束后 三个月或半年
结果评估	优点：量化翔实、令人信服的数据可以消除企业高层对培训投资的疑虑，而且可以指导培训课程计划，把培训费用用到最能为企业创造经济效益的课程中； 缺点：耗时长，经验少，目前评估技术不完善，简单的数字对比意义不大，必须分辨哪些结果是与培训有关且有多大关联	培训结束后 半年或一年

2. CIRO 和 CIPP 模式

1) CIRO 模式

　　CIRO 模式是由沃尔、伯德和雷克汉姆发明的四级评估模型。由背景评估(Context evaluation)、输入评估(Input evaluation)、反应评估(Reaction evaluation)、输出评估(Output evaluation)四个评估活动的首字母组成的，具体内容如表 7-5 所示。该模型认为培训评估必须从情境、投入、反应和结果四个方面实施。CIRO 模式不再将培训评估当做一个独立的环节，而是将培训评估贯穿于整个培训过程，在不同环节都有评估参与，评估活动随着培训工作的开展而开始。但这一模式没有将培训执行和培训评估相结合，没有将评估很好地应用到下一次培训之中。

表 7-5　CIRO 模式的主要内容

模式	内 容 简 介	目 的
背景评估	① 搜集和分析培训开发的信息； ② 培训需求和培训目标的确定；	确认培训的必要性
输入评估	① 对可以利用的培训资源进行汇总分析； ② 对培训资源进行选择，同时确定培训实施方法	对培训可能性的确认
反应评估	① 对受训者的反馈信息进行收集和分析； ② 对培训的过程做适当调整	让培训的效率得到提高
输出评估	① 对培训结果的相关信息进行搜集； ② 对培训结果进行评价和确认	对培训效果进行检验

2) CIPP 模式

CIPP 培训模式是由背景评估(Context evaluation)、输入评估(Input evaluation)、过程评估(Process evaluation)、成果评估(Product evaluation)四项评估活动的首字母组成。此模式能够将培训评估活动真正的贯穿于培训之中，并对培训的过程进行实时监控，发现问题及时解决，从而保证培训过程顺利结束。此模式既是对 CIRO 模式的补充，也是对柯克帕特里克模式的完善，它最大的优点是对培训成果进行评估，为今后的培训项目提供可供参考的材料，具体内容如表 7-6 所示。

表 7-6　CIPP 模式的主要内容

模式	内 容 简 介	目 的
背景评估	① 了解相关培训环境，对培训需求做分析； ② 确定培训需求和培训目标	对培训需求和培训目标的确定
输入评估	① 用搜集的材料分析现有资源能否达到培训的目标； ② 分析企业内部能否承担培训任务，是否需要外援	培训实施的能力评估
过程评估	通过不同渠道搜集大量相关信息，及时修改和订正培训过程	提供信息反馈，对培训做出适当的调整
成果评估	在培训中或培训后对培训目标衡量	衡量和解释培训活动达到的目标

3. 菲利普斯五级投资回报率模式

菲利普斯五级投资回报率模式在柯氏四级评估的基础上加入了第五个层级，即投资回报率评估。第五层次评估的重点是将培训所带来的收益与其成本进行对比，进而测算投资回报的指标。菲利普斯五级投资回报率模式主要包括反应和既定的活动、学习、在工作中的应用、业务结果和投资回报率五个部分，如表 7-7 所示。

表 7-7　菲利普斯五级投资回报率模式

模　式	内　容　简　介
反应和既定活动	① 受训人员对此次培训的反应； ② 培训计划的简要说明
学习	受训人员在知识技能、思想观念等方面的改变
在工作中的应用	① 在工作中，行为的改变； ② 对于培训内容，能够在实际中很好的应用
业务结果	业务在培训后发生变化
投资回报率	培训结果效益与培训项目成本的比率

7.2.2　培训效果评估方法

培训效果评估的方法可分为两大类型：一类是定量评估法，另一类是定性评估方法。

1．定量评估法

定量评估法的基础是有一定科学的数据统计，然后将这些统计数据运用统计方法或是数学模型来进行分析，从而对培训的效果进行评估的一种方法。

定量评估方法有很多种，如成本—收益分析法、加权要素分析法、边际分析法。

1) 成本—效益分析法

成本—效益分析法是指通过计算培训项目的收益或是培训项目的投资回报率来反应培训项目的经济收益，从而进行评估的一种方法。其中，培训项目的经济收益是指在获得的经济收益中减去所花费的成本后所获得的净收益。它们之间是正比例关系，即培训的收益越好，培训项目的经济收益越好。其计算公式为

$$TE=(E_2 - E_1) \times N \times T - C$$

式中，TE 表示培训效益，E_1、E_2 表示培训前后受训者一年产生的总体效益，N 表示参加培训的人数，T 表示培训效益可持续的年限，C 表示培训的成本费用。

培训项目投资回报率是指企业培训投资所获得的收益，它与投资的效果成正比例关系。可以用公式来表示：

$$投资回报率(ROA) = \frac{培训受益}{培训成本} \times 100\%$$

从公式中不难看出，如果投资回报率在 1 以上，说明此次培训的效果十分好，企业中存在的问题得到了很好的解决。

2) 加权因素分析法

加权因素比较法是指把影响培训效果的各种因素划分成不同等级，并赋予每一个等级一个分值，以此来表示该因素对整个培训效果的满足程度。同时，根据不同因素对培训效果的影响重要程度设立加权值，从而通过计算得出最终培训效果完成度评分值的分析方法。根据评分值的高低可以评价培训效果的优劣。

此种方法要有一个完整的评估指标体系，对每项指标进行权重分析，通过对受训者进行调查分析，做出统计结果。需要注意的是，各项指标的权重之和要都等于 1。其计算公式为

$$U = \sum_{i=1}^{n} w_i f_{ij}$$

在公式中，U 表示的是该培训的总评分值，f_{ij} 表示的是第 i 个因素对培训方案 j 的评价等级分值，W_i 表示第 i 个因素权重系数。

经过评价打分计算，得分越高即表示此次培训效果越好。同时，也可以根据各因素分值比对发现本次培训开展存在的不足，为日后培训方案的制订与改进提供方向。

3) 边际分析法

边际分析法是管理经济分析中最基础的概念之一，是对企业单位内部培训进行科学决策的一种有效方法。所谓边际收益是指实施某个培训项目所产生收益的变化，而边际成本是指实施某个培训项目所发生总成本的变化，净边际收益即为边际收益与边际成本之差。此时，边际值的计算公式为

$$边际值 = \frac{\Delta f(x)}{\Delta X}$$

其中：X 代表投入；$f(x)$ 代表产出，表现为 X 的函数。应用边际分析法对培训效果进行评估，主要可以解决两个问题：一是确定所要实施的培训项目，当培训实施初始水平净边际收益为正数时，该培训项目就可以实施，且值越大，该项目的收益就越高，就越应该优先选择；二是以收益最大化为标准确定培训实施的最优规模，当边际收益等于边际成本时，培训规模最优。

定量评估法的优点在于可以利用科学和完整的数据来进行分析，得出的结果较为科学、可靠，很少受到主观因素的影响，其缺点是数据的搜集比较困难，导致成本比较高。

2. 定性评估法

定性评估法是在对实际情况的调查研究和了解的基础上，根据相关的经验和标准，做出培训效果评估的一种评估方法，此种方法是目前国内大多数企业经常采用的一种有效的评估方法。定性评估的具体方法有集体讨论法、测试法、观察评估法、问卷调查法等。

1) 集体讨论法

此种方法是以开会讨论的形式进行的，将全体受训者召集到一起讨论，在会议上要求每位受训者陈述在这次培训中学习到了什么，怎样将学到的知识应用到实际工作当中，以及是否需要继续培训等问题进行探讨，并做详细的记录。此种方法还可以以培训感言或培训总结的形式来进行。

此外要注意，这种方法不要在培训结束后马上进行，而是选在培训效果初现成果的时候，这样得到的信息更加准确。

2) 测试法

测试法主要采用考试的方式进行，但是不同于一般的考试，它主要采用相同难度的试题，在培训前后分别进行测试，然后将两次考试的成绩进行对比。如果培训后的成绩有了大幅度提升，说明培训得到了一定的效果，受训者的技能和素质得到了提高。

此种方法操作简单，成本较低，是大中小企业采用较多的方法，但是它很难确定受训者在实际工作中的应用情况。

3) 观察评估法

观察评估法主要是指通过对受训者在培训前后的工作表现和业绩进行对比的一种培训效果评估方法。此种方法需要较多的时间，不适合大范围使用，多数用在一些培训后对企业影响较大的项目上。

此外，在使用观察评估法的时候还要注意记录受训者的相关信息，以便进行对比，记录表格如表7-8所示。

表 7-8　观察过程记录表

参加的课程		参加培训的时间	
观察对象		观察记录的人员	
培训前的情况			
培训后的情况			
观察的结论			
备注			

4) 问卷调查法

问卷调查法是通过事先设计好的问卷进行调查的一种培训效果评估方法。此方法可以在课程结束时进行。此方法需要解决的主要问题是问卷的设计，根据不同的调查对象可以设计不同的问卷，如表7-9、表7-10所示，此类表适合受训者填写，如实、详细填写完毕后，及时交于相关人员。

表 7-9　受训者问卷调查表(1)

课程名称		培训师		培训日期	
1. 关于培训设计的课程、教材					
(1) 您认为本次培训的课程安排是否合理□合理□一般□还可以□不合理					
(2) 您认为本次教材的实用性如何□实用□一般□不实用					
(3) 您认为本次课程能否解决工作的实际问题□能解决□部分解决□不能解决					
(4) 参加本次培训您最大的收益(可以多选)					
□学到新知识□学到一些工作技巧□帮我转变了工作态度					
□帮我提高了整体素质□帮我印证了一些观点					
(5) 本次培训您最感兴趣的课程：					
(6) 本次培训对您工作最大的帮助：					
(7) 对您来说，本次培训最不满意的课程：					
2. 关于培训师					
(1) 您认为此次培训师的综合素质如何□优□良□中□差					
(2) 您认为培训师的讲课效果如何□优□良□中□差					
(3) 您对培训师的讲课方式是否满意□很满意□满意□一般□不满意					

(4) 本次培训师选用的教学方式有哪些(多选) □课堂演讲法□演示法□研讨法□多媒体视听法 □角色扮演法□案例分析法□游戏法
3. 培训相关方面 (1) 你对培训的后勤保证是否满意□很满意□满意□一般□不满意 (2) 您认为培训的资料和设备设置是否齐全□很齐全□齐全□一般□不齐全 (3) 您认为本次培训的环境是否达到培训的标准□达到□没有达到 简要阐述您的理由:
4. 其他方面 (1) 您对本次培训的整体感觉如何? (2) 你对本次培训还有什么建议或意见? (3) 你觉得还要进行哪些方面的培训?

表 7-10 受训者问卷调查表(2)

培训课程		培训时间		参加人数	
调查项目					
受训者上课参与情况					
受训者在课堂上回答问题的表现					
受训者参与课堂讨论和游戏的表现					
受训者对于课程内容掌握和理解的程度					
受训者培训后的成绩					
备注					

注: (1) 此表由培训师填写;

(2) 为支持我们工作,请如实填写。

定性评估法的优点是比较容易实施,综合性比较高,在评估中不需要太多数据,其缺点是评估者会根据自己的经验和标准来进行评估,主观性比较强。

5) 实验设计法

(1) 实验设计法说明。

为了更好地对培训的有效性进行评估,使评估结果更加科学,培训组织人员和培训师可以通过一些实验设计对培训效果进行评估。

实验设计方法是采用严谨的实验控制情境,通过对实验组、控制组进行实验研究,并运用统计方法分析实验结果、验证培训效果的方法。实验设计方法有两个特征:一是实验设计应包括两组或两组以上的测试者,接受培训的一组称为"实验组",而未接受培训的一组称为"控制组"或"对照组"。二是实验组与控制组的人员必须是通过随机抽取和随机分派方式组成的,以保证两组测试者的智力、学习经历、技能等特质大致相等。

(2) 实验设计的类型。

有多种设计方法可以用于培训项目的评估。不同的实验设计思路,实施过程也不同,能够避免误差的程度也存在差异。一般来讲，误差越小的实验设计，所需的实验投入就越大。

　　培训效果评估实验设计的种类从是否有对照组、是否进行培训前评估和培训后评估等方面划分，主要可以划分为以下几种类型，如表 7-11 所示。

表 7-11　培训效果评估实验设计的种类

实验设计	评估方法	实验过程	结果说明
后测	进行培训后效果评估	(R)实验组：$T \rightarrow X_1$	可以了解培训后效果，但由于缺乏参照体系，无法说明是培训效应
前测与后测	培训前后都进行评估	实验组：$X_1 \rightarrow T \rightarrow X_2$	只要 X_1 和 X_2 之间存在显著不同，就说明培训有效
时间序列	在培训前后每隔一段时间进行一次评估	实验组：$X_1 X_2 \rightarrow T \rightarrow X_3 X_4$	只要发现培训前变化和培训后变化两者差异显著，则培训就有效
有对照组的后测	附加一个对照组，对实验组进行培训后效果评估	(R)实验组：$T \rightarrow X_1$ (R)对照组：X_2	实验组的评估结果比没有接受培训的对照组好，表明培训有效
有对照组的前测与后测	培训前后对实验组和对照组进行评估	(R)实验组：$X_1 \rightarrow T \rightarrow X_3$ (R)对照组：$X_2 \rightarrow X_4$	当实验组改变，对照组仍然 和原来一样，证明培训有效
有对照组的时间序列	在培训前后每隔一段时间对实验组和对照组进行一次评估	(R)实验组：$X_1 X_2 \rightarrow T \rightarrow X_5 X_6$ (R)对照组：$X_3 X_4 \rightarrow T \rightarrow X_7 X_8$	$X_1 X_2$ 之间的差异和 $X_5 X_6$ 之间的差异明显，而 $X_3 X_4$ 之间的差异和 $X_7 X_8$ 之间的差异不明显时，证明培训有效
所罗门四小组	对四个小组均进行培训后评估，并对其中的一个实验组和一个对照组进行培训前评估	(R)实验组：$X_1 \rightarrow T \rightarrow X_3$ (R)实验组：$\leftarrow T \rightarrow X_4$ (R)对照组：$X_2 \rightarrow X_5$ (R)对照组：$\leftarrow X_6$	实验两组之间成绩相当，而对照组的成绩也大致相同，证明培训测验本身没有影响测验成绩；实验组的成绩比对照组好，证明培训有效

7.3　培训效果评估的程序

　　培训效果评估是培训活动长期有效开展的重要保证措施，而遵循良好的评估流程也是有效进行培训评估的重要保证措施。一个全面系统的评估过程主要包括对培训方案的评估、对培训需求和培训后期追踪等全方位的评估。评估效果要有时效性、有效性等特点，这就要求企业按照一定的流程进行培训效果的评估工作，遵循良好的培训评估流程是顺利有效进行培训评估活动的关键。一般来说，有效的培训评估应该包括：培训需求分析、界定评估目的、评估培训前的准备、选定评估对象、全面考虑评估活动、完善培训评估数据库、确定培训评估层次、选定评估衡量方法、统计分析评估原始资料、调整培训项目沟通培训项目结果等环节。

1. 培训需求分析

进行培训需求分析是培训项目设计的第一步，也是培训评估的第一步。如果对没有充分需求分析的培训项目进行评估，那么评估的结果多半是令人失望的。对许多的管理者来说，培训工作"既重要又茫然"，根本的问题在于企业对自身的培训需求不明确但又意识到培训的重要性。企业对员工的培训需求缺乏科学、细致的分析，使得企业培训工作带有很大的盲目性和随意性。很多企业只有在管理上出现了较大的问题及经营业绩不好的情况下才临时安排培训工作，仅仅满足短期需求和眼前利益。

对于培训需求的分析，一些企业完全由员工本人提出培训的需求，培训主管部门简单予以同意或反对；还有一些企业培训主管不进行需求分析，只凭经验和模仿他人而机械地制订本企业的培训计划，或者按照前一年的计划来制订，不根据实际情况制订今年的计划；有的企业对培训需求的界定甚至只根据高层管理者的一句话。总之，企业没有将本企业发展目标和员工的职业生涯设计相结合来仔细设计和主动加强对员工的培训。

如果缺乏对培训前细致深入的需求分析，对课程及设施不进行合理的设计，就会造成培训需求不明确，某些企业的培训变成一种救火式、应急式、毫无规矩、偶然的工作。不管一个培训项目是由什么原因引起的，培训主管都应该通过培训需求分析来确认具体的知识、技能、态度的缺陷。培训需求分析中所使用的最典型的方法有访谈法和问卷调查法。调查的对象主要集中在未来的受训者和他们的上级主管。同时，还要对工作效率低的管理机构及员工所在的环境实施调查，从而确定环境是否也对工作效率有所影响。

2. 界定评估目的

在培训项目实施之前，人力资源开发人员就必须把培训评估的目的明确下来。多数情况下，培训评估的实施有助于对培训项目的前景做出决定，对培训系统的某些部分进行修订，或是对培训项目进行整体修改，使其更加符合企业的需要。例如，培训材料是否体现企业的价值观念，培训师能否完整地将知识和信息传递给受训者等。重要的是，培训评估的目的将影响数据收集的方法和所要收集的数据类型。

3. 评估培训前的准备

有效培训是多方积极参加的结果，有效的培训评估的主要参加对象有：企业领导、培训主管、受训者、培训师、培训机构等。培训主管要想充分有效地开展培训评估活动，那么最好能够对受训部门和受训者进行必要的培训前准备。在参加培训前，申请者应该知道自己希望从培训计划中获得什么，写出一个简单的期望并列出参加培训会对工作带来的好处，受训者可以根据这些期望目标有的放矢的参加培训。

4. 选定评估对象

培训的最终目的就是为企业创造价值。由于培训的需求呈增长的趋势，因而实施培训的直接费用和间接费用也在持续攀升，因此不一定在所有的培训结束后，都要进行评估。应主要针对下列情况进行评估：

(1) 新开发的课程：应着重于培训需求、课程设计、应用效果等方面。

(2) 新教员的课程：应着重于教学方法、质量等综合能力方面。

(3) 新的培训方式：应着重于课程组织、教材、课程设计、应用效果等方面。

(4) 外请培训企业进行的培训：应着重于课程设计、成本核算、应用效果等方面。

(5) 出现问题和投诉的培训：应着重于投诉的问题。

选定评估对象，我们才可以有效地针对这些具体的评估对象开发有效的问卷、考试题、访谈提纲，等等。

5. 全面考虑评估活动

在进行评估前，培训主管应该全面筹划评估活动，一般来说在开展培训评估前培训主管还应综合考虑下面几个问题：

(1) 从时间和工作负荷量上考虑是否值得进行评估？

(2) 评估的目的是什么？

(3) 重点对培训的哪些方面进行评估？

(4) 谁将主持和参与评估？

(5) 如何获得、收集、分析评估的数据和意见？

(6) 以什么方式呈报评估结果？

6. 完善培训评估数据库

进行培训评估之前，培训主管必须将培训前后发生的数据收集齐备，因为培训数据是培训评估的依据，尤其是在进行培训三级、四级评估过程中必须要参考这些数据。培训的数据按照能否用数字衡量的标准可以分为两类：硬数据和软数据。硬数据是改进情况的主要衡量标准，以比例的形式出现，是一些易于收集的无可争辩的事实，这是最需要收集的理想数据。硬数据可以分为四大类：产出、质量、成本和时间。几乎在所有组织机构中，这四类都是具有代表性的业绩衡量标准。有时候很难找到硬数据，这时软数据在评估人力资源开发培训项目时就很有意义。常用的软数据类型为工作习惯、氛围、新技能、发展、满意度和主动性六大类。

7. 确定培训评估层次

从评估的深度和难度看，柯克帕特里克的模型包括反应层、学习层、行为层和结果层四个层次。培训主管要确定最终的培训评估层次，因为这将决定培训评估开展的有益性和有效性。多年来，业内权威人士认为要使与工作相关的培训做得好，至少对一部分培训课程要进行三级评估甚至四级评估。然而，限于企业的精力、实力和财力，大多数的培训在做完一级评估或二级评估后就草草了事了。

如今，员工对培训的要求已有所改变。学习是一件好事，但这还不够，不能改变经营业绩的学习是毫无用处的。因此，培训部的职责将必然从单纯统计培训时数和感到满意的受训人数，转向对培训效果的评估。这种压力促使培训师不得不进行更深层次的三级和四级评估。

在进行三级和四级评估时，内容设计前就让客户参与进来非常关键。提出培训要求的经理不仅要讲清楚团队需要解决的问题，同时也要说明他期望得到什么样的表现。如果能做到这一点，他们就可以提供衡量一个人行为转变的数量标准。

8. 选择评估衡量方法

在决定对培训进行评估后，评估工作在培训进行中就可以开始了。这时候采取的方法主要是培训主管部门或有关部门管理人员亲临课堂听课，考察现场，观察受训者的反应、培训场所的气氛和培训师的讲解及组织水平。虽然这样可以获得一手材料和信息，但因培训还未结束，除非特别要注意的重大培训项目，为获得完整数据，一般在培训结束后才开始进行评估。

评估内容主要包括对培训课程本身的评估和对培训效果的评估。按评估的时间分为培训结束时进行的评估和受训者回到工作中一段时间的评估。评估的方式有评估调查表填写、评估访谈、案例研究等。

需要说明的是，评估是为了改进培训质量、增强培训效果、降低培训成本。针对评估结果，重要的是要采取相应的纠偏措施并不断跟踪，而不是评过就无反馈了。

9. 统计分析评估原始资料

培训主管对前期的培训评估调查表和培训结果调查表进行统计和分析。将收集到的问卷、访谈资料等进行统计分析整理合并，剔除无效资料，同时得出相关结论。

10. 调整培训项目

培训主管在分析以上调查表之后，再结合受训者的结业考核成绩，对此次培训项目给出公正合理的评估报告。培训主管还可以要求此次培训的培训机构对于本培训项目的评估提交报告书，对培训项目做出有针对性地调整。在认真地对评估数据、评估问卷进行了考查之后，培训项目得到了受训者的认可，收效很好，则这一项目继续进行。如果培训项目没有什么效果或是存在问题，培训机构就要对该项目进行调整或考虑取消该项目。如果评估结果表明，培训项目的某些部分不够有效。例如，内容不适当、授课方式不适当或受训者本身缺乏积极性等，培训机构就可以有针对性地考虑对这些部分进行重新设计或调整。

11. 沟通培训项目结果

有很多企业重视培训评估，但是其评估却与实际工作脱节。培训效果的检验仅仅局限于培训过程中，没有在实际的工作中进行，造成了培训与实际生产服务脱节。在培训评估过程中，人们往往忽视对培训评估结果的沟通。尽管经过分析和解释后的评估数据将转给某个人，但是当应该得到这些信息的人没有得到时，就会出现问题。在沟通有关培训评估信息时，培训部门一定要做到不存偏见且有效率。

7.4　从财务角度评估培训项目

7.4.1　培训成本收益评估

所谓的培训成本收益评估，就是将发生在人力资源开发项目实施过程中的成本与该项目为企业带来的收益进行比较。投资回报分析主要有两种形式，成本—有效性分析比较(C/E)和成本—收益分析比较(C/B)。

成本—有效性分析比较适宜货币计算的培训成本和培训带来的非货币性收益，如工作态度的改进、事故的减少、员工健康的改善等。它主要用于确定在一个给定项目中产生一组效果的成本。它的好处在于可以对可供选择的为实现同一目标而设计的培训方案进行比较。但它没能从财务数据上来判定一个培训项目是否值得选择。同时，培训的投资收益也没有以较为清晰的货币形式表现出来，仅仅是停留在对培训效果的定性分析上，缺乏一定的科学性。

成本—收益分析主要是指用财务的方法来评估培训的有效性，关心的是培训带来的财务收益，包括产品质量的改善、利润的增加、浪费的减少和生产时间的缩短等。C/B 和 C/E 分析类似，两者都注重于目标、成本及收益。区别在于 C/B 分析以货币定量形式来表达培训的收益和有效性。C/B 分析中最流行的一种形式是投资回报率分析(Return On Investment，ROI)。尽管投资回报率分析以往都是用于对资产的投资进行分析的，但它同样能通过将项目收益与投资资本相联系的方式来评估培训活动中的投资回报。此时，它以比率的形式来分析投资回报，而这个比率数字显示了与培训项目相关的收益大小，代表了公司在这个培训项目上的投资比重。同时，由于 ROI 是以一个数字的形式综合了所有重要的可能的部分，并且 ROI 数据可以和公司其他的内外投资进行比较，而且它相对容易操作，因此在投资分析中得到了广泛的应用。在运用 ROI 方法对培训的经济价值进行分析时，要事先对培训的成本和收益进行准确、有效的核算。

培训成本收益评估一般采取的战略是用货币来计算成本和收益指标，然后对它们进行比较。比如说，计算培训项目的投资回报率，是用总回报去除以总成本，即

$$投资回报率 = \frac{总回报}{培训总成本}$$

总回报与总成本的比率越大，企业从培训中获得的收益就越多。如果投资回报率低于 1，说明该培训项目消耗的成本高于它对企业的回报。在这种情况下，要么需要对该项目进行调整，要么将其终止。当然，有的时候企业会出于一些非经济的原因或法律原因继续进行某个培训，即使是这样，如果出现了负的投资回报率，也还是需要重新考虑这个培训项目或对其进行调整。

1. 培训成本的确定

对培训成本进行一个较为完整的分析估计可以借用布伦尼(Bramley)在 1991 年提出的培训成本矩阵衡量，它是从培训在不同阶段所要求的资源入手，分析整个培训过程所花费的总成本，如表 7-12 所示。

表 7-12　培训成本矩阵

	人员费用	场地设施费用	设备材料费用
培训前(设计)	1(a)	1(b)	1(c)
培训中(实施)	2(a)	2(b)	2(c)
培训后(评估反馈)	3(a)	3(b)	3(c)

应用该模型还可以对不同培训的成本进行比较，从而为随后进行的成本分析提供基础。通过培训成本矩阵分析，可以比较全面地对培训的总成本进行分析，并且可以对培训的不同方式在培训实施前进行可行性分析，从而为更有效地开展培训打下基础。

在计算培训项目的成本时，人力资源开发人员需要考虑五种支出，分别为直接成本、间接成本、设计与开发成本、管理费用、培训课酬。

(1) 直接成本，是指与培训的实施直接相关的成本，包括课程资料开支(重印或购买)、教学辅助费用、仪器租赁费用、旅行费用、食品和其他餐点开支、培训师的工资和福利。这些成本直接发生在特定项目的实施过程中。如果在培训开始的前一天取消了这个培训，那么这些成本都不会发生。尽管用于课程资料重印或购买上的成本已经发生，但是因为这次根本就没有使用这些资料，所以它们可以留给将来的培训使用。

(2) 间接成本，是指发生在培训的辅助工作中的成本，它与任何特定的培训项目之间不存在直接的一对一的关系，即使该培训项目被临时消，这些成本已经无法再收回。这些成本包括对受训者进行培训的成本、耗费在后勤文秘和行政工作上的成本、已发给受训者的资料的成本、培训师筹备培训时的时间投入等，在宣传推广该培训项目时发生的成本也是间接成本。

(3) 设计与开发成本，包括了所有的培训课程开发成本。通常它包括录像带的制造成本、计算机教学程序的开发成本、项目材料的设计成本以及任何必要的重新设计所带来的成本。这项成本还包括前期课程分析成本，或前期分析中与项目直接有关的部分的成本。另外，它还包括项目评估和跟踪成本。如果项目的周期很长，通常可以分期摊销这笔成本。比如说，项目一共进行了 3 年，那么每年可以冲销 1/3 的开发成本。否则在预算上就会出现突然的膨胀，因为开发成本全部计入了第 1 年的成本。

(4) 管理费用，虽然管理费用与培训项目没有直接的关系，但是对培训部门的顺利运转来说却是必不可少的。例如，如果培训部门有自己专用的视听设备，那么就会有设备维护费用发生。这类年成本应该在各培训项目之间进行分摊。如果培训部门还有专用的教室，那么供暖和照明费用也属于一般管理费用。使用教室进行培训的时候，场地维护费用应该计入该项目的成本。

(5) 培训课酬，是指在培训期间支付给受训者的工资和福利构成部分。如果培训一共持续两天，那么这两天付给受训者的工资和福利应该计入该项目的成本。通常人力资源开发人员并不知道每个受训者的薪酬待遇，但是他们可以要求负责员工薪酬管理的部门提供各级别受训者的平均工资。在估计这项成本时，只需将平均工资水平乘以受训者人数就可以了。

2. 培训收益的确定

培训收益是指企业从培训项目中所获得的价值，具体的衡量指标包括劳动生产率的提高、产品质量的改进、产品销售量的增加、成本的降低、事故的减少、利润的增长、服务质量的提高等。通过培训对经营业绩的整体影响，进行培训的投入产出分析。

进行培训收益分析时需要和预期的培训目标以及效果有机结合起来考虑。通常对收益进行分析的做法主要有：

(1) 通过以往研究和培训记录，确定培训的收益；

(2) 在企业范围内进行小样本试验，由此来确定某一培训可能带来的收益，这在企业要推行一些大的培训项目前尤为重要；

(3) 通过观察培训后绩效特别突出的员工来分析培训的收益，往往和生产力的提高、事故的减少、离职率的降低等联系在一起。在分析了成本和收益后就可以通过公式计算培训的投资回报率了。

7.4.2　衡量投资回报率的其他指标

除了上述常规投资回报率计算方法之外，还可以用其他的指标进行投资回报率的衡量。这些指标是针对其他财务衡量指标设计的，如还本期、现金量贴现法、内部收益率、效用分析等。

1. 还本期

还本期是对资本开支进行评估的常用方法。采用这种方法时，某项投资所产生的年度现金收入(节余)等于该项投资所要求的最初现金支出，衡量单位一般为年月。还本期的计算公式为：

$$还本期 = \frac{投资总额}{年度净结余}$$

2. 现金流量贴现法

现金流量贴现法是一种对投资机会进行评估的方法，它可以对投资所产生收入的时间赋予特定的价值。这种方法需要根据贴现率计算净现值，能够对培训项目进行排名。现金流量贴现法计算公式为：

$$V = \sum_{t=1}^{n} \frac{CF_t}{(1+r)^t}$$

其中：V 表示企业培训效果的评估值；n 表示企业的寿命；CF_t 表示企业在 t 时刻产生的现金流；r 反映预期现金流的折现率。现金流量贴现法的计算比较复杂，往往难以掌握。

3. 内部收益率

内部收益率考虑的是金钱的时间价值，而不会受项目规模的影响，可以用它对各种培训方案进行排名，也可以用它在规定了最低收益率的前提下做出接受或拒绝的决定。内部收益率计算公式为：

$$\sum_{t=1}^{n} (CI - CO)_t (1 + FIRR)^{-t} = 0$$

其中：FIRR 表示内部收益率；CI 表示现金流入量；CO 表示现金流出量；$(CI - CO)_t$ 表示第 t 期的净现金流量；n 表示项目计算期。

4. 效用分析

效用分析是指对各种方案的损益进行分析，其主要意义在于给管理层在做出决策时提供依据。在效用分析过程中，往往包含了影响人力资源活动的主要因素(变量)。效用大小计算的基本公式为：

$$效用 = 单位产出的绩效 \times 产出的数量 - 成本$$

◆　思 考 与 复 习　◆

1. 培训效果评估指标有哪些？分别可以采用哪些测量方法？

2. 为什么说培训效果评估是一项非常有价值的工作？

3. 阐述柯克帕特里克模型的四个评估层次。回忆你曾经参加过的一个培训或上过的一堂课，举例说明每个层次可以搜集什么样的数据，以此来证明该培训的效果。

4. 菲利普斯模型在柯克帕特里克模型的基础之上又增加了什么内容？并阐述该模型的具体内容。

5. 将实验设计的几种类型进行比较，评价它们的优缺点，说明你的理由。

6. 如何从财务角度评估培训项目？

◆　案 例 讨 论　◆

销售技巧培训项目的效果评估

一家大型连锁店为了增加销售额，对销售人员进行了销售技巧培训，以提高销售人员与客户进行信息沟通的水平。项目由外部咨询公司设计和实施，内容包括两天的技能培训，一天后续跟踪培训(由学员实践所学技能，然后讲述各自实践的情况，探讨克服实施障碍的方法)，三周技能在工作中的应用。48 个受训者来自三个分店的电子部门，每部门 18 人。

该培训项目效果评估的主要思路是：从另外三个分店的电子部门各选一组作为对照组，对照组在商店规模、地点和客流量方面与培训组相同；采用有对照组的后测方案；监测记录每人、每周的平均销售额；通过培训组和对照组的周销售额的比较，了解培训的实际效果。具体情况如下：

在培训的后期，由培训师主持，通过角色扮演等方法了解受训者对 15 种销售技巧和 6 种影响客户的步骤的熟悉、选择和运用的情况。在培训结束时，由培训师负责，通过反应问卷的形式了解受训者对培训项目的评价和建议。其中，对项目的质量、用途和收获评价为 4.2 分，满分是 5 分。

在培训后三周，培训师主持召开了以受训者为对象的后续研讨会，了解技能在工作中应用的频率和效果以及与客户打交道中的主要障碍。在培训后三个月，由培训协调员实施了对受训者的问卷调查，其内容也是关于销售技巧应用和与客户沟通的障碍。

在培训后三个月，由培训协调员汇总业绩监测的记录，了解销售额增长的情况。最后是投资回报收益率分析，即 ROI 分析。

投资收益率计算：

$$ROI = \frac{F-N}{N} \times 100\% = \frac{81120-32984}{32984} \times 100\% = 145.94\%$$

其中，培训项目年收益和培训项目年成本具体内容如表 7-13 和表 7-14 所示。

表 7-13　培训项目年收益　　　　　　　（单位：美元）

代码	项　目	数　量
A	周平均销售额/人(培训组)	12 075
B	周平均销售额/人(对照组)	10 449
C	增幅($A - B$)	1 626
D	利润贡献率($C × 2\%$)	32.50
E	周总体受益($D × 48$ 人)	1 560
F	年总体收益($E × 52$ 周)	81 120

表 7-14　培训项目年成本　　　　　　　（单位：美元）

代码	项　目	数　量
H	讲课费(包括咨询公司的开发成本、实施成本和福利)	11 250
I	培训资料：35 美元/人 × 48 人	1680
J	用餐：28 美元/人日 × 3 天 × 48 人	4032
K	设施	1080
L	学员工资福利	12 442
M	评估	2500
N	总成本($H + I + J + K + L + M$)	32 984

资料来源：https://wenhu.baidu.com/view/8b0f629027d3240c8547ef75.html

根据案例回答以下问题：

(1) 你能分辨出案例中不同层面的评估吗？它们是什么？

(2) 评估中为什么要设对照组？其作用何在？

(3) 培训评估在整个培训管理中起什么作用？

◆　培 训 游 戏　◆

积极的反馈

游戏类型：激励方法

活动形式：分成若干组，两人一组

所需时间：25 分钟到 35 分钟

场地要求：不限

所需材料：记事本

活动目的

1. 通过游戏，使受训者体会什么是积极的反馈，积极认可他人优点。

2. 掌握人际交往的技巧，鼓励受训者应用于课堂外的交流。

操作步骤

1. 向大家暗示，我们每个人都希望赢得别人的尊重。将团队分成若干个小组，每两个人一组。

2. 让每个组写出 4～5 个他们所注意到的自己搭档身上的特点，诸如一个身体上的良好特征，如甜美的笑容、悦耳的嗓音等；一种极其讨人喜欢的个性，如体贴他人、有耐心、整洁细心等；一种引人注目的才能或技巧，如良好的演讲技巧、打字异常准确等。

3. 所列出的各项都必须是积极的、正面的。

4. 当他们写完后，每两个人之间展开自由的讨论，其中每个人都要告诉对方自己所观察到的东西。

5. 建议每个人把他的搭档所做的这些积极的反馈信息记录下来，可以在自己很沮丧的时候读它。

提示

1. 在开始的时候，培训师应指导大家根据自身切实感受记录搭档特点。

2. 为了让大家更好地获取他人给予的真实反馈，培训师应鼓励大家告诉对方自己所观察到的东西，并在与搭档讨论时专心倾听、做好记录。

相关讨论

1. 你觉得进行这个游戏愉快吗？如果不是，为什么？

2. 为什么对我们中的大多数人来说，赞扬别人是一件困难的事情？

3. 怎样能让我们更加轻松地给予别人积极的反馈信息？

4. 什么能让我们更加轻松地接受别人反馈的积极肯定的信息？

5. 为什么总有一些人很快就给别人做出负面的评价，而几乎从来不提别人的好处？

第8章　培训成果转化

学习要点

➢ 培训成果转化的概念

➢ 培训成果转化理论中的同因素理论、激励推广理论以及认知转化理论

➢ 福克森的培训成果转化模型

➢ 鲍德温和福特的培训成果转化过程模型

➢ 培训成果转化的影响因素

➢ 阻碍培训成果转化的主要因素

➢ 管理者在促使培训成果转化过程中所发挥的作用

导读资料

国航引进两台飞机模拟器，提高飞行员驾驶技能

中国国际航空股份有限公司(简称"国航")新引进的空客 A320 和波音 B737NG 全动模拟机在国航培训部新址飞行模拟训练基地飞行训练楼正式启用。采用全新技术的模拟机将进一步提高国航的飞行训练水平，增强飞行员的操作技能，加大了飞行安全砝码。

飞行训练工作是保证持续安全的基础，是运行品质提升的重要保障。飞行模拟机是高科技训练设备，仿真的驾驶舱可以为飞行员提供视觉和操作逼真的模拟飞行过程，可以使飞行员通过模拟飞行训练不断地提高和熟练掌握飞行操作技能。

从引进全民航第一台飞行模拟机以来，国航在飞行训练的软硬件建设上一直走在中国民航的前列。国航此次引进的空客 A320 和波音 B737NG 全动模拟机是加拿大 CAE 公司700 系列的最新产品，以电动运动平台取代了旧模拟机的液压运动平台，可节能 60%，噪音大大减小；也更为环保。它的计算机操作系统、运动操作系统以及系列视景系统都是最新技术，拥有全球无缝连接的数据库，视镜可达到 210°，仿真度更高，有利于实际操作。两台模拟机今年 7 月运抵北京后，经过 1 个多月的安装、调试，顺利通过了各项验收。国家民航局对模拟机进行了系统鉴定，技术鉴定为 D 级，符合 CCAR60 部规定，并给予较高评价。

国航总飞行师徐传钰表示，国航历来高度重视飞行训练工作，随着国航的快速发展，飞行训练的需求也在不断加大，建设飞行模拟训练基地是国航加强训练投入、保证安全生产的重要举措。

资料来源：http://www.doc88.com/p-9703781128243.html

受训者能否有效转化培训成果，决定了企业能否实现培训的最终目标。在选择了合适的培训方法之后，企业通过合理地控制影响培训成果转化的因素及其转化过程，促进培训

成果的转化，才能真正实现企业培训的价值。本章将重点介绍培训成果转化的相关知识。

8.1　培训成果转化的定义与目的

8.1.1　培训成果转化的定义

培训成果是指企业和员工从培训中获得的收益。许多学者对培训成果转化进行了探讨。Baldwin 和 Ford 认为，培训成果转化是将培训过程中获得的技能扩展到实际工作环境，并始终保持所获得技能的过程。Broad 和 Newstron 指出，培训成果转变意味着员工能够有效地、持续地将在培训中所学到的知识、技能和行为运用到工作中。

虽然这些定义在字面上有差别，但归根到底培训成果转化强调的是以下两方面的内容：

(1) 在什么样的情况下，期望员工在培训后使用他们所学到的知识和技能?也就是说，培训师需要确定三个方面的内容：我们期望员工在培训后改变什么行为，改变培训结果的频率和情况，以及员工在面对不断变化的工作情况时能够应用所学的内容的程度。

(2) 期望受训者学习知识、技能和工作方法所需的时间，以及工作中哪些因素可以促进知识和技能的发展，即行为维护问题和转型环境下的新行为问题。

综上所述，所谓培训成果转化，是指受训者在培训过程中不断、有效地将自己的知识、技能、行为、态度运用到工作中，使培训项目发挥其最大价值的过程。当人力资源开发成为企业人力资源管理的核心环节时，如何将培训转化为绩效就成为一个关键的问题。当个人的知识、技能、行为和态度与组织的需求密切相关时，培训成果转化就成为一个核心问题。因此，企业要想通过培训提高员工和组织的整体绩效，就必须了解如何在企业中实现培训成果转化。

8.1.2　培训成果转化的目的

事实上，只有 40% 的培训内容在培训后的短时间能够立刻被应用到工作中，25% 的内容在 6 个月以后还能应用，15% 的培训内容能够保持 1 年的有效性。如果以货币形式来衡量，大约只有 10% 的培训投入能够转化为员工日后的工作行为。因此，员工通过培训所得如果没有经过培训成果转化这一过程，就无法提高员工的工作绩效，进而也无法提高企业的整体绩效。培训效果转化的主要目的表现为以下三点。

(1) 提高培训的有效性。培训是一种人力资本的投资，在培训过程中需要投入相应的资源，如果培训成果转化较低，就证明培训资源转化率低，致使培训资源投入与产出的增长不成比例，这种情况下的培训就是一种浪费。加强培训成果转化，能够有效地利用各种资源，极大地提高培训的有效性。

(2) 提升员工的工作绩效。培训成果转化首先是员工个人的工作绩效转化。员工通过培训学习各种知识、技能、方法等，并将学习成果运用于实际工作中，不断提升个人的工作能力，从而改善工作行为，提高劳动效率，带来较好的绩效表现。从这一点来看，培训成果转化率的提高意味着员工个人工作绩效的提升。

(3) 增强企业竞争力。培训成果转化充分利用了企业的各种培训资源，提升了员工个人的工作绩效，无论从经济效益还是企业发展来看，都是有益的，并从根本上增强了企业的竞争力。在当前，科学技术迅猛发展中，行业竞争激烈，企业通过培训成果转化将新技术、新知识等不断转化为员工的知识和技能，便于储备人力资本，提高企业创新力，培育出企业自身的核心能力。

8.2　培训成果转化的相关理论

对培训设计(学习环境)产生影响的三种培训转化理论为：同因素理论、激励推广理论与认知转化理论。每个理论的重点和最适合考虑的条件，如表 8-1 所示。

表 8-1　培训转化理论

理　论	重　点	适　合　条　件	转化类型
同因素理论	培训环境与工作环境相同	培训关注封闭性技能； 工作环境的特点稳定可预测	近转化
激励推广理论	总体原则可应用于多种不同的工作环境	关注开放性技能； 工作环境的特点，不可预测，高度易变	远转化
认知转化理论	有意义的材料和编码方案，强化培训内容的存储	所有类型的培训和环境	远近转化

8.2.1　同因素理论

同因素理论是行为学习理论中最具代表性和最具影响力的学习迁移原理。该理论由 Yan Dike 等人在实验的基础上提出。该理论认为，培训转化只能由受训者完成。只有当培训内容与工作环境完全相同时，才会发生培训成果转化。

按照同因素理论设计培训项目时应该注意以下几点关键环节：

(1) 培训中应该告诉受训者基本的概念。

(2) 在培训过程中应明确具体的操作流程。

(3) 明确在何时、以何种方式将培训内容运用于工作中。

(4) 员工应能说明培训中操作与实际工作是否存在差异。如果有细微的差异，未来该如何标注。

(5) 鼓励培训过程中超出适用范围的学习。

(6) 将培训内容限制在员工能够掌握的领域。

(7) 鼓励员工将培训课堂上所学的技术、知识等应用于实际的工作当中。

同因素理论广泛应用于人力资源开发领域，然而，相似性要求越高，复杂性和成本就会越高，这在实际工作中往往要对其进行权衡。这一理论在许多培训项目中都得到了应用，尤其是那些与设备应用或包含特定项目的培训项目。

8.2.2 激励推广理论

激励推广理论是在认知主义的框架下发展起来的，激励推广理论强调"远程转换"。"远程转换"是指当工作环境(设备、问题、任务)与培训环境不同时，受训者在工作环境中应用技能的能力。组织者在应用激励推广理论设计培训项目时，应该注意以下关键环节：

(1) 使受训者了解其所接受的训练技能和行为的基本概念、一般原则和假设。

(2) 鼓励受训者将培训中突出的重点与实际工作经验相结合，在不同的环境和情况下，将这些原则运用到实践中，并分享成功经验。

(3) 鼓励受训者想象如何在不同的环境中使用新技能。

(4) 鼓励受训者在接受培训后，将自己的技能运用到与培训环境不同的工作环境中。强调这些一般原则可能具有更大的推广价值，并可应用于与培训环境完全不同的情况。

8.2.3 认知转化理论

认知转化理论基于信息处理模型，信息的存储和恢复是该学习模型的关键因素。认知转化理论强调，改变培训成果的能力取决于学员"记住"所学技能的能力。因此，培训师可以通过为员工提供有意义的材料和编码策略，增加受训者将实际工作问题与所学技能相结合的机会，从而提高培训成果转化的成功率。

实践是把理论知识转化为实际能力的重要环节，在使用认知转化理论设计培训项目时，应该从培训过程的三个阶段来把握。

(1) 培训前的准备工作。培训前的准备工作是做好培训的首要环节。受训者对自己所受培训的目的、内容和要求并非全面了解，部分员工只是通过培训指导书，初步的有一点理性认识，有的甚至对指导书的内容也一无所知。如果培训师无视受训者主观因素的影响和客观条件的制约，把嚼得稀烂的东西喂给受训者，也只能是照葫芦画瓢，其效果是可想而知的。

(2) 培训过程中应把握关键问题。在开始培训之后，培训师既要教会受训者操作设备、记录数据，又要把握时机为其设疑，启发受训者释疑，从受训者的认知能力上抓问题的实质，拓宽受训者的思路，激活受训者的思维，培养受训者的动手能力和思维能力。因此，抓好这一环节，对受训者今后的职业生涯有很大的帮助。

(3) 培训后的综合整理与分析。培训结束，只是受训者完成了培训的一部分，后期经验整理、分析和报告的形成是更重要的部分。因此，关键的环节是通过培训将所学到的技能、解决问题的方法系统地整理，这些工作通常是受训者回去自己完成，培训师一般不用指导。

8.3 培训成果转化的过程

8.3.1 培训成果转化的层面

从受训者角度分析，培训成果转化由浅入深可分为四个层面：依样画瓢、举一反三、融会贯通、自我管理，如图 8-1 所示。

| 依样画瓢 |
| 举一反三 |
| 融会贯通 |
| 自我管理 |

图 8-1　培训转化的四个层面

第一层，依样画瓢，是使用同类型的方法，即受训者在接受培训时工作内容和环境条件完全相同。培训转型的效果取决于实际工作环境与培训环境特征的相似性。

第二层，举一反三即"推广"。受训者了解培训转化的基本方法，掌握培训目标中最重要的特征和一般原则，明确这些原则的适用范围，通过培训来演示培训过程中的关键行为，并为基本原则突出多个适用场景，可以增强这一层次的转移效应。

第三层，融会贯通即整合。即当受训者在实际工作中遇到的问题或情况与培训过程的特点完全不同时，可以回忆培训中的学习成果，建立知识能力和实际应用，在连接之间适当地应用它们。

第四层，自我管理。即受训者在实际工作中积极运用所学到的知识和技能，解决实际工作中的问题，并通过自我激励思考培训内容在实际工作中的可能应用。(例如，更恰当的判断是，新获得的技能在工作中可能有积极和消极的影响；设定自己应用所学技能的目标；培训内容的应用是自我强化，为了实现创新和应用的良性循环，进入创新应用。)

8.3.2　培训成果转化过程模型

图 8-2 展示了培训成果一个转化过程的模型。

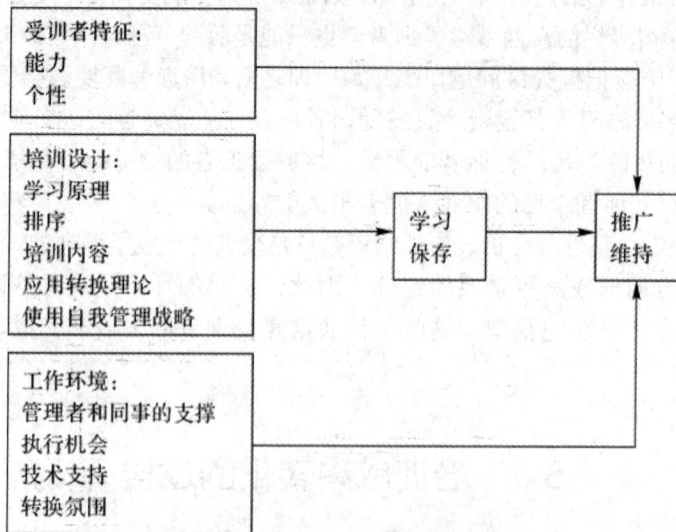

图 8-2　培训成果转化过程模型

该模型中，培训成果转化应是一个将培训内容保存，再推广到工作当中，并能维持所学的内容，同时进行实时的信息反馈，通过调整实施再学习、再推广的循环过程。推广能力(generalization)是指受训者在遇到与学习环境类似但又不完全一致的问题和情况时，将所学技能(语言知识、动作技能等)应用于工作上的能力。维持(maintenance)是指长时间持续应用新获得的能力的过程。

为了保证所获得的培训成果的推广和维护，受训者必须学习和保持各种能力。为了保证所获得的培训成果的推广和维护，受训者必须学习和保持各种能力，模型也表示了受训者特征、培训项目设计、工作环境是影响学习、保存、维持和推广的重要因素。

从培训与投入产出的角度分析，在培训成果转化过程模型中，包括培训投入和培训产出两个部分。

1. 培训投入

培训投入包括三个环节，即受训者特征、培训项目的设计和工作环境。

1) 受训者特征。

受训者特征是指每个受训者的差异特征，这种特征会影响个体学习速度和学习内容的持续性和提升。有些受训者具有稳定性，有些受训者具有随时间变化的特性。其中，影响学习效果的主要变量有两个：受训者的学习动机和学习能力。

学习动机是指受训者学习培训内容的渴望程度。各种研究表明，学习动机与受训者的知识或技能的获得、行为变化等密切相关，即努力能带来良好的培训效果；培训中的良好表现可以促进工作绩效的提高；工作中的高绩效帮助受训者获得期望的结果，避免不期望的结果。如果他们认为自己在培训中的良好表现与职业发展密切相关，那么他们就会更有动力在培训中努力表达自己。

学习能力是指受训者观察、模仿、参与、掌握新知识、新事物的能力，也是把对新知识、新事物的准确理解融入已有的知识、从而改变已有知识结构的能力。可以说学习能力是所有能力的基础，评价的指标是六个维度，即学习专注力、学习成就感、自信心、思维灵活度、独立性和反思力。其表现为多元才能和十二种"核心能力"。多元才能包括知识整合能力、社交能力、心理素质、团队合作、理财能力、策划与决策能力。十二种"核心能力"包括注意力、观察力、记忆力、思维力、想象力、创造力、理解力、语言表达、操作能力、运算能力、听/视知觉能力。学习能力越强，学习效果就会越好，受训者的综合素质能力就越高。所以，提高受训者的学习能力也是培训中的一项重要任务，必须贯穿在培训过程的始终。

2) 培训项目设计

培训项目设计是指培训内容、培训方法和培训媒体的选择和规划。在分析培训效果转化的过程中，有必要分析培训项目设计对培训效果转化的影响。例如，在选择培训手段的时候，不能简单采用讲授的方式，还要配套游戏模拟、角色扮演等。在培训项目设计中，应重点考虑以下几个问题，以便增强培训效果。

(1) 营造学习环境。创造良好的培训环境是提升培训效果的前提。比如，美的建立了美的大学，海信设立了海信学院，为参加培训的员工提供了各项软硬件一流的环境条件，有这样的培训环境，员工的学习效果自然得到提升。此外，在营造学习环境中，要运用学习原理帮助受训者获得其所期望获得的行为。例如，认知心理学提供了可以帮助企业有效地界定培训情境的概念框架，从而帮助他们掌握做好工作所需的认知模式以及技能。

(2) 应用成果转化理论。在设计培训项目时要考虑成果转化理论的应用，这样可以提高培训内容与工作的关联性。如前所述，不同的转换理论适用于不同的培训内容和对象，从而提高了培训成果的有效性。例如，对于基层员工的技能培训，同样的因素理论可以根据工作环境来设计培训环境；对于中层管理者的管理技能，可以运用激励促进理论或认知转化理论来设计培训环境。

(3) 学会管理自己。Peter.F.Drucker 明确提出了"自我管理"，即了解自己的优势；了解自己的行为；了解自己的价值观、归属；了解自己应该贡献什么；善于处理人际关系；制定工作中应用新技能和新行为的目标；运用工作中学到的技能；自我监控在工作中所学技能的应用。"自我管理"的思想体现在培训方案的设计上，使受训者在工作应用中为新的技能和行为的自我管理做好准备。

3) 工作环境

培训效果能否顺利转化与工作环境密切相关。因此，创造一个良好的工作环境对于培训成果的转化是非常重要的，包括转化氛围，管理者的支持，同事的支持，运用所学技能的机会，以及技术支持。

(1) 转化氛围。转化氛围是指受训者对能够促进或者阻碍培训所学内容应用的工作环境特征的感觉，主要包括企业战略目标和企业文化两个因素。其中，合理的企业战略目标应该包括培训以及成果转化，只有这样才能保障企业获得持续不断的智力支撑。积极向上的企业文化可以促进员工培训成果的转化。学习氛围是企业文化的一种重要表现形式，能够潜移默化地影响员工的思想和行为。因此，浓厚的学习氛围会使员工具有上进心，能够抓住一切可以利用的机会进行学习提高。

(2) 管理者的支持。管理者是否重视员工参与培训项目，培训内容在工作中的运用程度，极大地影响了培训成果的转化。管理者能为受训者提供不同程度的支持。例如，承认培训的重要性，提供实践该新技能的机会和平台，容忍培训后的失败和出错等，都能使培训成果实现最大限度的转化。

(3) 同事的支持。任何一个员工存在于企业组织中，这就产生了员工在组织中与其他同事联系和交往。因此，同事的支持不仅是良好人际关系的基础，同时也为创造一个良好的学习和成果转化氛围提供了支持。同事之间可以互相学习、互相指导和互相帮助。例如，建立由两名以上受训者组成的学习小组，可以面对面地交流学习进展、学习障碍，还可以分享工作中成功转化成果的案例和经验，少走弯路，实现培训成果的转化。

(4) 运用所学能力的机会。企业要向受训者提供或者受训者主动寻找机会在实践培训中学到的新知识、新技能和新的行为方式等。当然，企业在提供机会的同时也要适度地包容受训者失败和出错。受训者获得了新知识和新技能并不意味着他们完成了培训成果的转化，还需要有运用的机会去验证、完善和提高他们所学的东西。

(5) 技术支持。技术支持是指各项培训成果转化过程中所需要的资源和设备的支持，这是提高培训成果转化的物质保障。一个再好的培训项目，如果没有相关的资源和设备给予支持，即使企业提供了机会和平台，受训者也只能是望梅止渴。

由此可见，培训成果的转化受到较多因素的影响，这就需要培训组织和管理者在培训成果转化的过程中，采取各种有效措施尽可能降低阻碍因素的消极影响，同时创造良好的支持和转化环境。

2. 培训产出

培训成果转化的条件是学习与保存。知识和技能是个体通过某种形式的他人直接指导、观察或自我指导等信息认知过程所得到的成果。学习的效果常常通过纸笔测验或计算机测验来进行评价，评价的内容是其对知识的回忆、应用或对技能的使用。培训的产出是维持与推广。

(1) 维持。学习成果的维持是指在培训结束后到将培训内容应用于工作这段时间里，受训者对相关知识和技能的牢记程度，即长时间持续应用新获得能力的过程。学习的维持主要受到两方面因素的影响，一是学习环境和工作环境的相似性、情境的相似性和认知的相似性越高，学习成果的转化就越容易。反之，学习成果的转化就越难。二是在培训和将培训的知识与技能应用于工作之间的时间间隔，时间间隔越长，学习成果的维持水平也就越低。

(2) 推广。推广是指受训者在遇到与学习环境相似但又不完全一致的问题和情况时，能够将语言知识、运动技能等应用到工作中的能力。一般来讲，认知和情境的相似性越高，学习成果的维持水平也就越高。但认知和情境的相似性太高会降低学习成果推广的能力。

总之，培训成果的转化是通过培训投入获取新知识和技能的过程，将其保存在受训者的知识和行为模式中，然后在适当的工作环境中保持和提升。

8.4　培训成果转化的影响因素及方法

8.4.1　培训成果转化的影响因素

培训成果转化的三种理论为培训项目的设计提供了依据，本节将主要探讨在企业中影响培训成果转化的因素。

企业都希望通过培训来提高个人和组织的绩效。然而问题是培训能否影响员工个人的工作行为呢？如果可以的话，这种影响到底能够达到何种程度、持续多长时间呢？研究表明：

(1) 除非不断地"唤起"人们的知识和技能，否则人们将逐渐忘记。学习和运用某一知识间隔的时间越长，人们越容易忘记。

(2) 人们需要在不同的环境下使用知识和技能。实际工作环境与培训环境越相近，受训者越容易成功地实现培训成果转化。

Foxon 在 1993 年发表了关于培训成果转化的过程方法。他的模型是基于 Lewin 的场论，认为个体行为是由各种效应应用在他身上的驱动力引起的。驱动力包括积极的和消极的，积极的驱动力会导致工作行为的改变，而消极的驱动力会阻碍这些改变并维持个人行为。场论提供了一个很好的训练结果转换的例子，因为场论发现学习、使用和维护新知识和技能的整个系统不仅受到少数或孤立因素的影响，而且受到许多其他因素的影响。Toxon 指出，障碍因素主要有组织氛围差、应用机会少、培训效果积极性低、缺乏管理者支持等；

支持因素主要有良好的组织氛围、培训内容和工作相关性、运用新技能的动机、内部转型策略、管理者支持等。具体模型如图 8-3 所示。

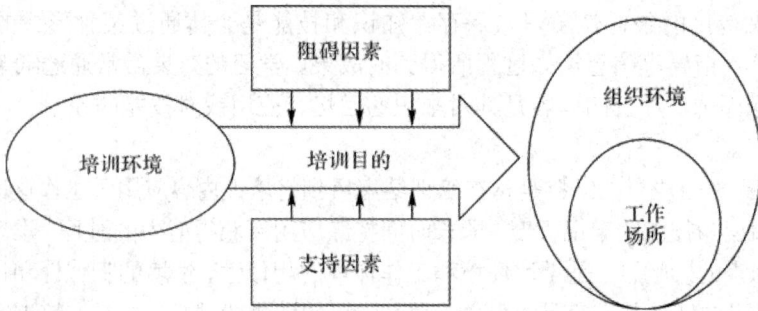

图 8-3　福克森(Foxon.M)的培训成果转化模型

根据上述两个研究结论,长期记忆(即维持学习)和实际运用所学内容的能力(推广能力)都会影响培训成果转化。

8.4.2　培训成果转化的方法

在掌握了培训成果转化模型和转化理论的基础上,企业组织就要建立并推行有利于培训成果转化的方法,而前提条件就是先寻找到可能阻碍培训成果转化的环境因素。

1. 找企业组织自身存在的可能阻碍培训成果转化的因素

企业对培训的高投入能给企业带来更高的投资回报,这不仅取决于员工的个人意识,还取决于员工的工作环境是否有利于培训结果的转化。如果员工的培训成果不能转化,员工会有"无用"的感觉,离职的想法就会增加,培训就会变成"为别人做嫁衣"。

在企业培训过程中,组织结构、领导风格、组织文化、氛围等相关环境因素也对培训成果的提升和维护产生了很大的影响。具体来说,即企业在技术管理上鼓励创新的程度,管理层是否愿意投资培训,管理沟通氛围是否开放,民主程度是否会影响受训者重返工作的绩效。

工作环境中存在着许多阻碍员工培训的因素。一般体现在以下几个方面:

(1) 缺乏各部门管理者的支持。管理者对培训不够重视,不了解培训的一般内容,不知道如何为员工创造条件来实践培训成果,或者很少为被培训的员工提供受训机会来应用新技能。

(2) 缺乏同事的支持。员工们担心,培训带来的变化会影响他们惯常的工作方式和已有的商业知识,并将威胁他们的工作安全。因此,为了个人利益,同事们会例行公事地说服受过培训的员工使用原来的习惯行为或技能。

(3) 与工作本身相关的因素。例如,当工作经常面临时间限制、资金短缺和设备短缺时,受过培训的员工很难运用新技能。

(4) 受训者的理由。受训员工不明白为什么他们需要学习,不知道培训结束后应该达到什么样的目标。他们不具备培训所需的基本技能,或者在培训过程中由于其他原因而不集中精力进行培训,导致根本没有培训效果,或者培训成果转化时,受训员工没有得到及时的反馈，对培训成果转化的积极性大大降低，缺乏培训转化的动力。

2. 确保培训成果转化的具体方法

一旦确定受训员工的绩效与培训相关，就有必要确定培训过程中所学的新知识是否已经成功转化。在分析了导致培训结果不能顺利转化的因素后，企业可以采取以下措施来促进培训结果的转化。

1) 明确关键人员在培训成果转化中的作用

在培训开始前、培训期间和培训结束后，对培训中的关键人员(管理者/主管、培训师、受训者、受训者的同事)进行分析，建立促进培训成果转化的工作环境，克服障碍。如表8-2 所示，是一些可以用来克服阻碍，促进培训结果转化的方法。

表 8-2　促进培训成果转化的方法

关键人员	培训开始前	培训过程中	培训结束后
管理者/主管	了解导致不良绩效的问题，向培训者强调组织目标，并且为受训者建立培训目标。 参与培训需求评估，选择受训者，并制订培训成果转化计划	观察或参与培训； 获得受训者的进展报告； 如果可能，重新分配受训者的工作量	和培训师，受训者的同事一起编写受训者培训报告； 维持支持机制； 监控培训计划的进展
培训师	依据系统的教育计划和学习理论设计培训项目，包括： 收集组织和环境的信息，并在设计培训项目的时候，充分考虑这些因素； 和管理者/主管、受训者讨论培训需要达到的目标，并对受训者现有的技能知识水平进行评估	提供相应的练习机会和恰当的工作帮助； 对受训者提供反馈； 制订培训结束后的行动计划	对培训进行评估，并且进行后续跟踪； 与管理者和受训者保持合作关系； 固和修正培训方法
受训者	积极参与培训计划或培训需求评估； 完成所需要的任务或培训开始前必需的学习任务	自我管理学习任务。 对培训者和管理者的反馈意见做出建设性的改进； 和密友分享培训心得	应用新技能和培训成果转化方案； 使用工作援助； 与同事分享资源和学习成果
受训者的同事	要求受训者掌握关键的学习成果，从而与团队成员共享； 参与讨论培训需求分析	与受训者保持联系，并鼓励他； 帮助减轻受训者的工作量	赞同并支持受训者实现培训成果转化； 如有可能，从受训者那里学习新技能

2) 过度学习

过度也叫"过度识忆"，是指达到一次完全正确再现后仍继续保持的记忆。过度学习有助于记忆材料的巩固。这一理论是由德国著名心理学家艾宾浩斯提出的，核心思想是一个人必须掌握他所学的知识，必须经常提醒自己要通过反复的实践来巩固。换句话说，培训结束后，受训者应该不断地回顾和实践所学到的知识。然而，我们也必须理解"做得太多"的原则。过度学习和"少学"是不一样的。

3) 通过激励强化受训者的学习动机

激励理论主要分为两大类：过程型和内容型。程序化理论是从个体行为的方向、强度和持久度的角度来研究这一问题。目标设定理论和期望理论对企业培训有很大的帮助。基于内容的理论试图挖掘出激励人们的具体因素，如麦克莱伦的需求理论。

(1) 运用目标设置理论。目标设置理论认为，通过努力工作才能实现的具体而明确的目标，比一个模糊的目标更能调动人们的积极性。在培训过程中，如果目标明确、具有挑战性、培训内容与受训者的能力和经验有关，可以根据受训者任务的完成情况提供反馈，保证教学效果。

(2) 运用期望理论。期望理论认为，个体的行为动机与人们的期望密切相关。在商业组织中，如果员工下定决心要取得成功，获得回报，奖励回报的效用和价值，他们就会受到有效的激励。相反，如果他们对以上三个环节持否定态度，或者对其中任何一个环节都持否定态度，他们的学习热情就会受挫。

(3) 运用需求理论。需求理论认为，如果一个人的主要需求得到满足，他的动机和热情就会被激发。许多研究者对人们的成就需求特别感兴趣。例如，麦克兰德教授设计的满足人们需求的培训项目。在企业组织的培训过程中，如果能帮助员工感知到自己的成就需求与未来职业成功之间不可分割的关系，那么员工的行为就会满足组织的要求。

(4) 将教学活动与学习目标和成果相联系。教学心理学认为，保留学习内容的关键是将教学过程中的具体事件、学习过程和学习成果有机地结合起来，赋予学习过程中的每个活动以意义。教学活动的完成旨在获得以下类型的教学成果：知识技能，如程序性知识、语言知识，认知能力，即在受训者理解了以上两类知识之后，他们就知道自己应该成为什么样的人，如何使用这些信息；操作技能，如写作，游泳，使用工具和态度变化。为了保证受训者掌握和保存这些学习成果，在设计培训方案时，要仔细观察学习情况，设计相应的教学活动。例如，如果你想让受训者拥有程序性知识或认知技能，那么在教学活动中，你可以设计活动或项目来吸引受训者的注意力或提供反馈。教学心理学专家加涅的研究结论表明，每个教学活动背后都必须有明确的学习目标支持。这些目标和手段相辅相成的思想对培训内容的有效转化具有指导作用。

在培训过程中，运用教育心理学研究成果，旨在帮助受训者获得自我管理，提高自我效能感。受训者的内在竞争力、自我修养技能的不断发展和终身学习的动力是培训成果成功转化的最有力保证。培训是一种投资，但不是每个人都能轻易得到这种投资。事实上，组织的高层领导更愿意在核心骨干和潜在员工上投入更多。因此，只有努力工作，有动力的人才能得到培训机会。

4) 改进培训项目设计环节

在培训项目设计和规划时，应关注以下具体环节：

(1) 设置与工作环境相同的条件。

(2) 培训师应让受训者知道如何将培训的知识和技能运用到实际工作中。

(3) 在培训课程结束时让受训者阅读他们的"行动计划承诺"，即每位受训者在培训结束时做一个总结，说明他认为哪一部分内容对他未来的工作最有帮助，并承诺如何将这些知识应用到工作中。

为了确保行动计划的有效实施，受训者的上级应提供支持和监督。一个有效的方法是把行动计划写成一份合同。双方定期审查计划的执行情况，培训受训者也可以参与行动计划的执行、咨询。即使以后双方发生纠纷，也有章可循。同时将承诺书的副本交给另外一名受训者，以便互相监督履约的情况。

(4) 编写行动手册。在即将到来的培训中，关键的技术和知识，特别是那些在工作中不太明显，需要提示的知识，被总结成商业手册，分发给受训者随时查找和阅读。

(5) 采取激励政策。为了鼓励受训者在工作中应用新技术和新知识，可以在企业中设立专门的奖励政策，既可以采取表扬的方式也可以采取物质奖励的方式，对该行为予以强化。另外，上级的支持和鼓励也必不可少，管理者要对受训者在应用新技术过程中出现的小过失给予容忍、谅解和帮助，并结合具体情况为其制定新的绩效目标，以激励受训者努力达成。如果企业都能这样做，那么企业绩效目标的达成和提高一定会实现。

(6) 申请表。申请表格是在培训表格中提取流程、步骤和方法的内容，方便受训者在工作中使用，如检查表和流程等。受训者可以使用它们来指导自己，并养成使用表单来正确应用所学内容的习惯。为了防止受训者在中间偷懒，他们可能会被上级或培训师抽查，这种方法更适合于技能培训项目。

5) 在培训开始前、培训过程中以及培训结束后的沟通

有效的沟通是增强培训效果的重要手段。从培训过程来看，培训效果不佳的一个重要原因是没有有效的沟通。成功的培训离不开良好的沟通，沟通包括：培训前的沟通、培训期间的沟通、培训后的沟通。

(1) 培训前沟通。沟通的目标是让受过培训的员工知道该做什么，沟通的主要对象是主管和同事。沟通的主要内容：① 培训期间要完成的任务，包括记录培训的内容，与培训师、其他受训者的沟通等。② 受训者在哪方面存在不足，希望通过本次培训解决，或者提高。培训以后可以根据培训前的沟通情况进行对比，这是一个促进受训者培训效果比较有效的方法，同时也有助于评价培训效果。③ 做好培训后沟通的准备，即了解培训后应该做什么，包括汇报培训内容、了解培训内容，做好培训师的角色准备，撰写培训总结。受训者必须就培训内容对其他同事进行培训，并使用培训过程中学到的培训方法。在一些公司的培训中，这是非常重要的，因为培训的内容对其他同事来说是非常有趣的，并且愿意参加培训。如果受训者回来，他们可以将培训内容转移给没有参加培训的同事。其他同事的意愿也可以得到满足，企业可以用更少的培训成本获得更大的培训收益。从这个意义上讲，企业也应该派遣具有较强沟通能力和学习能力的员工参加培训。④ 与企业有关的问题，主要与本次企业培训的内容有关，如企业在招聘、分配、薪酬、考核、培训等方面遇到了哪些问题？这些问题准备好在培训期间找到解决方案吗？最好列出问题的清单，并在培训期间进行比较。⑤ 其他不能参加培训的同事希望被培训的同事能够帮助他们解决问题。

(2) 培训期间的沟通。沟通的对象包括培训师、受训者和培训机构。沟通的主要内容是培训中不了解的问题和企业存在的问题。其目的是更好的掌握培训内容和企业存在的问题。受过培训的员工必须对企业的情况有很好的了解，并且能够很好地整合，用最简洁的

语言表达出来，因为培训师的时间有限，不可能给受训者提供大量的时间来解决太多的问题，特别是对高级别培训师来说。如果在职受训者在培训过程中没有足够的时间与培训师沟通，可以留下联系方式，以便日后与培训师联系。

相对而言，与其他受训者交流的机会要多于与培训师交流的机会。每个受训者都带着自己的行业、经营管理理念、方法、技能，具有不同的性格、知识、经验、背景等，对培训内容的接受程度不同，思维也会有不同的视角、不同的深度。因此，与其他受训者交流不仅可以提高人力资源知识、技能、方法等，而且对于表达、沟通、人际交往等方面能力的提高也是一个极好的机会，同时对受训者的知识、视野、能力等都是非常有帮助的。

(3) 培训后的沟通。沟通最好在培训结束一段时间后进行，主要是了解经过培训的员工对本次培训设计安排的意见与建议，以及员工通过本次培训对所学内容的掌握程度和后续在实际工作中的应用情况，也就是要了解员工培训后的效果，可作为下次培训改进的依据。沟通形式主要有汇报、讲座等。培训后员工的表现与沟通应与考核相结合，这样就可以达到强化、转化、消化、扩大培训效果的目的。

6) 及时跟踪调查

在受训者完成培训课程六个月后，使用受训者反馈表对员工进行调查，如表 8-3 所示。调查员工将培训内容应用到六个月的实际工作中的情况。企业可以建立一个自动系统来提醒什么时候去调查，这是一项很重要的工作。

表 8-3　员工培训反馈表

姓名		部门		时间	
课程		培训师		地点	
征询意见： 本次培训的时间安排□很满意□满意□不满意 本次培训的场所□很满意□满意□不满意 本次培训的教材内容□很满意□满意□不满意 本次培训师表达□很满意□满意□不满意 服务□很满意□满意□不满意 本次培训对您□很有用□有用□无用 建议 培训结束后您如何用在您的工作上					

8.4.3　培训成果转化的步骤

培训效果的转化一般包括以下六个步骤。

1. 将课程内容转化成受训者的理解与心得

受训者在每一堂课后，进行学习和培训心得总结，评判其对知识等的理解和领悟程度。在总结中应能够明确培训师在课程中的学习关键词、关键句、关键理念、关键课程内容和要点等。

2. 将受训者的理解和经验转化为工作改进计划

受训者思考如何在工作实践中运用提取的关键字、关键句、关键概念、关键课程内容和要点，并在此阶段检查不足之处并列举出来，综合形成书面改进计划，一般可一式三份，其中一份提交直接上级，一份提交人力资源部，一份留给自己以便后续工作中自查对照。

3. 将工作改进计划转化为可持续的工作改进行动

培训师将分解书面工作改进计划的实施情况，同时要及时监督参与改善计划实施的相关部门和人员，判断受训者是否达到标准，并定期评估员工的工作是否得到改善、态度是否改变、行为是否改变。直接上级和人力资源部门应派专人监督检查，并提供指导，使员工保持可持续工作，并改善行为。

4. 将工作改进行动转化为工作绩效

在工作改进的过程中，员工了解并实施所学的知识、思想和技能，要注意三个方面：培训师能说多少？我能提取多少？在工作中产生了什么样的表现？此外，还需要对工作数量、质量、成本、时间、速度等进行细化，以确认工作绩效，并进行绩效辅导和访谈。

5. 将工作绩效进一步评价和深化，产生再学习

受训者和直接上级应持续地对员工工作绩效进行讨论和评估，进一步挖掘员工工作中的短板和问题，并提出哪些方面还需要再培训和再改进，进一步产生新的培训内容，形成新的培训计划，以便进行再学习。

6. 培训成果认定和发表

组织企业内部培训成果表彰，对学习效果好的员工进行评价、认定和表扬。对取得重大培训效果的员工酌情进行晋升、加薪等，通过标杆示范效应激发全员学习的积极性。

◆　　思　考　与　复　习　　◆

1. 什么是培训成果转化？
2. 论述三种不同的培训成果转化理论的主要内容及其应用条件。
3. 运用培训成果转化模型，从三个角度(受训者特征、培训项目设计、工作环境)分析某一企业的培训成果转化实例，并解释模型中的学习动机、推广、维持等概念。
4. 运用自我管理战略解决自己在学习过程中遇到的问题。
5. 分析某一企业的工作环境中存在的培训成果转化的阻碍因素，并针对该企业提出如何在企业中建立促进培训成果转化的工作环境的建议。
6. 如何激发管理者，使其在培训成果转化中扮演更为积极的角色？

◆　　案　例　讨　论　　◆

为何用心良苦只换来员工不满

某国营机械公司新上任的人力资源部部长王先生，在一次研讨会上获得了一些他自认

为不错的其他企业的培训经验。于是，他回来后就兴致勃勃地向公司提交了一份全员培训计划书，以提升人力资源部的新面貌。不久，该计划书就获批准。王先生便踌躇满志地"对公司全体人员"进行为期一周的脱产计算机培训。为此，公司还专门下拨十几万元的培训费。一周的培训过后，大家议论最多的便是对培训效果的不满。除办公室的几名员工和45岁以上的几名中层干部觉得有所收获外，其他员工要么觉得收效甚微，要么觉得学而无用，大多数人竟认为：十几万元的培训费用只买来一时的"轰动效应"。有的员工甚至认为，这场培训是新官上任点的一把火，是在花单位的钱往自己脸上贴金！而听到种种议论的王先生则感到委屈，在一个有着传统意识的老国企，给员工灌输一些新知识怎么效果不理想呢？他百思不得其解，当今竞争环境下，每人学点计算机知识应该是很有用的呀！

资料来源：https://wenku.baidu.com/view/7467a5410b4c2e3f572763ea.html

根据案例回答以下问题：

(1) 为什么大多数员工认为培训没有效果？

(2) 培训失败的原因是什么？

◆　　培 训 游 戏　　◆

支 持 团 体

游戏类型：巩固培训效果/解决问题个人成长

活动形式：全体参与，分组进行

所需时间：长期

场地要求：无

所需材料：相机、支持团体的照片

活动目的

1. 以有效且实用的方式巩固及深化培训效果。

2. 促进听众间课后的联络及互助，提升培训品质。

操作步骤

1. 在培训即将结束的时候，对大家说："各位，培训的结束意味着课程学习的结束、实用阶段的开始，为了帮助大家在课后能够更有效地应用所学，解决应用中遇到的问题，我们现在来组建支持团体。"

2. 将全体成员分成若干组，每组 6～8 人，然后给各组 10 分钟的时间彼此交流。

3. 每组选出一名组长，之后各组在组长的带领下，创立各自的组名及通信密码簿。

4. 为各组拍摄全家福，在拍摄前，要求各组成员摆出自己创造的特别造型。

5. 将所有组长集合在一起，拜托大家负起相应的责任。

提示

1. 此游戏可以和其他游戏混合使用，共同的相似性与幽默的全家福照片，更容易促进听众课后的联络与互助。

2. 培训师不妨在培训结束后，定期或不定期地给各组组长发一些邮件，询问各组成员将培训所学加以应用的情况，并提供后续服务与支持。

3. 大多数培训的课程效果会随着时间的流逝快速衰减。非常重要的原因，即在于听众作为个体得不到后续支持与督促，支持团体的存在将有力地改变这一状况，从而使培训的效果得到巩固与发展。

4. 支持团体还可以在培训开始或培训中组建，这样团体成员将获得更多交流的机会与时间，团体凝聚力也将得到提升。

第9章　职业生涯规划与管理

学习要点

➢ 职业、职业生涯、职业生涯规划的含义
➢ 职业锚的含义及其类型
➢ 职业生涯管理的定义、特征、分类以及有效性标准
➢ 职业生涯发展阶段的三个经典理论
➢ 个人职业生涯发展的若干阶段
➢ 易变性职业生涯和无边界职业生涯的特征
➢ 职业生涯管理体系的主要内容
➢ 职业生涯管理体系的四大主体及其承担的角色

导读资料

如何指导不知道自己职业目标的人

"请告诉我你的职业目标。"你多长时间对一名你所管理或指导的员工说这句话？收获的只是一个空白的眼神？或许这个人说，他们不知道自己的职业目标应该是什么，甚至不知道如何在公司中得到进步。这时，你将如何为他们提供支持和指导？

职业不满(Career Dissatisfaction)是当今人力资源管理面临的一个重要挑战。2015年的一项调查显示，70%的被调查雇员对公司的职业机会感到不满。这是一个令人不安的数字，意味着公司留住员工的能力较弱。与此同时，75%的组织表示，他们的员工将面临必要的技能和知识短缺。一方面，员工觉得自己进步不够快，另一方面，公司认为员工成长速度太慢。这种矛盾为何存在？我们又能做些什么呢？

在提供解决方案之前，我们提出一个彻底的诊断：问题不在于缺乏职业机会，而在于职业的概念。线性职业发展的观念已经过时。

考虑"职业"(Career)这个词的词源，它来自16世纪的"路"(Path)字。当我们设想一个职业时，想象的是一条通向最终目的地的直接路径。职业增长意味着提高声望和补偿。这种职业成长的愿景，不再符合现实。我们不再需要善于预测未来。当未来不可预知时，现在必须成功。我们应为员工个人成长创造一个新的框架。

回到那些感到职业生涯陷入困惑和迷茫、需要方向的员工身上。如果你不能把他们指向一个令人安心的职业阶梯，你能做些什么来支持他们的成长，增进他们对公司的贡献？以下是我们在某一家公司中采取的一些步骤。

1. 消除职业神话

首先，告诉员工，没有一条具体的职业道路并不是一件坏事。过分依附于某一特定的

道路可能变成职业陷阱，它将使我们对成长的非线性机会视而不见。我们最近在经理和员工之间展开了半年的对话。与讨论头衔相比，员工们更倾向于讨论经验、责任和生活方式的变化，这些是他们想要的。

这一步，可以问员工："什么问题让你兴奋？""你能建立起什么优势？""什么类型的工作，是你想少做/多做的？""如果辞去现在的工作，你接下来会做什么事情？"

2. 专注于可转移的技能

培训师们发展可转移的技能，如沟通、自我管理、写作、公开演讲。这些技能将提高他们的就业能力，有助于他们应对现在和将来的各种角色与情况。我们告诉员工，与其投资一条职业道路，不如让他们的职业资本多样化。

这一步，可以问员工："在团队或公司可获取的技能中，你最感兴趣的技能是什么？""什么技能将帮助你在当前角色中获得更多的影响力？""什么样的技能差距阻碍了你的发展？"

3. 创建里程碑

当组织变得平坦，增长非线性时，必须付出额外的努力来创造标志性里程碑。其中一个方案是创建标志成长的徽章。例如，当经理接受培训时，他们会得到证书。为了得到他们的下一个徽章，他们必须完成一个更高级的项目。徽章系统可以创造一个包含了技能、知识和成就的组合，而不是一份传统的简历。我们实施的另一个里程碑式的解决方案是季度性的对话。对话重点是跟踪员工为自己设置的、与公司范围优先级一致的目标。接下来，我们将开发更多可见的识别平台，使员工及时庆祝成就并分享他们的知识。

这一步，可以问员工："下一步你想实现什么目标？""你怎么知道自己达到了目标？""让我们将目标游戏化，第一关是什么，第二关是什么？""你想为下一个里程碑命名？""你分享自己所学到的东西的可能性有多大？"

4. 鼓励小实验

越来越多的工作变得复杂且不可预测，这意味着我们需要运行许多小实验，来发现什么是最适合的。为了推动实验精神，我们为所有的员工提供机会，让其在自己好奇的话题上接受培训。

这一步，可以问员工："什么领域的业务让你兴奋？""你是否可能设计一个简单的实验来测试自己的兴趣领域及水平？""你想和谁合作？""你从以往的实验中发现了什么？"

必须承认，关于职业发展，你很可能不知道接下来会发生什么。这种不确定的美妙之处在于，你所积累的点滴经验都是值得的，所拥有的每一份工作和锻造的每一份关系，都是能解开未来机遇的钥匙。不需要有一个清晰的、线性的叙事方式来解释你是如何从 A 到 B 的。如果员工仍然担心他们没有清晰的职业道路，不妨告诉他们刘易斯·卡罗尔(Lewis Carroll)的名言，"如果你不知道要去哪里，任何道路都会让你去那里。"

资料来源：Tania Luna, Jordan Cohen, "How To Mentor Someone Who Doesn't Know What Their Career Goals Should Be"，哈佛商业评论，2018 年 7 月，网址：https://hbr.org/2018/07/How-To-Mentor-Someone-Who-Doesnt-Know-What-Their-Career-Goals-Should-Be，2018-07-10。

在当今社会发展中，越来越多的员工很可能在自身职业发展中遭遇职业目标缺失、职业路径模糊、职业发展困惑等问题。这些问题给企业和员工带来了重要挑战。若企业有效管理员工职业生涯问题，将有助于保留优秀员工、吸引外部人才，更重要的是将提升员工的自尊、自我效能感，以及组织承诺感。研究显示，那些成功管理员工成长的企业，除了强调员工应该对自己的职业生涯管理负责，企业还会提供多种多样的资源，如职业顾问、导师指导、技能培训，以切实的行动来支持员工的职业发展。领英(Linkedin)公司联合创始人兼执行总裁雷德·霍夫曼认为，新时代存在着新型雇主—雇员契约，这一新型契约的重要性在于尽管它不以忠诚为基础，但是它也不仅仅是纯粹的交易，它是组织与个人之间的联盟，联盟双方都致力于帮助彼此走向成功。

9.1 职业生涯规划概述

9.1.1 职业与职业生涯的含义

1. 职业的定义及特点

职业(Career)是指参与社会分工，利用专门的知识和技能，为社会创造物质财富和精神财富、获取合理报酬、作为物质生活来源并满足精神需求的工作。

从社会学角度看，职业是社会分工体系中的一种社会位置，是与一定权力和利益相连的从事某种相同工作内容的职业群体。从经济学角度来看，职业是一种具有连续性和稳定性的社会活动，是劳动者在社会分工体系中获得的一种社会认可的劳动角色。因此，职业是社会劳动分工发展的必然产物，社会分工是职业划分的基础和依据。职业具有以下四个特点：

(1) 动态变化性。任何职业都会随着时间推移、环境变化而发生变化。宏观上看，现在的职业和以前的职业有很大的不同。从微观个体上看，人们选择职业也是一个不断变化的过程。

(2) 相对稳定性。出于心理安全的需要，人们在选择职业时，有追求稳定的心理需求。同一职业可能会与之前发生巨大变化，但这种变化不是突变的，职业要素是部分地、逐步地发生改变。

(3) 经济性。当个人从事某项职业并从中不断地获得收入时，才会长期而稳定地从事该项职业。

(4) 深远影响性。一种职业的存在和发展，取决于社会日益增长的需求以及该职业能够不断地吸引优秀的人才。因此，职业对社会、对个人都具有重要而深远的影响。

2. 职业生涯的含义

传统的职业生涯是指个人在某种职业中的一系列职位的集合，获得提升是职业生涯的基本特征。概括而言，传统的职业生涯有稳定、长期、可预测、组织驱动、纵向移动等基本特征。

现代职业生涯的含义变得更加多元，现代著名职业生涯专家格林豪斯与施恩认为，"职业生涯是贯穿于个人整个生命周期的、与个人的工作相关的经历的集合"。现代职业生涯具有如下特点：

(1) 过程方面：职业生涯被描述为晋升的过程，是指个人在工作中所经历的一系列地位提升或向上发展的事件。例如，某大型咖啡店的员工从基层员工逐步晋升为值班主管、区域经理、地区运营总监等。

(2) 职位方面：职业生涯被定义成某项职业中的一系列职位。这一定义意味着职业生涯仅限于那些晋升路径明显的特定工作。例如，医生、教师、商务人士、律师和其他领域的专家等。

(3) 工作方面：职业生涯被当做人一生中所从事的一系列工作，而与职位水平或层次无关。根据这种定义，所有人都拥有职业生涯。

(4) 经历方面：职业生涯被描述为人一生中与角色有关的一系列经历。它展示了个人是如何经历一系列职务和任务的。

现代职业生涯不以晋升作为判别职业生涯是否成功的标准，只把职业生涯当做一种过程。这一过程受到个人价值观、需求和感受的影响。个人价值观、需求和感受又随着职业发展所处阶段和生理年龄的改变而发生变化。因此，人力资源管理者在开展职业生涯管理活动时，需要了解员工在不同发展阶段的需求和兴趣。

9.1.2　职业生涯规划的含义与原则

1. 职业生涯规划的定义

职业生涯规划(Career Planning)，简称为职业规划，是指个人在对职业生涯的主客观条件进行测定、分析、总结的基础上，对自己的兴趣、爱好、能力、特点进行综合的分析与权衡，结合时代特点，根据自己的职业倾向，确定其最佳的职业奋斗目标，并为实现这一目标做出行之有效的安排。员工个人职业生涯规划的两个主要目的就是找到适合自己的工作以谋求职业发展。

2. 职业生涯规划的原则

(1) 清晰性。职业生涯的目标及相关实现措施应清晰、明确，实现职业生涯目标的步骤要直截了当，这样职业生涯规划成功的可能性会大大增加。

(2) 挑战性。职业生涯目标及实现措施应具有一定的挑战性，能够起到激励个人努力实现职业生涯规划目标的作用。

(3) 变动性。变动性也称为灵活性或弹性，是指职业生涯规划目标或措施应具有一定的弹性，可依循内外环境变化做时间和任务方面的调整。

(4) 一致性。一致性是指职业生涯规划的主要目标与分目标应保持一致，员工个人目标与组织发展目标应保持一致。

(5) 激励性。个人和组织在为个人制定职业生涯规划目标时，需结合个人性格、兴趣和特长，这样才可能对个人产生积极的内在激励作用。

(6) 合作性。个人职业生涯规划目标应与组织中团队其他人的目标具有合作性与协调性。如此可确保共同实现个人职业生涯目标与组织职业生涯目标。

(7) 全程性。拟定职业生涯规划时应考虑到职业生涯发展的整个历程，无论是个人职业生涯规划，还是组织职业生涯规划，都应从系统发展的角度做全盘考虑。

(8) 具体性。具体指职业生涯规划各个阶段的路线划分与安排，必须具体，这样能够保障职业生涯的措施具体、可行。

(9) 实际性。实现职业生涯目标的途径很多，个人在做职业生涯规划时必须考虑到自己的特质、社会环境、组织环境以及其他相关因素，选择确实可行的途径。

(10) 可评测性。职业规划的设计应有明确的时间限制或标准，以便评测，使自己随时掌握执行状况，并为规划的修正提供参考依据。

9.1.3　职业生涯规划的主要类型

通常，企业为员工实施的职业生涯规划活动有导师计划、继任者规划、个体生涯适应力的建构等，个体开展职业生涯规划的主要类型是提高自身生涯适应力的相关活动。

1. 导师计划

导师计划(Mentoring Program)是指由经验丰富的经理人或高层主管，给予较低层员工指导及信息咨询服务，以协助缺乏经验的员工。例如，一位成功的资深员工与一群四到六位经验不足的学徒作搭档，资深员工帮助学徒了解组织、指导他们分享其经验以及帮助他们确定职业生涯方向。

导师计划的作用就是通过提携，支持被指导的员工的个人职业生涯发展，并与其建立相关的工作联系；通过培训，教授被指导的员工一些相关工作事务，对他们的工作绩效和潜能提供及时、客观的反馈；运用保护，对被指导的员工工作和生活方面的问题提供支持；通过展示，为被指导的员工创造展示他们才能的机会；布置挑战性的工作，为促进被指导的员工成长和进步，安排一些工作，以拓展他们的知识和技能；发挥心理功能，与被指导的员工建立良好的工作关系。

企业在实施导师计划时，应注意几个重要事项：① 要明确计划执行的时间，不能太短；② 要适当考虑被指导员工和导师的需要；③ 鼓励被指导的员工之间相互交流，共同研讨问题并分享成果；④ 确定导师时，应考虑其过去培养的人员记录、指导的意愿强度、有关信息沟通和倾听能力的证明；⑤ 需要建立导师薪酬体系，鼓励导师开展指导工作的积极性。

2. 继任者规划

继任者规划(Succession Planning)是指为了面对高层管理者退休或者出现空缺的问题，应提早做好准备，不断地寻找可能的接班人员(通常是优秀的中层主管)并培训其管理技能，以避免无人接任高层职位的窘境发生。

继任者规划的基本目标是把高潜能的员工培训成中层管理者或执行总裁，在吸引和招聘高潜能员工上具有竞争优势，以及帮助企业留住人才。

企业有效实施继任者规划必须考虑的主要问题是：企业长期发展方向是什么？在哪些主要领域和环节需要不断补充和发展高素质的人力资源？哪些人是你想重点培养以备未来之需的？这些人应走怎样的职业发展之路？这些职业发展道路是否适合这些人的具体情况？

3. 个体生涯适应力的建构

生涯适应力(Career adaptability)是指个体在应对各种工作任务及角色转变中进行自我调整的准备状态或社会心理资源。它是一种内隐的社会心理资源，其作用突出体现在不同发展阶段的转变或外部环境发生变化的背景下。当面临生涯选择或困境时，生涯适应力能帮助个体增强职业自我效能感，摆脱决策困境，快速消化吸收由于工作压力所引起的不适，展现出更佳的工作表现等。

个体生涯适应力分为三个层次，即抽象层次、中间层次和具体层次，如图9-1所示。

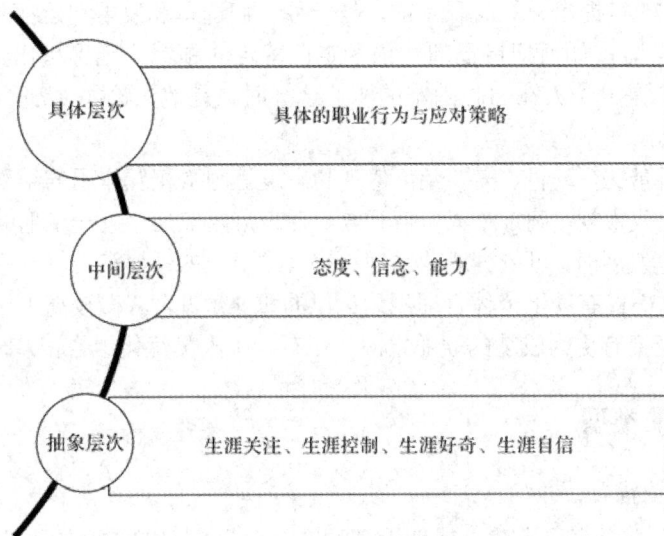

图 9-1　职业生涯适应力的三个层次

抽象层次包括生涯关注(如"我有未来吗")、生涯控制(如"谁拥有我的未来")、生涯好奇(如"未来我想要做什么")和生涯自信(如"我能做到吗")。中间层次包括态度(Attitudes)、信念(Beliefs)和能力(Competencies)；具体层次包括各种具体的个体职业行为与应对策略，尤其是面对外部职业环境变化所做出的自我调整行为。

个体在进行职业规划过程中，主要关注自身职业生涯适应力的构建和提升。其具体的规划框架是：

(1) 增强动机和能力。即从主观上，提升适应的意愿与准备状态(Willing/Readiness：Adaptivity)。适应动机是适应力产生的内在动力，既可以表现为人格、价值观等，也可以是具体的目标取向、偏好、自我认知等。

(2) 改进态度和行为。即自我调整社会资源和心理资源，做出特定应激反应或职业行为选择(Response/Behavior：Adapting)。态度和行为在短期内具有稳定性，受个体主观方面和情景因素的制约。自我调整能力能驱使人们产生特定的态度和行为倾向，如积极主动地进行生涯规划、制约探索或组织社会化行为等。

(3) 确保适应结果。适应结果即实现个体与环境互动整合(Outcome/Results：Adaption)。生涯规划的结果反映了个体在所处制约生涯发展阶段中相对适应的程度或状态。其评价指标是多种多样的，如大学生毕业后找到了一份满意的工作。即员工对自身现阶段工作强度和职业感到满意。

9.2　职 业 锚 理 论

9.2.1　职业锚的含义

职业锚(Career Anchor)的概念最早由美国职业生涯管理专家埃德加·施恩(Edgar.H. Schein)教授于 1975 年提出。所谓职业锚，是一种人们选择和发展自己事业时围绕的中心，即个人在选择职业时，如何把自己的"锚"定在特定的领域。施恩指出，"职业锚是内心深处的自我认知，是一个人在面临困难的职业选择时，是他无论如何都不会放弃的内心深层次的东西"。

职业锚是个体能力、动机、需要及价值观和态度等因素相互作用的结果，并且在实际工作中，经过不断自我审视，确定个人价值观与日后发展重点后，进一步形成的职业定位。企业在管理员工生涯发展时，可依据职业锚理论来考虑员工的性格和发展需求，以提供不同的职业规划方案。这不仅有助于个体合理规划自己的职业生涯，获得较高工作绩效，体验较强的工作满意度以及拥有更为成功的职业生涯，还有助于人员优化组合，从而提高企业绩效。

9.2.2　职业锚的类型

1. 创造型职业锚

工作中有些个人会表现出建立或创设某种完全属于自己的东西的需要。该职业锚特征如下：

(1) 有强烈的创新需求和欲望。发明创造是他们工作的强大驱动力。这类个体具有一种执著的追求，建立或创造完全属于自己的成就。例如，创造一种以自己姓名命名的企业或产品，创建一家自己的企业。

(2) 意志坚定，勇于冒险。这类个体所具有的极强烈的创造欲望使他们强烈要求标新立异、有所创造，并做好了冒险的准备。

2. 管理型职业锚

工作中有些个人表现出成为管理者的强烈动机，承担较多责任的管理职位是这些人的最终目标。该职业锚特征如下：

(1) 倾向于全面管理，掌握更大权力，肩负更大责任。具体的技术、功能工作仅仅被看作通向更高、更全面管理层的必经之路。这类个体在一个或几个技术、功能区工作，只是为了更好地培养和展现自己的能力，获取所需的专职管理权。

(2) 具有很强的升迁动机和价值观，以晋升、等级和收入作为衡量成功的标准。管理锚的人权力欲望、升迁动机强，相信自己具备被提升到更高职位所需要的能力，追求并致力于等级的提升、所负责任与权力的加大及收入的提高。

(3) 具有分析能力、人际沟通能力和情感能力。分析能力要求对环境敏感，反应迅速，能评估信息的有效性，及时发现问题、分析问题和解决问题。人际沟通能力要求能够影响、监督、领导、操纵以及控制他人；情感能力要求有较高的情商，能够进行自我调节，能够处理好各种人际关系，有助于实现企业组织目标。

3. 技术或功能型职业锚

具有较强技术或功能型职业锚的个体，一般总是倾向于选择那些能够保证自己在既定的技术或功能领域中不断发展的职业。该职业锚特征如下：

(1) 强调实际功能或技术等业务工作。这类员工热爱自己的专业技术或职能工作，注重个人在专业技能领域的进一步发展，喜欢面对挑战和独立开展工作，希望不受资源限制地开展自己认为正确的工作，这种职业锚类型的大多数人会选择从事工程技术、营销、财务分析、系统分析、企业计划等工作。

(2) 追求在技术与功能能力区的成长和技能不断提高。其成功更多地取决于该区域专家的肯定和认可，以及承担能力区内日益增多的富有挑战性的工作。其成长和获得成功看重的是其专业定位的提高和技术领域的扩大，以及在能力区内等级地位的提升。

(3) 对组织有很大的依赖性。他们依赖组织提供的工作岗位，获得更大的责任，展示高水平的管理能力。其认同感和成功感均来自其所在的组织，个人命运与组织命运紧密相连。

4. 安全或稳定型职业锚

对于追求安全性的人来说，会觉得在一个熟悉环境中维持一种稳定的、有保障的职业是更为重要的。安全则意味着所在的组织的安全性，在就业选择中可能优先选择到政府机构就职。该职业锚特征如下：

(1) 追求长期的职业稳定和工作的保障性。安全、稳定的职业前途是这一类职业锚员工的驱动力和价值观。其安全取向主要有两类：一类是追求职业安全，这源于组织中稳定的成员资格。安全锚的人维持以工作安全、体面的收入、有效的退休方案、可观的津贴等形式，体现出一种稳定的前途。另一类是注重情感的安全稳定，包括定居，使家庭稳定和使自己融入团队与社区的感情。

(2) 对组织具有较强的依赖性。这类人一般不愿意离开一个给定的组织，愿意让组织的管理者来决定他们从事何种职业，倾向于根据管理者对他们提出的要求行事。

(3) 个人职业生涯的开发与发展受到限制。这类人对组织的依赖性强，个人缺乏职业生涯开发的驱动力和主动性。

5. 自主或独立型职业锚

有些人在选择职业时似乎被一种自己决定自己命运的需要所驱使着，喜欢从事自己能够独立自主的职业。该职业锚特征如下：

(1) 追求能够施展个人职业能力的工作环境，最大限度地摆脱组织的限制和约束。他们追求自由自在、不受约束或少受约束的工作生活环境，希望随心所欲安排自己的工作方式、工作习惯、时间进度和生活方式。

(2) 追求在工作中享有自身的自由，有较强的职业认同感。他们希望摆脱那种因在大企业中工作而依赖别人的境况，认为工作成果与自己的努力紧密相连。这类个体在选择职业时决不放弃自身的自由，并且视自主为第一需要。

随着职业多样化的发展，更多学者对职业锚进行研究，提出了与前面不同的三种类型的职业锚。

(1) 服务型职业锚。此类型的人致力于追求本身所认可的核心价值。例如，节能省碳救地球，或透过新的产品消除慢性疾病。服务型的人会一直追寻实现其核心价值的机会，即使变动工作也在所不惜。

(2) 挑战型职业锚。此类型的人喜欢解决各种困难的问题、克服障碍或战胜强硬的对手，因此会寻求新奇、多变且具挑战性的职业，一旦发现工作过于单调或太容易，很快便会心生厌烦而离开。

(3) 生活型职业锚。此类型的人重视工作与生活的平衡，同时关心个人、家庭和职业的需要。因此，生活型的人需要弹性的工作环境，有时甚至会放弃升职，以获取工作与生活的平衡，相对于工作成就，更关注在家庭问题的处理以及自我的提升。

9.2.3　个体职业锚的确定

个体可通过职业锚的自我分析表来确定职业锚类型，如表 9-1 所示。

表 9-1　职业锚自我分析表

外在因素和事件	内在理由和情感
你在学校接受职业教育和培训时，主要注意力在哪个方面	你为什么选这个方面？你对此感觉如何
离校后你的第一份工作是什么	你在第一份工作中寻求或看重的是什么
你开始自己职业时的抱负或成长目标是什么	目标是什么？它们有过变化吗？何时发生了变化？发生变化的主要原因是什么
你的第一个主工作或主公司变动是什么	启动这次变动的是你还是公司？你为什么启动或接受这次变动
请依次描述各次变动(工作变动或公司变动)	接下来的工作中，你寻求或看重的是什么
回顾自己的职业经历，看看什么时期特别愉快	在这段时间里，感到愉快的是什么
回顾自己的职业经历，看看什么时期特别不愉快	在这段时间里，感到不愉快的是什么
你是在什么情况下选择继续进修或培训的？继续职业培训时，你的注意力在哪个方面	你在这一情况下，寻求或看重的是什么
你拒绝过一次工作流动或提升么	为什么拒绝
你是如何向他人描述自己的职业的	你认为自己是什么样的人
※ 你看到了自己职业中的主过渡点了吗？请客观描述这种过渡	※你对此过渡感觉如何？为什么会启动或接受它
• 复查本表中全部回答，找出回答中的模式，确定并分析自己的职业锚	

职业锚自我分析表一共包含客观描述题 10 道，对应的主观理由描述题 10 道，要求被调查者提供自身的信息，确定个体的职业锚类型。

需要指出的是，要对职业锚进行预测是较为困难的，因为一个人的职业锚在不断发生着变化，它实际上是一个不断探索产生的动态结果。有些人也许一直不知道自己的职业锚是什么，直到要不得不做出某个重大选择的时候。一个人过去的所有工作经历、兴趣、资质等才会集合成为一个富有意义的模式，这个模式会让人清楚到底什么是最重要的。

9.3　职业生涯管理概述

9.3.1　职业生涯管理的定义及特征

1. 职业生涯管理的定义

关于职业生涯管理(Career Management)的界定，国内外学术界和业界没有形成一个统一的定义。已有职业生涯管理的多个定义大体上可分为两类，即"过程论"和"目标论"。

(1) 职业生涯管理的过程论。

著名的培训专家雷蒙德·诺伊认为，职业生涯管理是指组织为了促进员工职业生涯的发展，所采用的监督与监控员工个人职业生涯发展规划和发展的持续过程。虽然职业生涯管理包括组织帮助个人设计和实施职业生涯规划的活动，但其重点在于，提高满足组织预期的人力资源需求的机会，尤其是满足组织未来高级管理人员需求计划。

根据中国职业规划师协会的定义，职业生涯管理是现代企业人力资源管理的重要内容之一，是企业帮助员工制定职业生涯规划和帮助其职业生涯发展的一系列活动。职业生涯管理应看作竭力满足管理者、员工、企业三者需要的动态过程。

(2) 职业生涯管理的目标论。

全球著名的职业生涯管理网站——职业视界网站(www.careervision.org)对职业生涯管理的定义是：职业生涯管理与财务管理类似，要记住的经验法则是基于定期的、有规律的投资，才会带来更大的回报。该定义主张职业生涯管理活动一定要有收益。职业生涯管理的目标：即需要为个人和组织带来回报。

2. 职业生涯管理的特征

综合而言，职业生涯管理具有如下三个特征：

(1) 终身性(Lifelong Process)。无论是对个人，还是对组织而言，职业生涯管理都是一个终身的过程。首先要理解的是职业生涯管理不是一个单一的事件。对个人来说，它是生活旅程的一部分。对企业来说，开展职业生涯管理活动，对企业绩效提升是大有裨益的。

(2) 积极主动性(Active Process)。个人或组织对于职业生涯管理的态度应是积极、主动的，不能仅依赖于外部组织或个体为自身规划职业，企业应帮助员工做好职业发展规划。

(3) 结构化特性(Structured Process)。职业生涯管理活动的结构化特性，有助于保持职业发展过程的稳定，以应对各种紧急、突发的事件。企业在管理员工职业生涯活动时，应注意其结构化特征，应备有应急方案，能够帮助员工解决职业生涯发展中的紧急或突发事件。

9.3.2　职业生涯管理的主要目的

企业员工职业生涯管理的主要目的在于提升获取、保留、发展人才的能力，进而促进企业和员工个体共同发展。

1. 员工保留

员工保留的关键是降低人才主动离职，使人才流动控制在可预测、可接受、可掌控的良性循环范围内。Price 和 Mueller 认为员工进入企业组织时，带着一定的期望与价值观，如果这些期望与价值观在进入企业组织后得到满足，则员工会感到满意并对企业组织有较强的依附，从而愿意保持企业成员身份。

2. 员工发展

员工发展的核心包括发展意愿和发展能力。发展意愿主要表现为工作投入的态度。工作投入是员工处于一种持久、充满积极情绪与动机的完满状态，并以活力、奉献和专注为主要特征；发展能力主要体现为胜任力与职业能力。

3. 员工获取

对企业员工的获取主要体现为企业对外部人才的感召力，由企业组织吸引力和组织形象组成。企业组织吸引力基本要素包括实力、特征、声誉、人力资源管理、企业文化；企业形象包括各种象征物、员工仪表及素质、广告、价值观等。

4. 企业发展

企业发展包括自身实力与相对实力的提升，前者体现为企业绩效，后者表现为企业竞争力。Huselid 和 Becker 提出人力资源管理能够改变员工工作动机与技能，改善企业组织结构与工作设计，从而提高员工工作能力，并有助于提高企业绩效。

9.3.3　职业生涯管理的分类

职业生涯管理可从企业组织和员工个人两个层面划分为个人的职业生涯管理和组织的职业生涯管理，如图 9-2 所示。

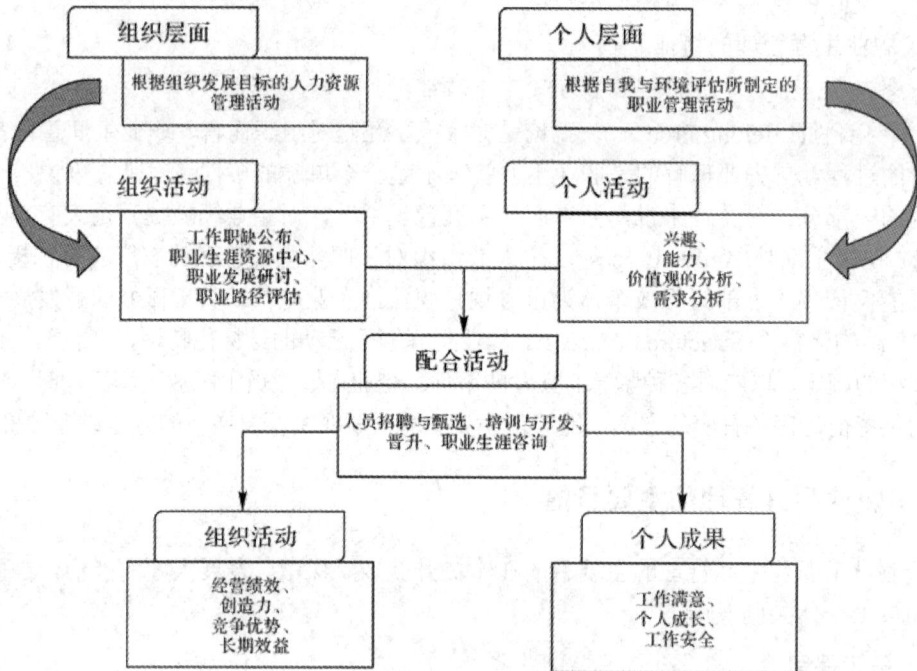

图 9-2　组织与个人的职业生涯管理

1. 组织的职业生涯管理

组织的职业生涯管理(Organizational Career Management)是指从企业组织的角度出发，将员工视为能够开发并增值的人力资本，通过协助员工在自身职业目标上的努力，谋求组织的持续发展。

组织的职业生涯管理带有一定的引导性和功利性。它帮助员工完成自我定位，克服完成工作目标中遇到的困难和挫折，鼓励个人将自身的职业生涯目标同组织发展目标紧密相连。为了实现组织目标，组织尽可能给予个人发展机会。

有效的职业生涯管理要求在组织成长和个人成长两者之间取得适当的平衡，即要求组织和个人之间要有机的合作。员工的前途和动留，有赖于组织实施的职业管理，在组织提供有效职业管理中，如何创造一个高效率的工作环境，达成引人、育人、留人的组织氛围，让员工从一般走向优秀，为组织做出最大的贡献，从而形成个人与组织紧密联系的关系共同体。

2. 个人的职业生涯管理

个人的职业生涯管理(Individual Career Management)也称自我职业生涯管理，是以实现个人发展的成就最大化为目的的，通过对个人兴趣、能力和个人发展目标的有效管理，实现个人的发展意愿。个人的职业生涯管理流程，如图 9-3 所示。

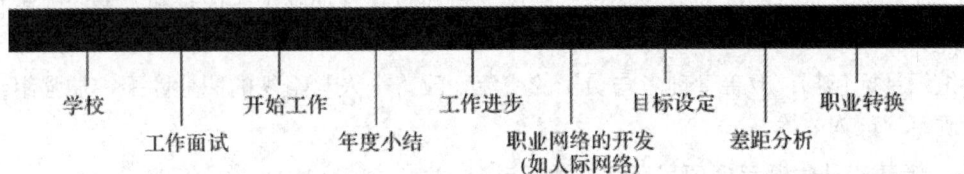

图 9-3 个人的职业生涯管理流程

个人职业生涯管理贯穿个人职业生命周期(从进入劳动力市场到退出劳动力市场)的全程。它由职业发展计划、职业策略、职业进入、职业转换和职业位置等一系列变量构成，以自我价值实现和增值为目的。自我价值的实现和增值不局限于特定的组织内部，员工可以通过跳槽实现个人发展目标。

9.3.4 职业生涯管理的重要性

职业生涯管理的重要性突出表现在对员工职业动机的显著影响。职业动机(Career Motivation)是指员工对工作的投入程度、对个人职业发展方向的意识，以及遇到挫折时保持动力和坚持方向的能量。它包括以下三个方面的内容：

1. 职业弹性

职业弹性(Career Resilience)是指员工处理影响工作的问题的能力。职业弹性较强的员工能对工作环境的阻碍因素快速反应，能够应对诸如工作流程变化、顾客需求变化等意外事件。这类员工会不断学习，愿意探寻新的方式来运用技能。职业弹性强的员工通常能为组织做出较大贡献。

2. 职业洞察力

职业洞察力(Career Insight)是指员工对自身兴趣及技能的优势和劣势的认识程度,以及对这些认识与职业目标之间关联性的意识。职业洞察力较强的员工会设定明确的职业目标,参与技能开发与知识培育活动。他们一旦发现自己技能落后,会立即采取行动,如广交益友,从企业内外部人才那里学习。这类员工的人际网络通常比较宽广。研究显示,员工的人际网络越宽广,创新贡献的能力就越大。杜克大学的马丁教授(Martin Reef)发现,拥有多样化朋友的员工,其创新得分是其他人的三倍。

3. 职业认同感

职业认同感(Career Identity)是指员工对其工作中个人价值的认可程度。它在一定程度上与员工的自尊(Self-Esteem)和自我效能感(Self-Efficacy)相关。

具有高度职业认同感的员工对企业和工作都具有责任心。只要能完成工作任务,实现企业目标,自己付出再大的代价也在所不惜。这类员工对自己能为企业工作感到自豪,并在工作中表现活跃。

9.3.5　职业生涯管理的有效性标准

1. 达到个人或组织目标

个人目标包括:高度的自我决定、高度的自我意识、加强个人成长和发展、改善目标设置能力。

组织目标包括:改善管理者与员工的交流、改善个人与组织的职业匹配,加强组织形象、确定管理人才库。

2. 考察职业生涯管理项目所完成的活动

活动一般包括:① 员工使用职业工具(如参与职业讨论会、参加培训课程)。② 进行职业讨论。③ 员工实施计划。④ 组织采取职业行动(如提升、跨职能部门流动)。⑤ 组织确定管理人员继任计划。

3. 绩效指数变化

绩效指数变化包括:① 离职率降低。② 缺勤率降低。③ 员工士气改善。④ 员工绩效评价改善。⑤ 填补空缺的时间缩短。⑥ 员工内部提升机会增加。

4. 态度或知觉的心理变化

态度或知觉的心理变化包括:① 职业工具和实践评价,如参加者对职业讨论会的反应,管理者对工作布告系统的评价。② 职业系统可觉察到的益处。③ 员工表达的职业感受,如对职业调查的态度。④ 员工职业规划技能的评价。⑤ 组织职业信息的充足性。

9.4　个人职业生涯发展阶段

职业生涯发展(Career Development)简称职业发展,是指个人经过努力,遵循一定的方法途径,根据自己的兴趣、能力以及工作环境的变化,不断制定和实施新的职业目标,并逐步实现其职业生涯目标的过程。它也是员工个体的职业能力、心理状态和工作价值观不断成长与成熟的过程。

9.4.1　个人职业生涯发展阶段的传统划分

传统观点认为，员工个人的职业生涯是人们从专业化教育后期初步涉入职场直至完全退休之间的一个漫长阶段，具体包括：探索阶段、立业阶段、职业维持阶段和离职阶段。各个阶段都有不同的开发任务、开发活动和开发关系，如表 9-2 所示。

表 9-2　个人职业生涯发展阶段

阶段 / 维度	探索阶段	立业阶段	职业维持阶段	离职阶段
开发任务	了解个人兴趣、技能、使自己与工作相匹配	进步、成长、安全感、探索生活方式	继续做出成绩、更新技能	退休计划，在工作与非工作计划中找到平衡
开发活动	帮忙、学习、按指令行事	做出独立的贡献	培训、制定政策、帮助他人	逐步结束工作
开发关系	学徒	同事	导师	元老
年龄	30 岁以下	30 岁~45 岁	45 岁~60 岁	60 岁以上
工作年限	少于 2 年	2 年~10 年	10 年以上	10 年以上

虽然个人的职业生涯阶段千姿百态，各具特色，各个阶段出现的时间早晚也不尽相同，但是传统的职业生涯发展四阶段模型仍然具有十分普遍而重要的意义。组织和个人可以基于不同阶段的基本特征以及可能出现的典型事件，施加相应的预防和管控措施，对员工的职业生涯开发活动能够起到未雨绸缪和事半功倍的作用。

1. 探索阶段(Exploration Stage)

在探索阶段，人们尝试着寻找自己感兴趣的工作，会考虑自己的兴趣、价值观和工作偏好，并从自己的亲朋好友那儿收集和获取有关职业和工作的信息。在这一阶段，人们会为了自己未来的职业做相应的准备工作，包括接受必要的教育，参加相应的培训。

通常，这一阶段从十四五岁持续到二十几岁，在人们开始了第一份工作之后，会继续进行探索。对大多数人来说，第一次参加工作，如果没有他人的指导和帮助，往往很难有效地完成工作任务，担当工作角色。因此，在很多情况下，新雇员都被看作学徒。从组织的角度来看，岗前培训是非常必要的，可以帮助他们尽快适应组织中的工作环境。

2. 立业阶段(Establishment Stage)

在立业阶段，人们在组织中找到了自己的位置，通常可做出独立贡献，承担更多的责任，收入水平相对较高。他们希望自己被看作组织的栋梁之材和有功之臣，期望从同事、主管及正式的绩效评估中获得对自己的积极评价。

就处于这一阶段的员工而言，组织要想办法帮助他们协调工作与非工作的角色，号召他们积极主动地参与到职业生涯的规划中来。

3. 职业维持阶段(Maintenance Stage)

在职业维持阶段的员工，一方面希望组织和同事能够继续视自己为组织的功臣，继续为组织做出贡献；另一方面，非常迫切地希望有机会更新自己的技能，提高专业和管理水平，以免被淘汰，或是尽量推迟和避免"职业高原"的到来。

处于这一阶段的员工，通常工作经验非常丰富，专业技能十分娴熟，对组织内部的各种人际关系的看法也十分中肯，因此，他们非常适合担任新进员工的导师。

就组织角度而言，一个主要的问题就是要促进处于该阶段的员工的技能更新，避免或推迟"职业高原"的出现。

例如，为了防止员工进入职业高原期，通用电气公司在每年的绩效回顾会议上都要强调员工的职业生涯发展。在回顾的过程中，雇员和经理人员在会议上讨论个人的职业发展目标。公司运营层和人力资源专员会审查这些讨论记录，并尝试把雇员的目标(如调动工作)与公司内的职位空缺相匹配。那些对通用电气和行业人员十分熟悉的老员工可以变换工作岗位，以帮助公司吸收新业务。而对于那些由于子女离家而重新具有流动性的经理人员，公司鼓励他们赴海外任职。

4. 离职阶段(Disengagement Stage)

在离职阶段，员工要准备调整其工作活动与非工作活动时间比例，还要注意调整退休前和退休后的心态。就大部分员工而言，到了退休年龄，都会选择退休，去从事一些自己感兴趣的娱乐活动。但是，还有很大一部分到了退休年龄的老员工，他们并没有直接离开工作岗位，退休或离职对他们而言只是工作时间缩短了一些，或是重新换了个工作场所而已。

值得一提的是，不论年龄大小，员工都可能选择离开组织寻求新的工作机会。一些人可能因为组织的精简性裁员或部门合并离开组织，另外一些人可能因自身的兴趣、价值观或能力离开组织。离开组织的员工通常会回到探索阶段，他们需要了解潜在的职业领域，重新考虑其职业兴趣和技能。从组织的角度而言，该阶段主要的职业生涯管理活动是制订并实施退休计划和合理分流。

9.4.2　个人职业生涯发展阶段的现代观点

在快速变化和充满不确定的知识经济时代，由组织或社会主导的传统职业生涯发展观点受到极大冲击，个人职业生涯发展阶段的观点正在发生变化。传统观点是建立在高度结构化、刚性的层级制组织结构之中，职业生涯被看做在单一组织中向上的、直线的职业进步或者在一个专业内稳定的工作。

然而，现代职业生涯发展研究不再局限于固定职业或单一组织边界的限制，不再仅关注员工个人在组织中的职位变迁，而是日益将个人的职业转换和管理者的改变等纳入研究视野，个体职业生涯可以不依赖组织或某单一组织而获得推进。个体职业生涯发展不是做客观选择题，也不存在所谓现成的、固定的职业发展模板。

1. 易变性职业生涯

(1) 易变性职业生涯的定义。

易变性职业生涯(Protean Career)这一术语最早由美国波士顿大学霍尔(Hall)教授于

1975 年提出，霍尔教授于 2002 年对这一术语进行了界定。易变性职业生涯是指随着个人的兴趣、能力、价值观及工作环境的变化而经常处于变化中的职业生涯。易变性职业生涯的员工对自己的职业生涯管理负主要责任。

例如，一名工程人员可能暂时离开其工程师职位，在一家机构担任工程咨询人员。这种安排的目的在于培养他的管理能力，使他能够对自己是否更喜欢做管理工作形成个人评价。

经济全球化、人口老龄化、技术变革日新月异、新型契约关系的出现、工作团队的出现、组织结构扁平化趋势的日益明显，都对我们看待职业生涯有着重要影响。易变性职业生涯模式的观点认为，个人必须极具灵活性和适应性，以便在多变和不确定性的环境中取胜。

(2) 易变性职业生涯的主要特征。

我们可从目标、心理契约等维度，对传统职业生涯和易变性职业生涯进行比较和区分，如表 9-3 所示。

表 9-3　传统职业生涯和易变性职业生涯的比较

维度	传统的职业生涯	易变性职业生涯
目标	晋升、加薪	心理成就感
心理契约	工作安全感	灵活的受聘能力
运动	垂直运动	水平运动
管理责任	公司承担	雇员承担
方式	直线型、专家型	短暂型、螺旋型
专业知识	知道怎么做	学习怎么做
发展	很大程度上依赖于正式培训	更依赖人际互助和在职体验

不难发现，易变性职业生涯的目标是心理成就感。心理成就感是指由于实现了不仅限于工作成就的人生目标(如养家、身体健康等)而产生的自豪感和成就感。传统的职业生涯目标不仅受到员工自身努力的影响，还受到组织所提供职位的影响。与传统的职业生涯目标相比，心理成就感更大程度由员工自己控制。它是一种自我的主观感觉，而不仅仅指公司对雇员的认可(加薪、晋级等)。

易变性职业生涯观点的主要特征是：个人是自我导向(Self-Directed)和价值驱动(Values-Driven)的。个人可以根据自己的需要彻底改变自己的职业生涯，在力求实现自身价值与理想的过程中所做出的选择，如参加培训、接受教育、寻找工作等活动，就构成了职业生涯。任何一个工作有高峰，也有谷底，个人会经常从一个工作族转换到另一个工作族。个人职业生涯由一系列的"探索—试验—掌握—离开"的"微小阶段"构成。因此，个人的生理年龄并不是区分职业生涯发展阶段的最好标志，而个人的职业年龄可能更加合适。易变性职业生涯的观点强调终身学习和自我开发。

(3) 易变性职业生涯态度的衡量。

根据 Briscoe 和 Hall(2005)的研究，可通过一套量表对员工进行易变性职业生涯态度的调查。研究量表及相关问题，如表 9-4 所示。

表 9-4　易变性职业生涯态度的研究量表

问　题	等级 1	等级 2	等级 3	等级 4	等级 5
自我导向的衡量					
当我的公司没有发展机会时，我已经独自寻找它们了					
我对自己的职业生涯成败负责					
总的来说，我有一个非常独立、自我导向的职业					
自由地选择自己的职业道路，是我最重要的事情之一					
我负责自己的事业					
最终，我依靠自己来推动事业向前发展					
在我的职业生涯中，我非常想"成为自己"					
在过去，我更依赖自己而不是其他人在必要时找到一份新工作					
价值驱动的衡量					
我根据自己的个人优先事项，而不是雇主的优先事项，来进行自己的职业安排					
对我而言，其他人如何评价我在职业生涯中做出的选择并不重要					
对我来说，最重要的是我对事业成功的感受，而不是其他人对此的看法					
如果公司要求我做一些违背我价值观的事情，我会跟随自己的良心					
我对职业生涯中正确的事情的看法比我公司的想法更重要					
在过去，当公司要求我做一些我不同意的事情时，我遵循自己的价值观					

量表使用说明：请表明以下陈述对您的适用程度，并标记相应的等级。

表 9-4 中，等级 1 表示很少或没有，等级 2 表示在有限的一定程度上，等级 3 表示在某种程度上，等级 4 表示在较大程度上，等级 5 表示在极大程度上。若测量结果显示，超过 7 个选项的分数在等级 3 及以上，则表明个体持有明显的易变性职业生涯态度。

2. 多元职业生涯

多元职业生涯的主要特点即我们看待职业生涯发展阶段时，不应局限于单一阶段，而应看重职业生涯的多元性，这种多元性主要体现为四种不同的职业生涯发展观点。

(1) 线型职业生涯发展。该模式将个人提升到组织等级结构中责任更大、职权更高的职位上。员工为权力和成就期望所激励。线性的职业生涯概念被认为是传统的职业生涯观点，在许多组织仍然十分常见。

(2) 专家型职业生涯发展。该模式是指个人热爱一个职业，着重于在一个特定领域获得知识和技能，在传统的等级结构中，秉承这类模式的个体很少能获得提升，更可能地是从学徒到专家。他们受到能力和稳定性的激励。

(3) 螺旋形职业生涯发展。该模式是指通过在相关职业、专业和学科进行阶段性(通常是 7 至 10 年)的螺旋上升而取得进步。这类职业发展模式允许个体有足够的时间以便在变动之前，在特定领域内获得较高的能力水平。其激励因素包括个人成长和创造性。

(4) 过渡型职业生涯发展。该模式是指通过在毫不相关的工作或领域之间进行频繁(通常是 3 至 5 年)转换而取得进步，这是一种非传统的职业生涯发展路径，其激励因素包括寻求变化与独立性。

多元职业生涯发展阶段概念的出现，顺应了组织结构扁平化的需要。传统的职业生涯管理模型用线型或专家型职业生涯的概念来满足个人职业生涯发展的需要，现代的组织一般用过渡型或螺旋型的职业生涯的概念来满足个人职业发展的需要，这就要求组织在充分考虑战略与职业生涯文化发展需要的基础上，有效满足员工的个性化职业发展要求。

3. 无边界职业生涯

(1) 无边界职业生涯的内涵。

由于商业环境的变化和知识技术的革新，组织与员工之间原有的稳定关系被打破，随之建立了一种新的职业生涯发展观点——"无边界职业生涯"。"无边界职业生涯"这一概念最早由 Defillppi 和 Arthur 于 1994 年提出，将其定义为"超越单个就业环境边界的一系列的就业机会"。

Arthur 和 Rousseau 两位学者在《无边界职业生涯》一书中阐述无边界职业生涯包含的六个含义：① 像硅谷公司员工那样，跨越不同企业边界实现就业；② 像学者或木匠等职业那样，从现在的企业之外获得市场认可及从业资格的职业；③ 像房地产商那样，靠外部的社会网络或信息支持来发展的职业；④ 打破直线晋升机制，追求心理上成功的职业；⑤ 员工可能因个人或家庭原因而拒绝当前的工作机会；⑥ 员工选择职业时依赖于自己的理解，不认为无边界会限制职业发展。Arthur 和 Rousseau 总结了这些含义的共同特征，即"独立于而不是依赖于传统组织的职业安排"。因此，无边界职业生涯的本质，就在于它独立于特定组织和现有的职业生涯路径。员工不再是在某一两个企业中完成终身的职业生涯目标，而是在多个企业、多个部门、多个岗位实现自己的目标。

无边界职业生涯理论认为，新时代主导职业生涯发展的应该是个人而非组织，人们不再依照组织需要而是根据自身发展目标，来选择企业或工作岗位，甚至为此在不同组织间频繁流动。

(2) 无边界职业生涯的特征。

无边界职业生涯与传统职业生涯的相比较，主要区别如表 9-5 所示。

表 9-5　传统职业生涯与无边界职业生涯的比较

维度	传统的职业生涯	无边界职业生涯
雇佣关系	以工作安全换取忠诚	以可雇佣性换取绩效和灵活性
心理契约	关系型	交易型
职业生涯边界	一个或两个组织	多个组织
知识技能	与组织内所在职位相关	技能多样化，且具有可迁移性
职业发展阶段	与年龄相关	与学习相关
培训	正式培训	在职培训
职业生涯发展方式	直线型	跨边界、短暂和螺旋型
职业生涯管理责任	组织承担	个人承担

与传统的职业生涯发展观点不同，无边界职业生涯具有的特征为：① 员工关系上，可以通过交易换取绩效和灵活性。② 心理契约上，以交易型心理契约为主，重视员工对企业的价值；员工可以隶属于多个企业组织或行业；员工具有可迁移的知识或技能，其技能不再单一化。③ 员工的职业发展阶段或者职业转折点与学习相关。④ 培训方式以在职培训、即时培训为主。⑤ 职业生涯发展方式呈现跨边界、短暂和螺旋的特点。⑥ 个人承担职业生涯管理责任。

总体来看，无论是传统的职业生涯发展，还是易变性职业发展与无边界职业发展，没有绝对的对与错、好与坏之分。尽管已有学者对易变和无边界职业生涯下的职业成功进行了相关研究，但是易变和无边界职业生涯不一定在所有职业、行业、群体中普遍存在。因此，我们需要考虑不同职业生涯发展的情境特征，区分不同行业、组织、群体进行职业生涯规划及管理的相关研究。

9.5　职业生涯管理体系

9.5.1　职业生涯管理体系的主要内容

职业生涯管理体系通常包含五个方面的内容：员工个人评估、实际检验、目标设定、行动规划，以及建立有效的责任机制。

1. 员工个人评估(Self-Assessment)

职业生涯管理过程是从员工对自己的能力、兴趣、职业生涯需要及其目标的评估开始的。员工个人评估是指员工使用各种信息来确定自己的职业兴趣、价值观、个性和行为倾向。

个人评估的重点是分析自己的条件，特别是个人性格、兴趣、特长与需求等，至少应考虑性格与职业是否匹配、兴趣与职业是否匹配，以及特长与职业是否匹配。个人评估可采取多种方法，如职业满意度测验、职业锚测验、霍兰德职业倾向测验等。这些方法和工具能够帮助员工了解其一般能力与技能水平、职业兴趣、工作兴趣，还可通过测试来帮助员工了解自身对工作和闲暇活动的价值偏好。

如表 9-6 所示的练习有助于员工了解其目前在职业生涯中所处的位置，制订未来的计划，并评价自身目前职业状况。企业还可通过职业生涯顾问来帮助员工进行自我评估，解释心理测试的结果。

表 9-6　员工个人评估练习

第 1 步：我现在处于什么位置？(了解生活与职业的现状)
思考一下你的过去、现在和未来。画一张时间表，列出重大事件
第 2 步：我是谁？(考察自己担当的不同角色)
利用卡片，在每张卡片上写下"我是谁"答案
第 3 步：我喜欢去哪？我喜欢做什么？(这有利于未来的目标设定)
思考你目前和未来的生活，写一篇自传来回答三个问题：你觉得已经获得了哪些成就？你未来想要达到什么目标？你希望人们记住你什么
第 4 步：未来理想的一年(明确所需要的资源)
考虑下一年的计划。如果你有无限的资源，你会做什么？理想的环境应是什么样的？理想的环境是否与第 3 步相吻合
第 5 步：一份理想的工作(设立现在的目标)
思考如何通过可利用的资源，来获取一份理想的工作。考虑你的角色、资源、所需的培训或教育
第 6 步：通过自我总结来规划职业发展(总结目前的状况)
• 是什么让你每天感到心情愉悦？ • 你擅长做什么？人们对你有什么样的印象？ • 为达到目标，你还需要做什么？ • 在向目标进军的过程中，你会遇到什么样的障碍？ • 为了迈向你的目标，你目前该做什么？ • 你的长期职业生涯目标是什么？

例如，某人在银行当了十多年系统开发部门经理，他喜欢从事电脑工作，也喜欢研究规划开发问题。他不能确定自己是应该继续从事电脑工作，还是进入软件开发的新职业领域。心理测试是该银行职业生涯评估工作的一个组成部分，心理测试的结果证实，他对研究与开发有着强烈的兴趣。当他了解了自己真实的职业兴趣后，自己开了一家软件设计公司，并与先前自己所工作的银行建立了合作关系。

值得一提的是，开展员工个人评估之前，需要对员工进行必要的培训、示范。评估过程应统一开展、实时指导，评估结果应有反馈。

2. 实际检验(Reality Check)

实际检验是指员工收到的企业组织如何评价其技能和知识，以及自己应该怎样适应潜在的晋升机会或平级调动等企业组织计划的信息。这些信息通常由企业组织中的高层管理者提供。

在详细周密的职业生涯规划体系中，需要经理进行专门的绩效评估和职业生涯发展面谈。例如，美国可口可乐公司的职业生涯规划体系规定，在每次的年度绩效总结之后，经理和员工须单独进行一次面谈，谈论员工的职业兴趣、优势，以及对职业成长的满意度。职业成长可分为结构性成长和内容性成长。前者指随着职位等级的上升而连带更多的责任与挑战；后者指员工在现有的职位上，因其经验而产生更具优势的工作动机与更多的业绩。

3. 目标设定(Goal Setting)

目标设定是指企业员工形成长期或短期职业生涯目标的过程。这些目标通常与理想的职位(例如，在两年内成为销售经理)、技能的运用水平(例如，运用软件技能来改善部门员工的沟通效率)、工作安排(例如，五年内调到总部)或技能获取(例如，了解如何运用及改进组织的 ERP 系统)相联系。

员工要与经理讨论这些目标，并将其写进发展计划中。发展计划通常包括对员工优缺点、职业发展目标和达成职业发展目标的活动，如工作分配、工作轮换、工作扩大化、工作丰富化、培训等的具体描述。

4. 行动规划(Action Planning)

行动规划是指员工为达到长期或短期职业生涯目标，具体实施既定的职业生涯发展规划，采取各种积极的行动去发展自己的职业生涯，争取职业目标的实现。

行动规划包括：要求员工参加培训课程和研讨会，开展信息交流，以及申请组织内空缺职位，等等。

5. 建立有效的责任机制(Resposibility Forming)

在职业生涯管理系统中，由于包含了个体与组织两个层面的规划及管理，因此必须建立起明确的责任机制，来区分出管理者与员工个人应承担的责任和义务。就员工个人层面看，当其将职业管理作为个人品牌经营时，更能激发工作的主动性，并实现人的发展愿望；就组织层面看，基于良好的员工发展，能有效地降低人才的流失情况，提供高素质的人力资源，发挥人力资源管理效率。

9.5.2 设计职业生涯管理系统应考虑的因素

在设计企业组织职业生涯管理系统时，设计者应考虑一些重要因素，以确保该系统与企业经营需求和战略紧密相连，并获得高层管理层的支持。具体而言，考虑以下八个因素。

(1) 职业生涯管理系统应根据企业的业务经营需要而设。在设计职业生涯管理系统时，设计者应明确企业的主营业务及其经营管理需求，确保系统的开发与运行，与业务相匹配，使员工与企业同步发展，以适应企业发展和变革的需要。

(2) 员工和经理一起参与职业生涯管理系统的开发过程。设计者让员工和经理共同参与建立企业组织职业生涯管理系统，不仅有利于该系统的推广与实施，还有利于提高员工的工作满意度、组织承诺感，降低员工流动率。

(3) 鼓励员工积极参与企业的职业生涯管理活动。在该系统中，应明确体现出本企业员工职业生涯管理理念、员工参与职业发展活动的经费支持、员工参与职业发展活动后的奖励等。系统还应体现出鼓励员工参与企业的职业生涯管理活动的其他支持，如允许请假、有假期工资等，这有利于员工过好职业生活，处理好职业活动与生活、职业活动与其他活动的关系。

(4) 利用员工的个人评估来改进企业的职业生涯管理系统。企业的职业生涯管理系统不是一成不变的，而是根据企业和员工的发展而有所改变。由于个人评估具有连续性，个人的知识和技能在不断更新，因此设计者应利用员工连续的个人评估，来改进企业的职业生涯管理系统。改进后的系统有利于企业发展，且有利于满足个人的尊重需要和自我实现需要。

(5) 高层管理者支持的企业组织职业生涯管理系统。获得企业高层管理者的支持，是职业生涯管理系统正常运行并取得成效的重要保障。高层管理者对初步开发的系统进行审核，预评该系统在人力资源规划、员工培训、员工职业生涯发展与绩效考核方面的作用，确定对该系统的支持手段与相关经费。

(6) 职业生涯管理和其他人力资源管理活动(如绩效管理、培训和招聘活动)相联系。设计者在设计整个组织的职业生涯管理系统时，应持有全局的系统观，将职业生涯管理活动与人员招聘、培训、绩效管理等紧密联系起来，制定较完备、有序的职业生涯管理制度与方法。这种完整性，有利于使员工充分了解企业的组织文化、经营理念及管理制度，为员工提供了充分的内部劳动力市场信息，并且帮助员工合理制定自己的职业生涯目标。

(7) 开发出多元化的人才库。职业生涯管理系统应重视建立本企业多元化的人才信息系统，以满足当今工作日益明显的技能多样化的需求。设计者帮助员工确认自身的能力、价值、目标和优劣势，协助员工制定相应的技能开发策略和职业发展路线。

(8) 经理能迅速获取其下属职业规划方面的信息。该系统应保障各级管理者们能及时、准确、较全面地获取有关员工职业规划和个人评估等方面的信息，充分掌握其下属员工特定的事业价值观或职业目标的需要，这有助于经理帮助其下属员工胜任现职工作，并且在确定员工未来职业发展方向时，给予他们有效的援助。

9.5.3　职业生涯管理体系的主体

通常，企业组织的职业生涯管理体系拥有四大主体，分别是员工、经理、人力资源主管和组织。

1. 员工

具有成功的职业生涯管理体系的企业都希望员工能管理好自己的职业。具体而言，员工的角色包括接受个人的自我职业规划责任、评估自己的兴趣、技能和价值观、探索职业生涯信息资源、建立目标和职业计划、利用发展机会、与主管讨论自己的职业生涯，以及执行实际的职业生涯计划并坚持。

2. 经理

在大多数情况下，员工会从经理那里获取有关职业发展的建议，因为经理一般会对员工接受工作调动(晋升)的资格进行评估，并提供关于职位空缺、培训课程和其他开发机会的信息。

　　然而，有很多经理不愿参与员工的职业规划活动，原因可能有多方面。例如，经理感到不具备足够的资格来回答员工有关职业发展的问题、没有足够的时间、认为自己缺乏良好的人际沟通技能、不能透彻地理解职业生涯问题，等等。

　　为了帮助员工处理好职业发展问题，经理需要有效地承担四个角色：教练、评估者、顾问和推荐人，每种角色的主要责任如表9-7所示。

表 9-7　经理人员在职业生涯管理中所承担的角色及主要责任

角　色	主　要　责　任
教练	发现问题、兴趣、价值和需要
	倾听
	确定需求
	详细界定这些需求
评估者	给出反馈
	明确公司标准
	确定工作职责
	确定公司需求
顾问	提供选择、工作经验和关系网
	协助设置目标
	提出建议
推荐人	与职业管理资源联系
	追踪职业生涯管理计划的执行情况

　　值得一提的是，在员工职业生涯发展的各个阶段，经理都要承担起教练、评估者、顾问和推荐人等重要角色。处于职业生涯早期的员工需要了解自己的绩效能否满足顾客的期望，处于立业阶段和维持阶段的员工可以从经理那里听取有关工作调换和职业发展路径的意见。

　　经理需要和员工探讨职业偏好，要求员工列出令他们满意的职业特征。这种讨论可以帮助员工更好地理解他们希望从工作中获得什么。只有充分了解员工的兴趣爱好，经理才能把员工与其感兴趣的工作任务匹配起来。

3. 人力资源主管

　　人力资源主管应该提供企业组织培训机会的信息和建议。同时，人力资源主管还应该提供专业服务，如对员工价值观、兴趣、技能进行测评，就员工职业相关问题提供咨询，并利用员工在工作中的实务操作来发展其技能。可通过开展工作扩大化、工作丰富化和工作轮换等，促进员工职业发展。

4. 组织

　　企业组织在职业生涯管理体系承担的角色有：提供即时的绩效反馈，提供发展性的任务与支援，参与职业发展的讨论，支持员工发展职业生涯计划，与员工有效沟通组织的使命，政策和程序，提供培训机会，提供职业生涯咨询和计划，提供不同的职业生涯选择方案。

　　此外，企业需要对职业生涯管理系统进行监管，从而确保主管和员工按照预期目标运用该系统，并对该系统能否帮助组织达到目标进行评估。

9.5.4　职业生涯管理体系的评估

　　为确保职业生涯管理体系能满足员工和组织的业务需求，应对其进行评估。综合而言，可从反应、客观信息、结果这三个方面来评估职业生涯管理系统的有效性。

1. 反应方面的评估

　　通过问卷调查和访谈等方式，了解员工和经理对职业生涯管理系统的使用情况，看看他们的反应如何。

　　例如，要求使用了某些服务(如规划、咨询等)的员工评估该系统的适时性、有用性和质量。部门经理可以提供反应方面的信息，说明这个系统对于为其所在部门空缺职位招聘人员所花的时间、候选人的素质和所录用新员工的素质产生了何种影响。

2. 客观信息方面的评估

　　追踪与职业生涯管理系统结果有关的客观信息。例如，为空缺职位招聘人员实际所用时间、员工对该系统的使用状况(包括同职业生涯顾问的接触、对职业生涯图书馆的使用或对空缺职位的咨询)，以及具有任职资格的后备人员数量等。如果系统的目标与多元化相关，那么也可以对能晋升到管理层的女性和少数民族员工的人数进行测定。

3. 结果方面的评估

　　对一个职业生涯管理系统的评估应以其目标为基础。如果系统的目标是提高员工的士气，那么就应该测量员工的工作态度。如果系统的目标比较具体，如留住有管理潜质的人才，那么应该收集管理岗人员跳槽率等数据。

◆　　思考与复习　　◆

　　1. 阐述职业生涯规划的含义。

　　2. 什么是职业锚？职业锚包括哪些类型？了解员工的职业锚对于企业职业生涯管理的意义表现在哪些方面？

　　3. 职业生涯管理的特征有哪些？如何判断职业生涯管理的有效性？

　　4. 你目前处于职业生涯发展的哪一阶段？对你个人而言，职业发展最重要的事情是什么？

　　5. 简述职业生涯管理体系的各个主体及其在职业生涯管理活动中承担的主要角色。

　　6. 访问哈佛商业评论(中国)官方网站(网址：www.hbrchina.org)和人力资源管理学会官方网站(网址：www.shem.org)，挑选 4 至 6 篇与职业生涯规划与管理相关的文章，撰写一篇不少于 6000 字的学习心得。

◆　案　例　讨　论　◆

如何重塑工作

　　某大型跨国食品公司 30 岁的中层管理者法蒂玛工作中遇到了麻烦。她是公司营销团队的明星员工，一直积极进取，并与同事建立了良好的关系。上司认为她是公司的高潜力人才之一。

　　然而出了办公室，法蒂玛坦承自己的工作进入了瓶颈，繁忙的日常工作令她无暇去做自己真正想做的事：探索如何利用社交网络推动营销。她热爱的是 Twitter、自己的公益营销博客、移动设备。她想换一份工作，可是经济萧条不振，最好的(也许是唯一的)选择似乎是留在现在的公司。"我还是在努力工作"，她对朋友说，"但我被困住了，越来越没有干劲。我开始怀疑，当初是为什么想得到这个职位"。

　　这种感觉是不是很熟悉？几年以来，我们与各行各业各个职位的几百位员工交流，他们都有这种"受困"的感觉。美国经济评议会(The Conference Board)前不久开展了一项调查，这项调查涵盖美国 5000 个家庭。结果显示，只有 45%的人对自己的工作很满意，而1987 年第一次开展该调查时，这个数字是 60%。

　　倘若你也有这种困扰，而且在目前形势下无法换工作，要怎么办呢？一种名叫"工作形塑"(Job Crafting)的方法或许可以帮助你重新为工作注入活力。

　　工作形塑，是指对工作重新定义，将个人动机、长处和热爱融合到工作中去。这种方法最大的特点是——主动权在你手里，不在你上司手里。它的具体做法是，对工作核心问题中的一个或几个进行评估和调整。

　　工作核心之一：任务。变更自己承担的任务数量、调整其范围或改变执行方式，可以改变自己工作的边界。例如，如果销售经理乐于迎接组织人员和物流的挑战，就可以多承担一份活动策划工作。

　　工作核心之二：人际关系。你可以改变与他人交际的性质或程度。例如，董事、总经理可以充当年轻助理的导师，与这些代表公司未来的年轻人建立联系，并提供指导。

　　工作核心之三：观念。你可以改变自己对工作某方面目标的看法，或者重新架构工作整体。例如，研发部门领导者可以将自己的工作视为促进相应领域科学进步，而非单纯的管理项目。

　　回到开头的跨国食品公司，法蒂玛还是很苦恼。假如她试试工作形塑会怎样？她已经仔细思考过自己究竟为何不满，不过还不够系统全面。工作形塑会帮助她为自己现在的工作绘制出更理想(但也不会脱离现实)的版本，将她的动机、长处和热情结合在内。

　　(1) 调整任务。

　　首先，仔细审视自己工作目前的组成。法蒂玛发现自己花了许多时间监督团队的表现、回答问题、主持市场调研，还花了相当多的时间用来制定预算、撰写报告和开会，用在发展专业能力和制定营销战略等重要任务上的时间非常少。

　　其次，注重提升自己对工作的投入度。她先找到自己的动机、长处和热情，这三要素可以决定工作中哪些方面能帮助她保持敬业，并促使她提升表现。"制定营销战略"非常符合她的动机、长处和热情，为了充分利用这一点，她在这项任务中加入了"应用社交媒体"的新要素。为了在工作中增加社交媒体的比例，她还加了一个小任务：指导同事使用社交媒体。

再次，法蒂玛要考虑自己在将新整合过的工作付诸实施的过程中，会遇到怎样的难题。她希望运用自己的技术专长，去帮助其他营销团队和部门利用社交媒体，但她担心擅自提供指导，干涉他人工作，有损对方的尊严。法蒂玛重新审视自己列出的项目，开始思考如何将社交媒体整合进去。

她找到两个可能性：一种面向青少年的新零食，以及一个全公司范围内促进营销与销售部门沟通的项目。法蒂玛认为，开展与 Facebook 和 Twitter 有关的促销活动，有利于炒热这种新零食，也可以让组织了解接触新的顾客群体的好处和局限。此外，通过开设博客，法蒂玛和营销部门同事还可以及时了解销售部门的活动，并与其成员沟通。

(2) 调整关系。

法蒂玛当然明白，要想打造自己认为这两个项目必需的技术，需要获得支持。她必须与公司其他人建立或重新巩固关系，才能得知推动进步的最佳方式。她想起，每周的跨部门例会上都能看见史蒂夫·波特在玩最新款的电子设备，而且大家都知道他很会利用社交媒体让销售人员眼观六路，她决定去找史蒂夫帮忙。

在史蒂夫和法蒂玛自己团队的支持下，不到一个月，大家就纷纷关注如何让技术更贴近部门核心工作，了解了很多相关知识。她的新项目已经成为运用社交媒体完成其他重要目标的试验场。大家都认为是法蒂玛推动了这些项目，其他部门管理者也来找她，请教如何将她的创意运用在自己的项目上。这一切都鼓励她更加大胆地提出新创意，引入新的技术。

(3) 调整观念。

法蒂玛不觉得自己的工作是每天埋头苦干，她转变观念，认为自己是把营销与技术结合起来的创新者，是有进取精神的先驱者，勇敢地进行各种能将营销与技术结合的实验。更让她开心的是，她发现自己对运用技术实现目标的热情非但没有让自己偏离应当完成的工作目标，反而能够让她以更有成就感的方式完成工作目标。

值得指出的是，不是所有的工作形塑都能起到积极作用。要想赢得其他人的支持，还需注意以下三点：

一是，打造一个会为其他人创造价值的个人或组织强项。例如，法蒂玛将自己的工作定位为辅助其他团队工作。

二是，与他人(特别是你的上司)建立信赖。法蒂玛向上司保证，自己的工作不会白费，她经手的新工作有一部分可能会在组织中占据核心地位。

三是，转向最有可能为你提供方便的人。法蒂玛去找史蒂夫·波特，因为他对她将技术引入工作任务核心的计划感兴趣。

工作形塑有助于你在工作中做出有意义的持续性改变，不受经济环境影响。不过在开始之前，你要先从单调的日常工作中脱身，认识到自己有能力对工作中各个要素进行重新组合。

来源：蒋荟蓉译，牛文静校，万艳编辑，"重塑工作，变'废'为宝"，《哈佛商业评论》中文版 2018 年 6 月刊。原文作者：埃米·维热什内斯基、贾斯廷·伯格、简·达顿。网址：http://www.hbrchina.org/2018-06-12/6115.html. 本案例资料根据资料来源略作加工。

根据案例回答以下问题：

(1) 上述案例中，法蒂玛面临的职业生涯问题有哪些？对于这些问题，她是如何应对的？

(2) 假设你是某公司的培训主管，请以"工作形塑"为主要工具，结合本案例材料，为中层管理者设计一套职业生涯管理方案。

(3) 通过本案例的学习，谈谈你对"是你去塑造工作，不要让工作塑造你"这句话的理解。

◆　培 训 游 戏　◆

若干年后，你希望别人如何在职场告别会上描述自己

游戏类型：情景模拟
活动形式：全体参与
所需时间：30 分钟到 50 分钟
场地要求：宽敞的活动中心
所需材料：麦克风，音箱

活动目的

1. 让学员领会职业生涯规划与管理的重要性。
2. 让学员领会职业生涯规划与管理的主要内容。

操作步骤

1. 培训师向所有学员描述一个未来的情景，即各位学员若干年后的职场告别仪式。

2. 培训师念职场告别仪式的开场白：今天我们怀着非常激动、依依不舍的心情参加***(学员姓名)的职业生涯告别仪式，***(学员姓名)在组织工作*多年。

3. 培训师列出几项内容：

他/她身上最宝贵的精神是：

他/她最值得称赞的品质是：

他/她最核心的职业能力是：

他/她最值得我们学习的是：

他/她最优秀的心理素质是：

他/她对组织最大的贡献是：

他/她对社会最大的贡献是：

4. 培训师向受训者提问：希望职场告别仪式上的主持人，如何评价自己。请受训者花15 分钟时间思考，补充第 3 个步骤的内容。

提示

1. 每人在 15 分钟内做出决定。

2. 每人结合自身专业和工作的实际情况，补充横线内容。

相关讨论

1. 个体职业生涯规划与管理的核心内容有哪些？

2. 要达成个体职业生涯发展目标，个人及所在组织当前可以做哪些实际工作？

第 10 章　职业生涯管理面临的挑战

学习要点

➤ 职业路径的定义及形式
➤ 职业路径的双阶梯模式
➤ 职业高原问题产生的主要原因
➤ 员工技能老化的影响因素及影响结果
➤ 员工技能老化问题的应对措施
➤ 年长员工问题并掌握相关应对措施
➤ 如何有效处理工作—生活的不平衡
➤ 新生代员工的职业生涯管理问题并掌握相关应对措施

导读资料

"在宜家，没有典型的职业发展道路"

　　宜家(IKEA)公司创办于瑞典，是目前全球最大的家居用品零售商。根据宜家 2017 财年统计报告，它在 29 个国家/地区拥有 355 家商场，2017 财年的零售总额为 341 欧元。宜家共有 14.9 万名员工。其中，零售员工 13.44 万名，配送员工 9100 名，购物中心员工 2100 名，其他员工 3400 名。宜家拥有 1.1 亿名会员，每天有 30 000 多名新会员加入。

　　宜家集团人才和领导力部门经理尼尔·普洛塞指出，宜家坚信给予员工成长的可能性，无论是个人还是职业角色。"宜家的职业生涯规划非常灵活，我们让员工负责他们的职业生涯，鼓励他们尝试不同的角色，改变职能"。普洛塞补充道。

　　"在宜家，没有典型的职业发展道路"，普洛塞说："我们更喜欢这样看待职业，在宜家的职业生涯中，员工有许多工作。事实上，21%的员工已经和我们在一起超过 10 年了。"

　　宜家乐于投资员工，并创造更多的内部工作机会。为了促进绩效增长，宜家将投资于他们现有的员工，目标是使得员工达到 80%到 90%的内部晋升率。普洛塞还提到："我们将使各种各样的员工的技能和个性达到我们的目标。"

　　为了实现这一目标，宜家为每位员工制订了个人职业发展计划。除了一些培训项目，特别地，列出了员工如何与本组织一起成长。宜家知道，人们的兴趣在于自身的提升和发展。因此，在制订员工个人职业发展计划时，公司鼓励员工在宜家各岗位、各部门内走动，取消头衔，大家以"伙伴"相称。鼓励他们考虑在宜家的其他岗位是否可以胜任，鼓励他们承担不同的工作角色。

　　宜家高层管理者认为，尽管专业技能将在未来很有价值，但公司会更注重人文技能、可以转移的技能，以及跨角色的工作能力。

普洛塞指出:"人们将越来越多地从工作中寻找更大的目的和意义,我们将确保公司各岗位的作用和工作方式反映这一点。"每一位员工都把自己独一无二的创意和才能带到工作中——正是他们成就了今天的宜家。我们要确保每一位员工感受到公司的关怀和重视,能够在工作中发掘自己的潜能。这是因为,当员工不断成长时,宜家也在随之不断地发展。因此,无论你在世界的哪个角落工作,都可享受公司的各种福利。以下仅列举其中一部分:

(1) 奖金计划。

One IKEA 奖金计划是针对宜家集团全体员工推出的一个绩效驱动奖金体系。它以公司价值观为基础,即简单性与团结精神。相同单元的每个员工都朝着相同的目标努力。在共同目标的驱动下,团结一致,携手推动宜家的发展。

(2) 员工忠诚计划。

Tack!计划(瑞典语意为"谢谢")是公司推出的一项员工福利计划,旨在感谢员工们对宜家的忠诚以及他们在宜家持续发展过程中做出的贡献。通过 Tack!计划,员工们将获得一笔额外的收益,该笔收益将存入他们的养老金中。同一国家内的所有全职员工,无论部门、职务或工资水平,都会获得相同的数目。

(3) 学习与发展。

公司为希望学习新知识并获得成长的员工开展各种内部培训项目,借此为员工的个人发展投资。每位宜家员工都有机会制订发展规划。员工可以与经理共同为来年及未来设定目标。

资料来源:宜家中国官方网站 https://www.ikea.cn 和 https://www.hcamag.com/hr-news/there-is-no-typical-career-path-at-ikea-248745.aspx,2018-04-13。

宜家公司拥有灵活的职业生涯管理,让员工结合自己的职业兴趣和公司价值观,制订个人的职业规划。在宜家中国的官网上,有这么一段话 "你可以根据自身的发展规划和未来目标,设计自己的职业道路。我们相信每个员工都有发展的能力。因为随着你的成长,宜家也会发展。查看我们提供了哪些不同岗位,或搜索招聘岗位,开始与宜家的共同成长之路。"全球性的大公司在职业生涯管理中,正在倾向于将职业规划的责任交给员工,公司则是做好员工培训、学习、福利等支出和保障活动。可以预见,今后的组织将越来越多地面临新的职业生涯管理问题。

10.1　职业路径及类型

在实际的企业工作中,从来都没有足够多的管理类高层职位,使每个人的职位晋升成为现实。个人职业生涯会因企业内缺少晋升机会而出现停滞现象。企业需要开发出职业路径的新模式,来满足当前个人职业规划及管理的要求,达到实现个人职业发展目标和企业组织绩效目标的"双赢"。

许多企业已经开始重视并开发职业路径的双阶梯模式,以对企业内员工尤其是技术人员提供更多的职业发展机会,对其职业生涯进行有效地指导和管理。

10.1.1　职业路径的含义及形式

职业路径(Career Path)是指员工在企业内部由一个工作进展到另一个工作的过程,简而言之,就是个人在企业组织中进步的轨迹或一连串的发展活动,通常会涉及非正式的教育以及训练。一般而言,职业路径的形式有三种。

1. 以职位为主的职业路径

以职位为主的职业路径是企业根据员工的不同职位设定发展通道或晋升序列,如专业晋升序列和管理晋升序列,其差异化主要体现在同一工作内容上的不同职级。

以职位为主的职业路径的特点如下:

(1) 有不同类别、层级明确的职业通道(技术/管理)。

(2) 由企业引导员工职业生涯发展的途径和方向,确立员工职业生涯与企业发展相统一的晋升体系(如 HR 领域业内公认的 HR 助理-HR 专员-HR 主管-经理-总监-CHO)。

(3) 员工职业发展路径包括纵向的职级晋升和横向的跨序列拓展。通过纵、横向的发展,能丰富员工职业发展的通道,使员工获得更多的发展机会。

以职位为主的职业路径是企业内按照管理和技术两大职类设立的岗位,可归集为三大职位序列,即管理序列、技术序列和项目管理序列。管理序列主要包括业务支持部门(企业发展、人力资源、财务、行政、生产管理和经营等)的岗位;技术序列主要包括直接参与设计或其他从事与技术直接相关工作的岗位;项目管理序列主要包括从事项目管理工作的岗位。所有的岗位序列划分五大层级,即辅助人员层、专业人员层、主管层、部门经理层、总监层。在每个层级中,又包含若干岗位。其中,辅助人员层、专业人员层、主管层统称为操作层;部门经理层、总监层统称为经理层。

以职位为主的职业路径按照企业内部组织结构的层级设计和部门划分,其职业变动又可分为纵向发展和横向发展。

(1) 纵向发展。纵向发展主要指企业内部职级的晋升路径。企业鼓励员工努力工作并提升自己的能力水平,在上级职位出现空缺或员工个人能力获得较大提升时,企业考虑员工的发展意愿,结合员工本人能力特点和企业对人才的需求状况,帮助员工规划个人发展方向。管理人员沿着管理序列的提升意味着员工享有更多的参与制定决策的权力,同时也需承担更多的责任;专业技术人员沿项目管理或技术序列的提升意味着员工具有更强的独立性,更高的能力,同时拥有更多从事专业活动的资源。

(2) 横向发展。员工除了在本职位序列内按照岗位层级的要求晋升外,对不同的序列之间,考虑到员工的不同发展意愿,企业也提供跨序列拓展的平台和机会,主要以内部调配和招聘方式体现。

企业员工中,对本专业领域有着高度热情的专业人才、有着明确规划、想通过既有职位通道逐步实现目标的员工、对管理权限或技术提升有着更高要求的员工会考虑选择以职位为主的职业路径。

2. 以目标为主的职业路径

以目标为主的职业路径是企业员工通过确定自身兴趣、价值观、资质以及行为取向,思考当前所处职业生涯的位置、了解自身与企业潜在的晋升机会、横向流动等规划是否相符，以及企业对其技能、知识所做出的评价等信息；评估个人的职业发展规划与当前所处的环境以及可获得的资源是否匹配，从而制订出未来的职业路径计划，并落实短期与长期职业目标。这些目标与员工的期望职位、应用技能水平、工作设定、技能获得等其他方面紧密联系。

以目标为主的职业路径的特点：

(1) 一般以时间维度呈现，如近期-中期-长期目标计划。

(2) 需要借助测评工具(如 SWOT 分析、自我经历剖析、职业能力剖析、职业测评等)，对自己做自我评估，以确定自己未来的职业路径目标。

(3) 以本领域内的专业学者为借鉴经验，自己主动规划职业生涯并逐步实现。

(4) 目标应具备 SMART 原则，即明确(Specific)、可衡量(Measurable)、可实现(Achievable)、奖励(Rewarding)、时限(Time-based)。

以目标为主的职业路径的确立，首先需要客观分析自我与所处环境情况，依据自我知识、职业知识、现实因素等设定职业目标。例如，自我知识包括需要了解自己的性格、兴趣、胜任力特征、价值观，还包括限制条件，如个人积蓄、居住地方等。根据对自己的分析得出可能感兴趣且也有潜力的职业路径目标，结合所处环境，判断环境能否提供所需机会，以本领域内的专业人才为借鉴经验，最后确定自己有能力实现、环境也能支持的职业路径目标。其中，所处环境的分析可参考职业知识(包括行业、企业、职业环境方面的信息)、现实知识(包括专业知识、相关经验、家庭、其他等)。其次，通过层次分析法将长期目标逐级分解成短期目标和小目标。最后，制订行动计划。行动计划包括七个要素：需要做些什么(What)；在什么时间完成(When)；怎样做(How)；谁来做(Who)；在什么地方做(Where)；需要多少资源，包括资金、信息和材料(Howmany/much)；每一个元素都需要明确为什么(Why)。行动计划的步骤如下：

(1) 分析差距。分析自己现阶段处于什么位置(现实)；分析得出自己想要达到什么位置(目标)；目标需高于现实，但不能脱离现实。

(2) 制订计划。确定实施计划的重点步骤；在一开始要制定监督措施；在整个过程中如按时达到目标给予自己奖励，没有达到目标给予一定的惩罚以激励自己。

(3) 实施和检验。在实施过程中考察实际进展与计划是否相符；在实施过程中是否偏离目标方向；是否需要做相应的修正。

企业员工中，计划性强、具有强烈目标意识和自我实现欲望的技术专业型/中高级管理员工，自我管理能力较强、自驱力强的新员工/普通员工，会考虑选择以目标为主的职业路径。

3. 以决策为主的职业路径

随着企业员工对组织及自己的专业领域的了解越来越多，会逐渐受到组织的信任。这种信任不仅体现为上述两种形式的职业发展，也可能体现为"沿着成员资格维度向组织核心移动"的过程。从这一角度看，沿着等级链向上运动也体现出某种程度的向心运动。然而，一个人完全有可能停留在一个给定职位上，由于拥有经验而更接近核心，进而得到更多的信任，获得更高的决策权，以及地位和尊重。这便是以获得决策权为目的的职业路径。企业可以通过对某一职位上的员工进行循序渐进的培训和开发，使员工不断成熟，成为忠诚的"组织人"和企业组织各个层次的中坚分子。

以决策为主的职业路径的特点：

(1) 以决策为主的职业路径强调的是职位可能不变，但管理的范围更宽、管理的幅度更大，承担更多职责的同时有更多的机会参加单位各种决策活动。

(2) 员工需拥有某种专门的特权和特殊种类的信息(如组织"机密")，进而使其在组织中具有高于同职位的其他员工的影响力和地位。

(3) 以员工职业成长为目的，更注重员工自身素质的提高、自我价值的实现、专业技能的精深与拓展和工作的挑战与丰富化。

以决策为主的职业路径的形成，一是通过自我评价，即企业帮助员工确定兴趣、价值观、资质以及行为取向，指导员工思考当前所处职业生涯位置，并明确员工自身所拥有的资源，如是否掌握独特、核心信息技术等。二是制订未来发展计划，确定员工未来发展需要注重哪方面资源的获得，是否注重个人职业成长、自我价值实现、尊重与地位等。三是划分工作内容的重要程度，将重要程度高的工作交给能力较强、素质较高的员工负责，以激励想要获得决策权及个人价值实现的员工更加努力工作。

企业员工中，知识型员工通常富有个性、注重自身价值、需求多元化、追求工作自主，会选择以决策为主的职业路径。拥有一定专业技能或独特信息的员工和想要获得更大的决策权的管理人员会倾向于选择以决策为主的职业路径。

职业路径的规划步骤如下：

(1) 决定或确认符合目标工作的能力及行为。由于工作具有随着时间而改变的倾向，因此决定或确认符合的资格条件且定期的检查是必要的。

(2) 取得员工的背景资料，并检查正确性与完整性。因为人们的兴趣及职业目标有改变的倾向，所以也必须确认。此外，还需要更新个人的技术、经验等方面的记录。

(3) 比较个人与工作两者的需求分析。确定个人与目标工作是否相互配合。

(4) 调和员工职业生涯发展需要与组织职业生涯管理两者的要求。个人应将职业目标正式化，或修正职业生涯目标以适应环境需要。

(5) 利用职前练习去发展个人教育的需要，确认使个人能取得目标工作绩效所必需的工作、教育及训练经验。

(6) 构思职业路径蓝图。

10.1.2　两种典型的职业路径

金字塔式职业路径以企业内两类人员最为典型，即技术人员和管理人员，下面以这两类人员为例，介绍其金字塔式职业路径。

1. 技术人员的传统职业路径

通常，技术人员职业生涯路径为：技术人员——副研究员——研究员——首席研究员。对拥有工程师、科研专业人员的企业组织来说，一个重要的问题就是如何让员工感到自己受到了重视。在许多企业组织的职业生涯体系中，工程师和研究开发人员能够得到晋升和物质回报(如股权)的唯一途径就是进入管理层。技术类职业生涯路径的发展机会相当有限，与管理职业生涯路径相比，技术类职业生涯的报酬也要低一些。如果技术人员想提高自身地位并得到加薪晋级机会，那么他必须在本企业成为管理者。

由于在地位、薪资、发展机会等各方面均不如本企业的管理人员，技术人员可能会离开企业而寻求专业发展，这不利于企业保留优秀员工，可能会使企业丧失竞争优势。

2. 管理人员的传统职业路径

通常，管理人员职业生涯路径为：经理助理——经理——部门经理——总裁助理——总裁。林泽炎等国内学者综合了管理人员发展自身事业且经实践检验为有效的策略，概括出管理人员职业生涯成功的要点。

(1) 审慎选择自己的第一份职务并且做出优秀的绩效。对于每个管理人员来说，审慎选择第一项职务是十分重要的，因为不是任何第一项职务都会是相似的结果。一个管理人员在某个企业中的工作起点，对于今后的职业发展具有重要的影响。特别是有大量的经验证明，假如可以有选择的机会，就应当挑选一个有权力的部门作为自己管理职业生涯的起点。如果一开始就在权力影响很大的部门中就业，未来将更有可能在自己的管理职业生涯中得到迅速的提升。良好的管理工作绩效是管理生涯成功的一个必要条件。管理工作的有效性会使管理人员在短期内得到奖赏，获得职业生涯上的晋升或重用的机会，管理职业生涯成功的可能性就会大大增加。

(2) 努力融合企业的文化，了解企业的权力结构和职权关系。管理人员应当对其所在企业的组织文化进行评价，以便明确企业对管理人员的要求和期望。这样，管理人员就对自己在各个方面如何展现合适的形象做到心中有数。例如，应当如何着装，应与谁和不与谁联络感情，应表现出一种敢冒风险还是规避风险的立场，以及了解企业组织喜欢何种领导风格，对冲突是避免、忍受还是鼓励，与其他人相处中何为重要，等等。假定一批管理人员都是绩效良好者，那么使自己的形象与企业的组织文化保持吻合的能力就自然对职业成功有正相关的关系。

企业的正式组织结构所确定的职权关系，是组织运行的基本规则和工作机制。但是在一个企业中，正式组织结构只是反映组织中影响类型的一种，非正式组织结构的影响力同样是重要的。因此，有效的管理人员同样需要了解和重视，需要很快地熟悉并理解企业组织的权力结构和职权关系，需要知道谁真正控制局面、谁对谁拥有资源，等等。一旦对这些有了更好的了解，管理者就可以更熟练、自如地在其中行进。

(3) 在企业中选择一位导师，获得自己的核心竞争力和对资源的控制。导师通常是企业组织中职位较高、专业优秀和地位影响力都比较高的某个人，从导师那里，可以学到职业技能、处理人际关系的能力，如果得到导师的认可、鼓励和帮助，对于管理人员的晋升和发展来说是很有意义的。对企业组织中稀缺而又重要的资源加以控制，是权力的一大来源。知识和技术就是其中一类特别重要和有效的可控制稀缺资源。如果拥有和控制了这类稀缺资源，会显得对企业更有价值，因而更可能得到职业晋升与保障。

(4) 保持工作绩效的显示度，实现早期的职务轮换或者晋升。由于管理工作绩效的评估具有相当的主观性，因此努力达到管理工作绩效的显示度，可以让企业领导或有权力的人看到贡献是特别重要的。如果管理人员有一份由于自身的才能可引起他人所注意的岗位工作，可能不用采取直接的措施增加你的显示度。但如果管理人员从事的工作更多的是处理一些可见度很低的活动，或者因为只是某项工作的一分子而难以区分有特定贡献，在这些情况下，可以向上司汇报工作进展情况，积极参加有关的职业协会，与正面评价的人结成有力的同盟，以及采取其他一些相似的策略来强化可见度。

在职场上，管理人员要么在第一份管理职务中一直干到"真正做出成绩"，要么不久就接受一项新的职务轮换指派。经验表明，应该选择早期的轮换，很快地在不同的职业岗位上转换，这样既可以获得更多的学习和锻炼的机会，又可以积累工作经验，提升工作技能，建立广泛的工作关系。这对管理人员的启示是，尽快在第一份管理职务中寻找早期的职务轮换或者晋升机会。

(5) 保持流动性，考虑横向发展。岗位流动性对于充满进取心的管理人员来说具有更为重要的意义。一个管理人员如果乐于转换到企业组织中的不同地理区域或职能领域就业，可能更能获得迅速提升的机会。愿意变化工作岗位的管理人员，其职业发展进程往往能得到更好的促进。尤其是在成长缓慢、不景气或衰退中的企业工作的时候，更应该及早的考虑流动。

由于经济环境的变化，企业的组织结构趋于扁平化，使得许多管理人员的职位提升阶梯减少。要在这一环境中求得发展，就要更多地考虑横向的职位变换。这种变换还能激发人的职业积极性和挑战性，使职业变得更为有趣，也更富有满意感。

10.1.3　职业路径的双阶梯模式

1. 双阶梯模式的定义及特征

双阶梯模式的职业路径是指在企业组织中管理类职务阶梯之外，专为专业技术人员的职业规划发展设置一个平行的、与管理类行政职务同等重要的、有序的、开放的业务或技术能力阶梯，这个能力阶梯与待遇相挂钩。

"双阶梯"是针对企业常见的单一管理通道而言的。亦即，员工的职业生涯发展路径，除了可以选择管理通道逐渐晋升以外，还可以根据自己的兴趣爱好、专业特长，选择非管理类的通道，实现自身职业生涯发展的目标。

双阶梯模式具有以下四个特征：

(1) 技术人员所获得的薪资、地位和奖励不低于管理人员。

(2) 技术人员基本工资低于管理人员，但可通过奖金的形式有机会提高总体收入。

(3) 技术人员职业生涯路径并不是用来纵容那些缺乏管理才能的员工的，它只适用于具有卓越技术才能的员工。

(4) 让技术人员有机会选择其职业生涯路径。企业要为其提供相关的测评手段。通过测评信息，让员工了解自身兴趣、工作价值观和强项技能与处于技术和管理职位上的员工的相似程度。

对无法进入管理层的员工，可对其采用技能工资体系。在该体系中，员工的部分报酬是以其知识水平为基础，而不仅仅基于目前工作的要求。这种工资体系可以促使员工拓宽自身的技能基础，也减小了管理职位和非管理职位之间工资水平的差别。

2. 双阶梯模式的主要作用

在企业中，一方面随着组织结构扁平化的推进，管理岗位越来越少，而竞争管理仕途的人不在少数；另一方面，有些人确实不愿意去"做官"，不太看重职位头衔，更愿意从事专业工作。因此，企业开设不同的职业生涯发展路径是非常必要的。

　　企业推行职业生涯路径的双阶梯模式，能有效避免员工千军万马竞走管理独木桥的现象。其关键在于，非管理通道的员工，如技术人员，随着其职务晋升的过程，薪酬及其他待遇也能够得到同样的提升。双阶梯模式可让员工继续沿着技术类职业生涯路径发展，或转入管理类职业生涯路径。

　　由于双阶梯模式体现了企业对员工职业能力、专业兴趣，以及成长需要的关注，因此更有利于吸引和留住优秀的技术人员。研究表明，专业技术人员通常具有较高的成长需要强度。成长需要强度在工作特征与工作满意度关系中起到重要的中介作用。经典的工作特征理论(Heckman 和 Oldham)认为，工作特征影响员工在工作中的心理状态，任何工作内容都包含着技能多样性、任务整体性、任务重要性、工作自主性和反馈五种核心特征，并将成长需要强度定义为个体对自我指导、成长以及在工作中取得成就的渴望程度。高成长需要强度的员工渴望在工作中学习和掌握新知识和新技能、开发自己的潜能、促进自身成长。

3. 双阶梯模式的设计

　　如图 10-1 所示，技术人员可以选择三种不同的职业路径：一种科研职业路径和两种管理职业路径。

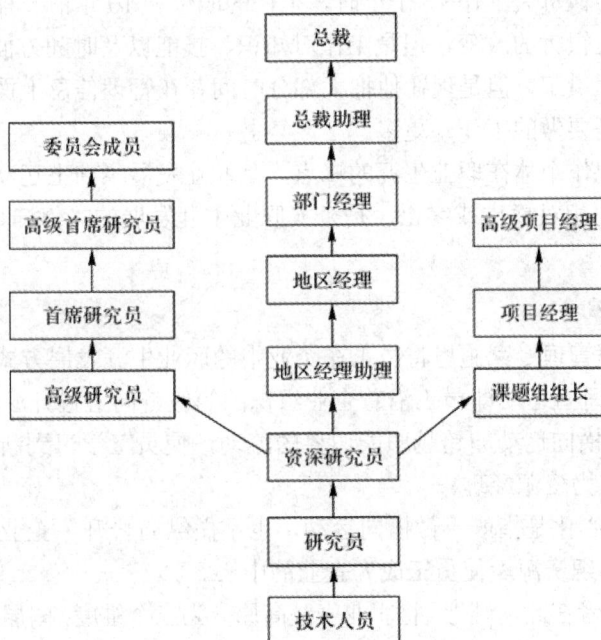

图 10-1　技术人员的双阶梯式职业路径

　　当企业内同级人员的薪资水平相近、发展机会相似时，技术人员有机会选择一种符合自己兴趣和技能的发展道路，规划其个人的职业生涯路径。

　　需指出的是，员工职业路径的选择与确定，与个人的职业锚密不可分。如果个体是创造型职业锚，其选择的职业路径很可能是以技术开发为导向的，不断试错，取得创新性绩效。如果个体是安全稳定型职业锚，其选择的职业路径则可能是传统的路径模式。

10.2　职业高原及其应对策略

由于组织结构扁平化活动的推行,传统金字塔结构的企业中管理岗位越来越少,因此,依靠职位晋升实现自己的职业生涯发展的想法也越来越不现实,从而引发部分员工出现"职业高原"现象。

10.2.1　职业高原的定义及结构

1. 职业高原的定义

职业高原(Plateauing)概念首先由美国心理学家弗朗斯等人(Ference,Stoner 和 Warren)于 1977 年提出,是指员工个体在职业生涯发展中的某个阶段已不大可能再得到职务晋升和承担更多的责任。

与处于其他职业生涯阶段的员工相比,处于职业生涯中期的员工最有可能到达职业高原。例如,一名 50 多岁的经理曾是营销资料制作方面的专家。他不得不学习金融、市场和采购方面的知识。他每天工作 12 个小时,担任的职位和 10 年前一样,所获得的报酬和工作地位也没有发生很大的改变,但是工作对知识、技能以及时间方面的要求越来越高。他以前的工作是管理员工,但是现在他把大部分时间花在管理信息上面。他可以利用的资源比以前有限,但是要做的工作却更多。

职业高原一般视作个体在职业生涯的峰点,是职业发展"向上运动"中的工作内容、责任、挑战、压力的相对静止或终止,是个人职业生涯发展的"停滞期"。职业高原并非所有人都必须经历。

2. 职业高原结构

著名的职业生涯管理专家施恩将员工在企业中的职业生涯发展方式分为三种。

(1) 垂直运动。垂直运动即员工沿着企业组织的等级链向上晋升。

(2) 横向运动。横向运动即跨越职能边界的流动,使员工学习到新的知识和技能,如销售部门经理转做人力资源经理。

(3) 中心化。中心化是指既不做横向运动,也不做纵向晋升,企业通过赋予员工更大或更多工作责任或组织资源,使员工成为企业的中心。

谢宝国等国内学者在此基础上,将职业生涯高原分为三个维度,即层级高原(Hierarchical Plateau)、内容高原(Hierarchical Plateau)和中心化高原(Centralizing Plateau)。层级高原是指在当前企业中,进一步晋升的可能性很小;内容高原是指不能从当前工作中学习到新的知识和技能;中心化高原是指在当前层级水平上,向企业中心转移的可能性很小。

10.2.2　职业高原问题产生的主要原因

根据费德曼和韦茨(Feldman 和 Weitz)的研究,员工到达职业高原主要受到六大因素影响，分别是个人能力和技术、个人需求和价值观、缺乏内部动力、压力、缺乏外部报酬、组织成长。可将它们可归为两大类，即个人方面因素和组织方面因素。又有学者(Tremblay)补充，引发职业高原还有家庭方面的因素。在此，综合相关研究，将引发职业高原问题的因素分为个人、组织和家庭三个方面。

1. 个人方面的因素

(1) 个人的能力和技术。

在个人能力和技术方面，可能引发职业高原问题出现的原因是缺乏必要的岗前培训和在职培训、对反馈的错误理解。

(2) 个人的需求和价值观。

若员工具有较低的个人成长需求，他并不寄希望于工作实现个人发展目标，由此不愿承担更多的工作职责，所以到达职业高原。

(3) 缺乏内部动力。

若员工工作任务具有简单、重复的特征，日复一日的流水线式工作，工作积极性大为削减，令员工没有动力去承担更多、更大的工作责任。

(4) 工作压力大。

当企业内工作环境的人际关系较差、组织氛围不健康，很可能导致员工工作压力大，工作积极性下降。例如，一名护士一年内被投诉 4 次，主要是因其服务态度不好，不愿与病人沟通。经调查，这位护士来医院工作已有三年时间，经历了实习、助理护士到护士阶段，对"老护士看、新护士干"、老护士不值夜班、白天充当指挥棒等现象极为不满，认为自己没有得到公平对待，对护理工作感到极具压力。这导致其日常工作行为出现偏差，遭遇了职业高原。

2. 组织方面的因素

(1) 缺乏外部报酬。

若员工感知到所在岗位升迁机会渺茫，很少有晋升机会，那就是遭遇了职业高原，组织承诺感降低，工作绩效可能变差。

(2) 组织成长。

若外部商业环境险峻，企业采用"防护"的发展战略，可能会使员工采取保守的工作行为，不愿承担更多重要的工作职责。

3. 家庭方面的因素

员工在职业生涯早期阶段付出较大的工作努力，可能忽视了家庭责任。在工作了一段时间后，他们达到了一定的职位与工资水平时，会对家庭产生亏欠和内疚感。这时，家庭情况会对他们的工作产生巨大的影响，顾家的思想会加剧他们的职业高原现象。

10.2.3　职业高原员工的类型分析

根据职业高原概念提出者弗朗斯等人的研究，一般可能存在四种类型的职业高原员工，如表 10-1 所示。

表 10-1　职业高原员工的类型

员 工 类 型	说 明
学习者(Learner)	目前表现低于标准，但具有高升迁潜力的员工(如新进人员)
明星员工(Star)	工作绩效水平极高，也拥有很大的晋升潜力
静止员工(Solid Citizen)	大多数员工属于此类，即虽然目前工作绩效不错，但未来获得升迁的几率并不大
枯萎员工(Deadwood)	绩效水平没有达到组织可接受的水平，获得进一步晋升的机会为零

现在企业把过多的注意力放在绩效体系的两端，即枯萎员工和明星员工身上，而把静止员工视为一种正常发展状况，不予重视。由于静止员工的绩效水平高，却不受重视，因此成为枯萎员工的可能性最大，同时，静止员工产生离职意愿的可能性也最大。企业应该对员工提供个人发展与成长的途径，并辅以周密的绩效考核系统以及培训规划，才能够有效管理静止员工，将枯萎员工以及学习者转变为静止员工或者是明星员工。

10.2.4　职业高原问题的应对策略

对员工个人或组织而言，到达职业高原不一定都是坏事。有的员工可能并不希望承担更多的工作责任，满足于工作绩效达到最低的标准要求。而有的员工在感到工作受阻和缺乏个人发展空间时，到达职业高原就会使其变得情绪容易波动。这种受挫感可能导致员工的工作态度恶劣、缺勤率上升、工作绩效差、离职率高。因此，有必要重视职业高原问题，采取相关策略，有效解决已到达职业高原员工的职业生涯管理问题。

1. 鼓励员工挖掘到达职业高原的原因

在某一职位上停滞不前不一定是员工的过错，企业重组往往会削减很多职位，从而导致员工到达职业高原，这也成为结构性职业高原。这时，员工需要学会调整观念，正确认识职业高原。职业高原是很难避免的，是职业生涯历程的正常阶段，员工个人需要对自身现状、内在潜能、个性特质、心理素质等做全面、客观的分析，树立自信，增强自我效能感。

如果职业高原是由绩效问题引起的，那么员工应深入反省，改正自己的不足。变被动应对压力为主动挑战自我，对个人知识和技能进行投资，开发自身潜能，提高个人能力，促使自身向复合型人才方向发展。

2. 鼓励员工参与培训活动

企业应鼓励到达职业高原的员工积极参与各项开发活动，如培训课程、职位轮换、短期任职等，以使其有机会在本部门之外运用专业知识。

通常情况下，员工在参与培训活动后，其能力和心理都有一些转变和改进，可使员工在现有职位上接受更具挑战性的任务，或有资格调任新的职位。

鼓励员工在参与培训活动的过程中，积极寻求领导支持。有学者在对新加坡职业经理人的调查研究发现，高层支持会对员工的组织承诺、工作满意度和事业满意度产生积极而重要的调节作用，而当工作越重要时，其产生的作用也越显著。因此，在处于职业高原的时候，员工要积极地与领导进行沟通，明确自己的努力方向和发展路线。

3. 鼓励员工寻求职业生涯咨询

到达职业高原的员工会希望得到相关的职业生涯咨询，更好地了解到达高原的原因，以及处理该问题的方法。企业可通过职业咨询、压力管理研讨会、放松技巧、有关健康研讨会等活动，帮助处于职业高原状态的员工。

员工可寻求"重要他人"的帮助和社会支持。"重要他人"除了有家人和好友，还包括高原期员工的同事和一些专业人士。家人的肯定、支持和信任是慰藉失落的一剂良方，还可以与家人一同出游转换心情，调整心态，重新找回努力工作的状态。

10.3　技能老化问题及其应对策略

10.3.1　技能老化问题的含义

自动化引发就业市场变革的时候，人们可以从一项低技能工作跳到另一项低技能工作。比如，1920 年，一位农民因农业机械化而失业后，马上可以在拖拉机制造厂找到新工作；1980 年，一名失业工人可以在超市胜任收银员的工作。这些人换工作都很容易，农民、工人、收银员的职业转化，本质都是从一个低技能工种到另一个低技能工种之间的转换。但是到 2050 年，如果一个收银员或者卡车司机被人工智能技术取代，那么他们几乎不可能一下就从事类似瑜伽教练或者软件工程师这样的工作，他们没有掌握这些工作的必备技能。

以前，人们认为只有专业技术人员，如工程师、教师、医生等，需要关注职业生涯中的技能老化问题。近年来，人工智能技术的影响已经席卷到社会的各个方面，引发社会有关人工智能的大讨论，其中的热点话题之一即是人工智能对人的替代。

人工智能的发展和应用，对于劳动力市场而言，既是好事又可能存在着威胁。一方面，大量高科技的投入可能产生替代效应(Displacement Effect)，即挤走原有的人工劳动力；另一方面，持续投入的高科技也可能会创造新的劳动就业岗位，从而产生相应的生产力效应(Productivity Effect)。根据埃森哲公司估计，2018 至 2022 年中，专注于人工智能和人机协作投资的企业有望实现 38% 的收入增长。近期有学者(Acemoglu 和 Restrepo，2017)研究了到底哪一种效应占上风。研究结果显示，投入高科技虽然会提高劳动生产率，但同时对于就业率和工资有负向影响。具体而言，每 1000 名员工增加一个机器人，最高可让四名员工失业，或是员工工资下降 0.71 个百分点。当大量机器人被投入到劳动力市场时，不可避免地使这些机器人与员工们产生了竞争关系，使得现代企业员工更易遭遇技能老化。由此可见，在当今社会，各类企业的各层各级员工都可能会面临技能老化问题。

有关技能老化问题的界定可分为以下两类：

第一类是"降低"观点，认为"老化"是个体知识技能满足工作要求的程度降低。其中，绝大多数将其根本原因限定为技术和知识创新。最典型的是 Kaufman 整合先前研究中的相关概念后，给出的技能老化的定义，即个体缺乏维持其有效工作绩效所需的最新知识技能。Fossum 等则将"技能老化"宽泛地定义为个体知识技能从满足工作要求的状态变为不满足状态，并指出其原因除了知识和技术更新外，还可能是其他原因，如市场环境变化、业务调整等。

第二类是"不足"观点，认为"老化"是个体知识技能的有效性低于比较对象。Seifert
将工程师的知识技能的过时程度定义为已经工作一段时间的工程师与刚从现代工程学专
业毕业的大学生相比所拥有的知识技能的差距。也有学者不认可这种比较，认为刚毕业的
大学生不是理想的比较对象。Shearer 和 Steger 以同行为参照，认为个体如果不熟悉或不能
适当运用为职业领域内其他人所公认的重要知识、方法和技术，即为老化。

综合以上观点，技能老化(Obsolescence)也可看作专业人员过时，是指个体知识技能的
有效性因其存量损耗或工作要求变化而降低或丧失。它会影响个体的收入与就业，损害员
工胜任力与工作绩效。员工技能老化问题越来越受到组织和个人重视，已被视为个体职业
发展和企业生存的一大威胁。

10.3.2　技能老化问题的影响因素及结果变量

技能老化的影响因素多种多样。随着发展和变化成为社会常态，科技进步、知识更新、
市场需求变化、政策法规调整、个人成长需要等的环境、组织和个体因素，都会引发员工
技能老化现象。

Kaufman 构建了技能老化的开放系统模型，概括总结了环境变化、组织氛围、工作特
点和个体特征这四个方面对技能老化的影响机理。环境变化是技能老化的根源，既直接影
响也间接通过个体、工作、组织因素来影响技能老化；组织氛围由组织相关政策和实践来
决定，尤其是与培训开发相关的管理实践来决定，可直接影响技能老化，也可通过影响工
作任务的某些特征(如任务同一性、自主性等)来影响技能老化；工作特点可以直接影响或
通过影响个体特征而间接影响技能老化；个体特征则是指个体差异，如个性与心理特征、
年龄、经验、职业发展阶段等。

1. 技能老化问题的影响因素

(1) 环境因素。

环境因素包括：技术、社会、经济、政治等方面的变化，如全球化竞争、技术更新换
代、产业结构升级、人口统计特征变化等。这些环境变化因素迫使企业更新组织结构、调
整产品/服务供应链、变革业务模式，从而可能导致员工原有知识技能的工作有效性降低或
丧失，引发技能老化问题。

(2) 组织因素。

组织因素包括：企业的组织氛围(如上级支持、同事支持与交流、组织提供的培训实践)、
工作特点(如技能多样化、任务同一性、自主性、反馈)等因素。根据已有研究，这些因素
都有助于减缓员工技能老化，因为它们能鼓励员工更新知识技术，能为员工提供更新学习
的机会，营造出良好的组织更新和学习氛围。

(3) 个体因素。

个体因素包括：年龄、受教育水平、职业发展阶段、工作经验、个性与心理特征，以
及天赋和能力等方面的因素。

① 年龄。主观上讲，大家普遍认为年长员工的身心能力随年龄增长而衰减，其学习
动机和效率会相应减弱，因此管理者通常会把培训和发展机会给年轻员工，而不是给具有

同等能力的年长员工。然而，有关年龄与技能老化之间关系的实证研究，所得结论不尽相同。Arvey 和 Neel 及 Dalton 和 Thompson 发现，年龄与技能老化正相关，Jones 和 Cooper 却发现它们负相关，Kozlowski 和 Farr 及 Aryee 则发现二者不相关，Shearer 和 Steger 研究显示，年龄与技能老化之间呈现出 U 形曲线关系。

② 受教育水平。研究显示，个体受教育水平的提高，有助于减缓和降低其技能老化的程度。因为受教育水平较高的员工，一般具有强烈的成长需求和学习意愿，从而能更及时、有效地学习新知识和新技术。

③ 职业发展阶段。职业发展阶段会影响个体技能老化，是因为处于不同职业发展阶段的员工个体对老化的心理认知以及所拥有的更新资源不同。因此，他们进行知识技术更新的动机、行为和结果也存在着差异。Pazy 的一系列研究发现，初入职场的工作者会担心技能老化对自身是否能在企业立足有影响，基层管理者也担心技能老化对自身晋升发展有影响，中高层管理者更担心技能老化对自身声誉和形象有影响。

④ 工作经验。多样化的工作经验被证实有助于降低员工技能老化现象，因为它使个体有机会接触并学习和掌握多种观念、知识和技术。此外，自己或周围人以往是否通过更新学习而成功避免了技能老化，以及是否因此得到相应的回报，会影响个体今后应对技能老化时采取更新行为的动机。先前成功和正面的经验(自己或他人)有助于激发之后的更新知识技术行为。

⑤ 个性与心理特征。研究显示，拥有内控型人格、成长需要强度高、对模糊性容忍度高等特征的个体能较好地避免技能老化。而持有风险规避心态、成长需要强度低、外控型人格的个体更易遭遇老化。

有学者讨论了需求和动机两种心理特征因素对技能老化的影响。需求会影响技能老化是因为需求被满足时，动机才会被激发(Harel 和 Conen)。动机是驱动行为的内在动力，从根本上决定了行为能否发生，Shearer 和 Steger 证实了更新和学习动机对技能老化的抑制作用。

⑥ 天赋和能力。Pazy 与 Fossum 等学者的研究显示，在动机等其他因素相同的情况下，天赋禀异或拥有较强能力者能更快、更多地获取知识技能，天赋及能力被认为与技能老化存着在负相关关系。Kaufman 也指出，不同类型的能力与不同专业领域个体的技能老化相关。比如，数学方面的能力有助于工程师和计算机专业人员应对技能力老化，而问题解决能力对于管理人员应对技能老化更重要。

2. 技能老化问题的结果

(1) 工作流动。

研究表明，员工知识技能老化对其工作流动有显著影响，它是重要的结果变量。Zhang 等学者探讨了 IT 员工感知的知识技能老化与工作流动的关系，以及组织嵌入的中介作用和年龄的调节作用。结果显示，组织嵌入在员工感知的老化与工作流动之间起着完全中介作用；员工感知的技能老化越明显，越容易产生有关无法有效完成工作或收入增长及职位晋升无望的焦虑，从而降低组织嵌入度，并引发流动；但员工年龄越大，感知的老化与组织嵌入之间的负向关系越弱，因为随着年龄增大和在企业中任期的延长，员工对企业的持续承诺度、情感承诺度和规范承诺度会相应地增加。

(2) 心理压力。

技能老化既是对知识技能有效性的威胁，又可看作员工成长和发展的机会。若对这一问题进行有效处理，则不会给员工带来过大的心理压力。处理策略包括情绪聚焦的更新策略和任务聚焦的更新策略。Setor 等学者认为，面对知识技能过时的威胁，员工采取情绪聚焦的更新策略并不能解除威胁，会导致较大的心理压力，而任务聚焦的更新策略能使知识技能及时得到更新，从而解除威胁，不会造成过大的心理压力。

(3) 反生产行为。

根据 Rishipal 和 Jain 的研究，员工因其不能跟上工作要求的变化，而遭遇知识技能老化，会产生沮丧心理，进而引发反生产行为，如破坏企业内部的公共财产、诋毁组织形象、故意不支持同事工作等。

综合已有研究，将技能老化的影响因素及影响结果进行概括整理，如图 10-2 所示。

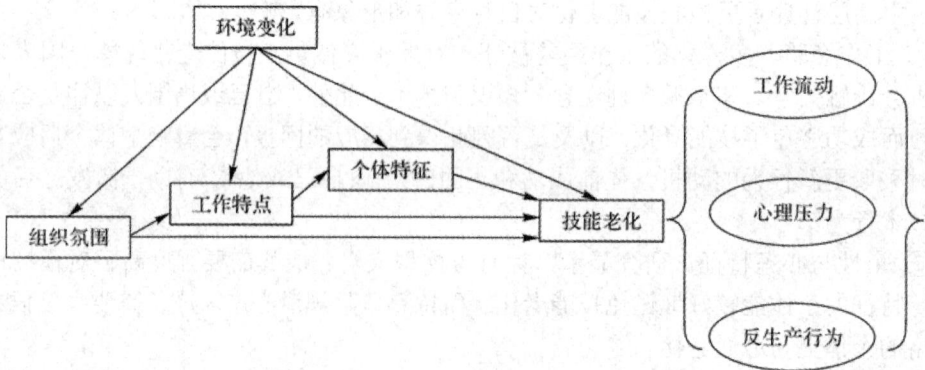

图 10-2　技能老化的影响机理

10.3.3　技能老化问题的应对策略

员工技能老化对劳资双方都会产生不利影响，企业很可能因此无法再为客户提供新产品和新服务，从而丧失竞争优势。若要实现突破，组织必须重新定义员工角色，调整员工团队以适应新的业务模式，并通过大规模开展技能培训充分利用新技术。具体而言，企业可采取以下措施，应对员工技能老化问题。

(1) 在员工职业生涯的早期，让其承担富有挑战性的、对技能和创造性要求较高的工作。职业生涯早期也是员工精力旺盛的时期，对新事物更具有好奇心，赋予其挑战性、创造性的工作，可促使员工深入学习、努力实践，培养其不断进取的精神，为今后的持续学习提供动力。

(2) 给员工提供优惠或免费参加专业技术会议、订阅专业期刊，参加由大学、技校和社区中心组织的培训课程学习，并对参与新技能学习的员工给予奖励。面对员工对尖端知识与技能需求日益攀升的趋势，培训已成为当今企业最为重要的管理实践与决策之一。在此背景下，发展型实践(Development Practice)得到了学界和商界的不断关注。发展型实践的积极作用，在于其有助于企业增强劳动力柔性、激发企业绩效提升并创造可持续竞争优势。根据一份行业报告显示，2017 年美国公司在员工培训和发展活动上花费了 900 多亿美元，同比增长了 32.5%。企业可以借此使员工更具竞争力，也可以更好地留住员工并提高员工的参与度。

(3) 提供"学术休假"。越来越多的企业开始为员工提供"学术休假"(Sabbatical)。它是带薪休假的一种形式，原本用在高等学校的教职人员中。享受学术休假的人员可以离校数月之久，暂时远离教学和行政工作。美国的大学通常每隔 7 年为教师安排一次学术休假，休假者以全薪或减薪的方式休整一年或数月，进行学习、休养或旅行。研究显示，对于那些享受学术休假的人来说，不仅他们的压力会在休假中得到减轻，而且在结束休假回到工作岗位后，与休假前相比，他们感觉到的总体压力也会比休假前要小。

在学术界的启发下，越来越多的企业，如联邦快递(Fedex)、基因科技(Genentech)和通用磨坊(General Mills)等，为帮助员工避免技能老化，也采用这种休假方式，允许员工暂时离开公司来更新或开发技能。

据调查，世界 100 强财富榜的 23 家公司提供部分或全额的带薪假期。休假期内，员工的薪资和福利不会有任何减少。这种应用在企业中的"学术休假"制度有利于员工缓解日常的工作压力，并掌握新技能，了解新知识。同时，员工还可以有更充裕的时间来做自己的事情，如撰写书籍和工作经验报告等。

(4) 重视员工学习相关技能的意愿，增加在培训和技能提升项目上的投入。许多企业管理人员往往会低估员工学习相关技能的意愿，认为员工本身对新技术的抵制是一个关键障碍。然而，根据美国埃森哲的最新调查，超过一半的高技术人才和近一半的技术能力较弱的员工对新技术可能对其工作带来的影响抱有积极态度。总体来看，一半以上的员工认为强化自身技能对适应新技术时代非常重要。

基于此，企业应重视员工学习相关知识和技能的主动性意愿，除了重新设计工作、推动员工队伍转型，还应大规模开展新技能培训。技能培训项目的选取主要取决于所使用新技术的类型，以及企业的规模、所处行业和现有技能水平。此外，所提供的培训应充分照顾到员工意愿和技能水平的差异。

10.4 年长员工问题及其应对策略

10.4.1 年长员工问题的含义

年长员工能为企业组织提供智慧，甚至远不止于此。虽然研究者发现，生物年龄与情景记忆和处理速度的能力呈负相关，但他们还发现，年龄的增长与语义记忆以及语言和演讲技能呈正相关。有些人认为，"年龄越大，工作投入程度越低"，但统计数据显示，工作投入程度与人们的年龄成正比，即随着人们年龄的增长，工作投入程度越高。其主要原因是，随着年龄的增长，个体能够获得更多的无形资源，更加认同自己所选择的职业。年长工作者拥有更好的情绪调整能力，这意味着在充满压力或神经紧绷的工作场所，他们更能够冷静、理智地应对艰难的选择。

此外，年长员工对自己有清晰的认识，知道自己想从工作和企业那里获得什么。他们更擅长在与人交谈的过程中获得满足，并对那些最符合自己的技能、最契合自己的感情拥有敏锐的感知。年长员工已不再需要担负青年时期特有的家庭和社会义务，他们对企业的忠诚度是年轻员工往往难以企及的。对企业而言，这种稳定感和幸福感对职场文化的影响非常可贵，有助于减少优秀人才流失、提升生产效率并提振员工士气。年轻员工可能仍在寻找自我和归属，年长员工则与他们构成了完美的平衡。

可见，年长员工问题对企业来说，更可能是一个机遇。如果处理得好，能较大地发挥年长员工高的组织承诺感、丰富的工作经验、强烈的工作参与感等优势，从而为企业带来高效益。

10.4.2　年长员工问题的应对策略

为更好地发挥年长员工的优势，管理者可采取以下措施来应对企业组织中的年长员工问题。

1. 满足年长员工的需求

(1) 为年长员工安排弹性的工作时间。让其有时间照顾生病的老伴、外出旅行或者缩短工作时间。

(2) 让年长员工获得必要的培训，以避免技能老化。研究表明，当员工到达 40 岁左右时，最有可能获得企业组织提供的培训机会。而随着员工年龄的增长，这种培训机会日益减少。

(3) 为年长员工提供长期性医疗和养老等方面的相关援助。

(4) 为年长员工提供素质测评和咨询，让年长员工可循环到新的职务或职业生涯阶段，或者接受风险较大的职位，承担更大的责任。

2. 在组织内消除有关年长员工的成见

从美国针对高科技公司招聘平台"Hired"的调查可以看出，科技行业企业的从业者到 45 岁时，会发现自己能接触到的工作机会急剧减少，45 岁之后他们的收入会走下坡路；到了 50 岁，他们的薪酬将和"千禧一代"相差无几，毫无竞争优势可言。"科技行业歧视老人的现象非常严重，超过 2/3 的年长员工表示曾遭遇年龄歧视。"美国退休人员协会的资深律师劳力·麦克恩说。著名新闻媒体《金融时报》指出，不少高新技术企业公布其女性和少数族裔员工数目报告，以此展示自己在员工多元化方面的努力，但这些企业没有关注年龄结构问题。正如麦克恩提到的那样，科技公司的管理者一边吹嘘员工队伍多么年轻，一边对年长员工嫌弃不已。

禁止年龄歧视的法律最早由英国在 2006 年颁布。该法旨在保护各年龄段的人免遭歧视。年长劳动者更有可能受到与年龄相关成见的不利影响。关于年长劳动者的能力似乎存在许多不公平的假定，进而影响了人们对待年长求职者的态度。

根据英国《对话》杂志网站 2018 年 7 月 24 日的文章，概括出针对企业内年长员工最常见的五种成见，并给予了批驳。

(1) 他们学不会新东西。许多研究消除了这一误解。研究发现，年长员工具有适应新工具、新环境或新工作实践的丰富经验。

(2) 他们的效率比较低。即使考虑到人们比以前晚退休的事实，劳动年龄人口当中也鲜有证据支持这种观点。虽然人们预料到体能和认知能力会随着年龄的增长而下滑，但是这往往发生在不再工作的年龄。不应该认为员工的年龄与其职场表现相关联，因为大量证据表明，年长员工像年轻员工一样高效。

(3) 他们休病假比较多。研究表明，这是个不准确的假定。一般来看，年长员工确实往往会因长期疾病而休更多的假，但他们因为短期疾病不经事先告知而休假的时间又比较少。年长员工在职场发生意外风险的概率也比较低，不会发生更多的致命意外。这样下来与所有员工的病假时间差不多。其实，可以采取一些策略来改善各年龄段员工的健康状况，这会使所有人都更长寿、更健康。

(4) 他们将退休并离开企业组织。随着人口老龄化，员工的平均年龄也将提高，常规退休年龄不复存在。因此，企业应该认识到，对于具有丰富经验的年长员工(即使超过 60 岁)，也可以轻而易举地在企业组织里再干许多年。由于存在定期"跳槽"现象，即使有员工入职企业时相当年轻，也不能保证能够在企业中工作很久而不做任何改变。因此，对于所有年龄员工群体，企业都面临着如何留住优秀员工的难题。

(5) 他们"资历过高"。在一些研究中，"不易变通"和"资历过高"等词语被频繁使用，经常会成为年长求职者应聘被拒的理由。但事实上，很难证明这是一个合理的理由，只能解释为可能因为企业担心这些人干不了多久便会辞职去从事与其技能更相称的工作。与此同时，经验丰富的员工可能会有很多恰当的理由希望退而求其次，承担对专业技能的要求少于前一份工作的职责。此外，年长员工往往表示希望从事兼职、更灵活或者压力较小的工作，这或许可以解释他们为何会选择可能会让他们显得"资历过高"的工作。

3. 推行提前退休计划

提前退休计划(Early Retirement Programs)是指为鼓励员工离开企业而为其提供一定的经济福利的计划。经济福利包括一次性退休金和按服务年限确定的一部分薪资。这些经济福利对员工具有较大的诱惑力，对那些在企业任职多年的员工来说更是如此。提前退休的资格通常根据年龄和服务年限而定。对企业来说，提前退休计划既可以降低劳动力成本，又可以不采取裁员政策。企业可通过一些培训计划让员工了解提前退休的意义，以及获取医疗保险和退休金的时间和形式。例如，退休金可以一次性发给员工，也可让员工按月、季度或年度分期领取。

2011 年，美国多元化制造商 3M 公司通过积极控制成本来应对当时的经济形势时，曾向 4 900 名员工提供提前退休计划。还有雷诺、宝洁、惠普等多家公司都曾采用过提前退休计划的方式来实现减员和控制成本。而惠普公司则在 2012 年 5 月就公布其要在 2014 财年结束前减员 2.7 万人的计划，以求达到"每年至多节省 35 亿美元开支"的目标。该减员计划首先会给符合资格的员工提供提前退休的方式，如果在基于年龄和服务年限的内部评分系统中的分值达到 65 分，就可以申请该计划。此后，公司再通过裁员的方式来继续达到削减成本的目标。

除普通员工之外，企业的高层管理者也可能因种种原因选择提前退休。例如，英特尔公司第五任 CEO 保罗·欧德宁(Paul Otellini)在 2013 年 5 月的年度股东大会上，辞去公司管理职务和董事职位，退休后他将以顾问身份对公司的管理提供建议。还有年仅 56 岁的 UPS(美国联合包裹运送服务公司)国际总裁丹尼尔·布鲁托也选择了提前退休，这都是自主决定的提前退休。

4. 为年长员工提前规划退休

企业开展的提前退休社会化(Preretirement Socialization)项目是指帮助员工为退出职业生涯做准备的过程。这一项目鼓励员工了解退休后的生活,规划好个人财务资源、住房和医疗保健资源,并形成对退休的合理预期。

员工对退休后生活的满意度受其自身健康状况、对职业生涯的满意程度的影响。调查显示,员工如果参与了提前退休社会化计划,可以适度减少经济和心理问题,对退休也会有较高的满意度。

企业为年长员工规划的提前退休社会化项目,主要包括退休的心理调节、退休后的日常起居与健康状况、财务规划、保险和投资(如医疗计划、资产规划)、从企业的养老金计划和社会保险中获得的收益等内容。

尽管正式的提前退休社会化项目主要针对那些正在考虑退休的员工,然而,在员工职业生涯的更早阶段,企业应帮助其进行财务规划,能有效满足员工的安全需要,提高员工的组织承诺感。

10.5 工作—生活平衡问题及其应对策略

10.5.1 工作—生活平衡的含义

现在大部分员工需要处于"始终存在"工作模式(Always-On Mode),尤其是在技术行业更是如此。据 2018 年 2 月的一项调查显示,澳大利亚只有 16%的 IT 员工认为他们的工作和生活之间是平衡的。这意味着超过 80%的澳大利亚 IT 员工认为他们的工作与生活状态不平衡。

研究显示,很多职业女性认为自己在家庭和工作方面都很失败。我国著名的人力资源服务商前程无忧,于 2018 年 3 月发布了"女性工作十大关键词"。虽然和男性一样,薪酬水平最为女性看重,但是工作环境、宽容的企业文化,甚至上班距离也成为女性选择工作时不得不考虑的重要条件。调查同时发现,女性更追求在职业发展上的主动权和进退自由度,关注工作业绩,但更关注生活质量。

理想状态下,企业希望员工接受工作挑战并获得成功,也希望员工有时间享受家庭生活和发展业余爱好。员工在工作单位、家庭必须承担不同的角色(职员、父母、配偶、子女),因此其工作和家庭的角色很可能会发生冲突。研究表明,在双职工夫妇家庭、单亲家庭、孩子不足 5 岁的家庭,工作和家庭的冲突最有可能发生。

1. 工作—生活平衡问题的界定

工作—生活平衡(Work-Life Balance)可定义为员工试图兼顾互相冲突的工作要求与家庭责任所处的两难困境。企业通常采用工作家庭平衡计划,来帮助员工应对工作生活失衡。这一计划是指企业帮助员工认识和正确看待家庭同工作间的关系,调和职业和家庭的矛盾,缓解由于工作家庭关系失衡而给员工造成压力的计划。

2. 工作—生活不平衡的危害

研究表明，若员工出现工作—生活状态不平衡，将产生挫折感、健康状况恶化、生产效率低下、迟到、跳槽、心理不健康等问题。这些问题对个人发展乃至企业发展都是十分不利的，员工个人和企业必须充分重视。

(1) 对企业的危害。对企业而言，若员工长期处于工作—生活失衡状态，将很可能导致其工作绩效降低、离职意愿增加、创造力消减。根据 Schulte(2015)研究，长时间的工作会降低人们的创造力，反而不利于工作表现。

(2) 对个人的危害。对个人而言，长期长时间的工作会损伤大脑。长期承受工作压力的人，大脑中额前区与海马体的体积减小，进而减弱人们的认知和记忆能力。同时，大脑中的杏仁核部分体积增大，杏仁核影响着人们的情绪，体积增大后，人们会变得更焦虑，更容易在恐惧中做决定。年龄越大，长期的工作压力对大脑的损伤越是不可逆的。过度工作的人员心脏病发作的可能性比普通人高 30%～50%，死亡率提高 20%。而没有休假的女性，更容易患抑郁症。由于得不到休息，人们的自控能力下降，会更难以控制自己去回避不健康的生活方式，进而降低健康程度。

10.5.2　工作—生活冲突的类型

所有员工都要从事非工作活动，都要承担非工作角色，而这都可能与工作相冲突。工作—生活的冲突是导致员工工作—生活失衡的重要原因。冲突类型通常分为三类：时间冲突、压力冲突和行为冲突。

1. 时间冲突(Time-Based Conflict)

当工作时间和非工作时间的需求相互干扰时，会导致时间冲突。例如，夜间办公、加班、出差等，都可能与家庭活动和集体活动的时间安排相冲突。

2. 压力冲突(Strain-Based Conflict)

压力冲突是由工作和非工作的压力引起的。例如，新生婴儿会使父母无法安睡，从而导致其在工作中无法集中精力。

3. 行为冲突(Behavior-Based Conflict)

当员工的工作角色行为与非工作角色行为不一致时，就发生了行为冲突。例如，管理人员的工作要求其必须理性、公正、富有权威。而与亲友在生活中相处，又要求他们热情、友好、富有人情味。

10.5.3　工作—生活失衡的应对策略

1. 组织方面的措施

对于企业来说，为了避免员工大规模地出现工作—生活失衡状态，应建立支持性的工作—生活文化(Supportive Work-Life Culture)。支持性的工作—生活文化认可并尊重员工对家庭生活的责任和义务，鼓励管理人员和员工共同努力来实现生活和工作的平衡。

　　例如，通用磨坊公司(Generalmills)实施了家庭友好计划，以应对员工工作与生活之间的不平衡问题。这一计划包括灵活的工作安排、定点儿童护理和医疗服务、儿童看护，以及为初为父母的员工提供一周的带薪休假。该计划还包括一些生活便利服务，如提供衣服送洗服务。通用磨坊公司首席执行官史蒂夫·桑格认为，灵活的工作安排和家庭休假对公司的经营成果贡献很大，它大大降低了员工的离职率。在经济困难期，公司依然投入时间和资金用于帮助员工协调工作和业余生活。

　　此外，企业组织应理解员工的需求，征求他们的意见，确保每个人都能较好地协调工作和生活。例如，在德勤公司，享受工作生活支持计划所带来的福利与员工是否有小孩无关。申请弹性时间的员工不需要提供婚姻和家庭状况证明，或者解释申请的理由。如果有某位爱好绘画的员工总是在清晨创作出最好的作品，于是就可以获得批准调整工作日程表，推迟上班时间。

　　还有的企业通过提倡和鼓励工作中的微休息活动(Micro-break Activities)来消除员工的工作压力。工作中的微休息活动主要包括四种类型。

　　(1) 放松活动。放松活动(Relaxation)是指能够放松精神和身体的活动，比如伸展运动、散步、听音乐、凝视窗外、冥想等。

　　(2) 营养摄入。营养摄入(Nutrition-intake)是指消耗甜点和饮料来满足基本的生理饥渴需求。

　　(3) 社交活动。社交活动(Social)是指通过面对面沟通、电话、网络等多种形式，与同事探讨非工作话题，联系朋友和其他重要人物。

　　(4) 认知活动。认知活动(Cognitive)要求注入一些认知注意和努力，从工作需求中脱离出来，如阅读报纸、浏览网页、制订个人计划等。

　　提倡这些微休息活动的管理人员认为，员工每天面临着繁杂的工作，为满足工作要求，不断消耗自身资源，然而个体资源是有限的，长时间面对工作要求会增加员工压力，引起血压上升，产生消极情感，这种负荷反应是可恢复的。如果员工暂时停止工作，投入到恢复活动中，减少进一步的疲惫感，重新储备可用的工作资源，员工就会恢复到刚投入工作时的基准状态。

2. 个人方面的措施

　　为应对工作生活失衡，员工应制订严格的时间规划，增强个人时间管理技能。首先，需要明确目标，并给这些目标排列优先级。其次，进一步细化目标，把原本笼统的目标细分成具体的任务。

　　值得一提的是，个人往往低估任务所需的时间。根据人力资源管理学家 Schulte(2017)的研究，很多人在估算自己完成任务的时长时，过分乐观地估计自己工作需要的时间，而实际上完成任务花费的时间超过了估算时长。这可能是因为，人们本能上倾向于美化自己，认为"虽然我现在不工作，但是我等会儿一定会效率很高地完成任务""这个任务花不了我多少时间"。如此一来，预先留给工作任务的时间就不足。

　　因此，平衡工作与生活，反而需要更严格的时间规划。"工作—生活平衡"的状态，事实上要求人们时间规划的能力更高。如果要改善失衡的情况，人们需要投入更多精力、更认真地规划自己的工作与生活。

10.6　新生代员工的职业生涯管理挑战

10.6.1　新生代员工的工作价值观、工作偏好及工作行为

新生代员工通常是指 35 岁以下的青年工作者。其生长年代具有市场经济蓬勃发展、东西方思想浪潮融合、教育普及率高等时代特性。有管理者认为，新生代员工是我行我素、工作动力缺失、重利重物质、组织忠诚度偏低的社会活跃群体。也有管理者认为，新生代员工的人格特质更为完整，在维护自身利益方面更为激进，在权势面前坚持个人价值，拥有独立个性、崇尚公平，这对于推进企业内部管理的公平性具有一定的意义。

新生代员工的工作价值观结构对其工作行为有显著的影响。我国学者李燕萍和候烜方运用扎根理论，建立了新生代员工工作价值观结构体系，提出了新生代员工"工作价值观—工作偏好—工作行为"理论模型，如图 10-3 所示。

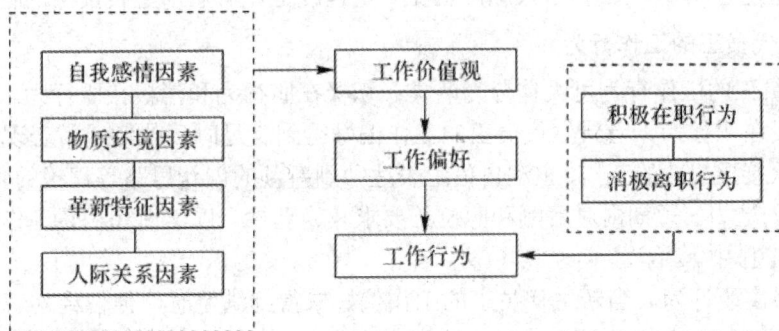

图 10-3　新生代员工工作价值观结构及其对员工工作行为影响模型

自我情感、物质环境、人际关系、革新特征四方面因素共同构建了新生代员工的工作价值观结构。受工作价值观的影响，新生代员工有清晰的个体工作偏好，其工作偏好的满足与否，会导致其职场中积极在职行为或消极离职行为的表现。

1. 新生代员工的工作价值观

(1) 自我情感因素。

受成长和家庭环境的影响，新生代员工更加注重实际，注重自我感受、渴望得到个性化管理、思想独立且个性张扬，不愿受到过多约束。因此，他们喜欢富有新鲜感且多样性的工作，能够接受跨区域甚至跨国工作。

出于对工作和生活的平衡，他们不再完全投身于工作事务中，而是凭着工作兴趣，随性而快乐地享受生活，并从工作中获取充实感和自我成就感。

(2) 物质环境因素。

当生活成本和竞争压力日趋加重，薪酬福利和工资待遇同样是新生代员工择业和跳槽的重要影响因素，但由于家庭环境的改善，他们对这方面的短期期望值相对理性。他们更看重企业的品牌和知名度、行业风险，期望将来获得更好的职业发展空间、工作经验和社会网络。

(3) 革新特征因素。

追求生活多样性的新生代员工喜欢新鲜感，对于新事物和新知识有较强的接受能力，注重网络信息获取，具有典型的网络化特征。这造就了他们往往易有新颖独到的想法构思和创新思路，具备较强的创造力和想象力。

(4) 人际关系因素。

受西方文化和个人成长环境的影响，新生代员工更看重人际的公平和民主、平等，希望拥有良好的企业文化和工作氛围，同时渴望得到尊重理解，获取领导重视。但是，他们弘扬自由的个性，往往缺乏组织忠诚度、责任感和自律性，通常只忠诚于自我内心感受。

2. 新生代员工的个体工作偏好

新生代员工特别反感将假期休闲时间投入到额外的加班工作当中，不愿背负过多的工作强度，对工作地点和距离带来的生活问题也比较重视。工作能否带来生活乐趣、与自己专业的匹配度，以及职业发展空间、工作团队氛围都影响新生代员工的工作偏好。当然，薪酬待遇、企业实力甚至领导个人魅力也在一定程度上左右着新生代员工的行为偏好。

3. 新生代员工的工作行为

新生代员工的工作行为可大体分为两类：积极在职行为和消极在职行为。

(1) 积极在职行为。当新生代员工的工作偏好得到满足时，他们通常表现出工作热情高涨、积极承接挑战性的工作、主动自信地表达独到新颖的创新思路等积极的角色内行为，给企业带来创造力。短期内对薪酬和职位的要求较为理性，以学习和积累工作经验的心态投入到良性工作中。

(2) 消极离职行为。当新生代员工的工作偏好未得到满足时，他们经常表现出做事偏激、自律性较差、集体意识淡薄、过分追求自我感受、组织责任感和忠诚度缺失、频繁跳槽等消极的工作行为特征。

10.6.2　新生代员工管理面临的挑战

学界与商界愈发意识到年轻工作者与其前辈间的显著差异，新生代员工对于工作在生命中的位置持有不同的期待，并且将迥异的个性和态度带到了工作中。随着新生代在劳动市场的比例逐年攀升，与年长员工间的代际差异越来越凸显，对企业人力资源管理尤其是对新生代员工的职业管理带来了较大的挑战。

新生代员工的出现带来了新旧管理模式以及上下级管理沟通模式的转变，这让企业管理者"半忧半喜"。忧的是管理的难度增加，新生代员工挑战了传统管理方式，同时新的工作价值观念体系和创新跳跃性的思维方式，让前辈们措手不及，甚至无法接受。喜的是新生代员工为企业带来了更鲜活的活力、更高的教育和技能水平、更具挑战性的工作理念、更符合时代发展趋势的思维想法。

新生代员工较容易出现职业生涯发展满意度低的情况。据研究，新生代员工在企业中由于各种原因，包括传统的管理模式、不灵活的晋升机制、企业内部信息公开程度低、上下级沟通交流少、工作参与感差，以及新生代员工群体本身的"心高气傲"等，都导致了其职业生涯发展满意度较低。

　　关注新生代员工的职业生涯管理具有十分重要的现实意义。新生代员工在互联网时代扮演着重要角色，是当前经济发展的重要推动力。已经步入企业的新生代员工会因企业本身的传统管理模式而对自身的职业发展迷离不定，工作满意度和组织承诺感降低，从而引发离职、混日子等问题。因此，对于企业来说，深入了解新生代员工的工作方式和价值观、心理活动等，能辅助企业在制定合理的职业生涯规划方案的同时，兼顾新生代员工的感受，迎合新生代员工职业发展诉求。

10.6.3　提升新生代员工职业发展满意度的策略

　　企业可从以下四个方面入手，规避新生代员工职业发展满意度低的情况，提升其职业发展满意度，进而增强其工作效率、工作满意度和组织承诺感。

1. 建立员工与企业间的信息交流共享平台

　　在互联网时代，员工越来越重视信息的公开透明，企业要抓住当下环境中新生代员工普遍渴望实现自身能力、提升自我的特点，学习当前共享模式，主动为员工搭建信息平台，而不是被动等待员工寻求信息。

　　企业应积极促进员工与组织间的双信息平台的建立，包括员工的基本信息、工作岗位内容、员工职业愿景规划、员工参与管理决策、员工能力培训计划与结果评估，以及工作能力动态量化标准，其主要目的是让员工全面认识自身能力、他人能力，及时获取能力差距，评估工作能力等级，为企业进行职位调整提供规范数据。企业信息平台则发布职位调整信息、岗位空缺信息、部门绩效信息、企业目标规划愿景信息，清晰企业发展目标，规范企业信息公布机制。

　　双平台的构建和使用，不仅能通过共享信息提升员工的工作参与感，同时也为员工职业生涯管理和企业职业管理提供有力的数据支持。

2. 加强高学历新生代员工的职业规划管理

　　能力与岗位严重不匹配，会导致高学历的新生代员工产生工作倦怠感、不公平感，进而压制工作积极性。消极情绪体现在工作中，会影响工作效率，使得雇佣高学历新生代员工的成本与收益不成正比。

　　企业应将工作需求与招聘需求相结合，充分认识高学历新生代员工的工作能力范围，并与企业的人才需求进行匹配，定位出企业最需要的员工学历要求，使得招聘与人才使用良性发展。建立与新生代高学历员工能力相匹配的职业生涯规划，帮助新生代员工形成较为合理的职业生涯规划，推动组织和员工双赢。

3. 关注新生代员工职业发展路径引导及心理情绪变化

　　新生代员工的工作稳定性不强，很容易产生眼高手低的工作状态。提高新生代员工职业发展满意度有利于提升员工的组织承诺感，降低新生代员工离职率，防止招聘成本的上升。

　　企业应与新生代员工加强管理沟通，帮助新生代员工正确认识自身工作现状和工作能力，戒骄戒躁，从员工实际能力出发制定合理的职业规划路径。企业还应关注新生代员工在实现职业生涯规划当中出现的心理情绪变化和心理健康发展。不同时代成长的员工，都有特定的时代烙印，企业不应该去批判和指责在他们身上体现的代际差异，而应积极、主动地去了解并尊重这种差异和特征。当新生代员工切身感受到企业对自己的个性尊重和价值肯定时，会加倍珍惜组织承诺的角色身份，表现出高度的积极在职行为。

4. 建立鼓励创新的企业组织结构与企业文化

现代企业要有鲜活的生命力和强劲的竞争力，就必须拥有源源不断的创新力，对于新事物及新知识有较强的接受能力。具有典型网络化特征的新生代员工，他们往往有着新颖独到的想法构思及创新思路，具备较强的创造力。企业管理中必须构建与之匹配的良好创新环境，不能抑制他们挑战传统固有模式，而应鼓励他们敢于创新、乐于创新，定期与中高层管理人员沟通。

例如，3M公司在美国年度职业调查中被评选为2016年度千禧一代最向往的公司，这不仅彰显了其在新生代员工中雇主品牌的影响力，更意味着在未来的创新活力。在3M公司的组织架构下，采取了不断分化出新分部的分散经营形式，打破了传统的矩阵型组织结构。"组织新事业开拓组或项目工作组，人员来自各个专业，且全是自愿的，公司提供经营保证和按酬创新，只要谁有新主意，他可以在任何一个分部求助资金。公司每年有将近6%的年销售额用于产品研发，采用这样的方式去鼓励创新。"3M大中华区招聘负责人说。3M公司领导人威廉·麦克奈特(William L. Mcknight)曾指出，"切勿随便扼杀任何新的构想，要鼓励实验性的涂鸦。如果你在人的四周竖起围墙，那你得到的只是羊"。但这并不意味着对员工采取完全的放任自流。在3M公司，一套完善的贡献和发展系统(Contribution and Development System，简称C&DS)应运而生。C&DS一部分考核员工的贡献，为绩效考核部分；另一部分则关注员工的职业生涯规划，在每年年底，公司员工都会与自己的顶头上司一起制定目标、讨论未来，员工可以提出自己所希望的下一个职位、未来想发展的方向等。主管与人力资源人员会审视可行性，不断跟员工沟通并确认，各种可能产生影响的细节都会被讨论到。主管会据此评估员工的领导特质，当被认为是高潜质的员工时，主管与公司会进一步评估其还缺乏哪些能力，针对这个差距，公司开始规划如何去培训，让员工有机会达到心目中的下一个职位。

当今社会，新生代员工逐渐成为职场主力军，薪资水平已不再是评价企业的唯一标准，他们更希望自我的价值能够被认可。鼓励创新的激励机制，能让新生代员工不必担心主管对自己产生偏见，企业会根据员工的兴趣和规划，安排相应的培训，并等待一个成熟的时机来配合其发展。新生代员工不会觉得因为自己是企业新人，而不被重视，反而会拥有"当家做主"的机会。比如，定期与企业高层管理人员进行的双向沟通交流，既能让高管对新生代员工的认知得到提升，也能了解新生代员工的需求与动态发展，同时也极大地满足了新生代员工的存在感与成就感。

◈　思考与复习　◈

1. 职业路径的双阶梯式与金字塔式有何不同？请说明为什么双阶梯式对企业内的技术人员和管理人员都非常重要。

2. 如果你的下属到达职业高原，你将如何帮助其应对职业高原所面临的一系列问题？如果你已经到达职业高原，你会怎么做？

3. 假设你现在是一名 40 岁的卡车司机，到 2030 年，你的工作被具备自驾功能的卡车所取代。你花 2 年时间去学习瑜伽，成为了一名瑜伽教练。但是 5 年后，瑜伽教练也变得多余，因为安装了生物识别传感器的电脑比人类还会教瑜伽。于是你还得对自己再培训，这次你希望成为一名地方方言翻译者。然而这个职业也将在 10 年后被淘汰。

请思考：个人依靠职业培训和充电，能解决技能老化的问题吗？在人工智能技术迅猛发展的时代背景下，政府、企业、社区组织可以做些什么以避免社会出现大规模的员工技能老化现象。

4. 请分别站在中高层管理者和基层员工的角度，分析如何有效实现他们的工作与生活之间的平衡。

5. 请访问中国人力资源网(官方网站：www.hr.com.cn)，浏览该网站的文章，挑选 3 至 5 篇与本章内容相关的研究文章，结合自身或亲朋好友的职业经历，撰写一份阅读心得。

◈　案　例　讨　论　◈

大数据时代下的金蝶翩翩起舞

金蝶国际软件集团成立于 1993 年，是我国较早一批互联网企业成员。现有员工 8 000多人，设有深圳、上海、北京 3 个软件园，其经营宗旨是帮助企业实现数字化转型，以数字驱动、实现高价值管理。金蝶已为超过 680 万家企业和政府组织提供企业管理软件及云服务。2017 年，金蝶营收 23 亿元，同比增长 23.7%，云服务发展迅猛，收入同比增长 66.7%，其中金蝶云收入同比增长 87.7%。2018 年中期，金蝶的云收入同比增长 43%。

金蝶在 2012 年进行全面云转型，提出"软件是过去，云是未来"。2015 年，金蝶获得京东战略投资，2017 年成为亚马逊 AWS 云在中国的企业级合作伙伴。如今，金蝶已成为企业在数字经济新时代的选择，财富中国 100 强企业，有一半选择金蝶，整体金蝶系用户已超过 2.6 亿，超过 2 000 家合作伙伴选择金蝶作为经营管理的发展平台。国际调研机构IDC 数据显示，金蝶已连续 14 年位居中国成长型企业市场占有率第一，成为连续两年在中国企业级 Saas 云服务领域超越国际厂商的软件公司。

衡量一个企业最重要的财务指标是营收和利润，而金蝶不论是营收，还是利润都交出了一份不错的答卷。互联网行业当前属于新兴行业，营收增幅能超过金蝶 23.7%的不多，利润增幅达到 69%的几乎没有。比如，阿里和腾讯最近一季度财报利润增幅分别只有 20%和 45%。作为一个已进入第 25 年的老牌企业软件服务巨头，金蝶近两年的增长，用"第二春"来形容并不夸张。

金蝶的快速增长，实现第二春，关键就在于"上云"战略的落地。2017 年 5 月，金蝶云 ERP 升级为金蝶云，是金蝶在战略层面"Cloud First"的一个里程碑事件。金蝶已经提出目标，要在 2020 年实现来自云服务的收入超过 60%。在发布 2017 年财报时，金蝶集团创始人徐少春发言也体现出对云服务志在必得的决心，"金蝶云正成为一种新的管理模式。我们非常有信心继续保持企业云服务领航者的地位，在企业云服务市场，金蝶只做第一。"

"我们在 2000 年开始和金蝶进行紧密合作，公司内部运行的信息系统有 EAS、OA 办公系统、S-HR 人力资源及移动平台云之家。在金蝶的帮助下，我们的人力资源管理活动做到了高效、协同，大幅度提高了生产效率，营业额从 16 亿元增长到现在的 557 亿元。"温氏集团董事长温志芬在 2018(第十一届)中国管理模式杰出奖颁奖典礼上特别称赞金蝶。

运通集团 CHO 姜楠认为，"金蝶 S-HR 人力资源系统让集团人力工作实现系统化管理，集团可以随时便捷地查询员工基本信息，掌握人力资源动态，轻松在线上完成员工的入、转、调、离、休假、出差、考勤等审批流程，高效应对频繁的组织和人事变动，灵活生成人力资源各口径报表，有效提升本公司人力资源管理工作效率和工作质量"。

大数据时代以互联网技术、人工智能技术、数字技术蓬勃发展为主要特征，在这个时代，那些可量化、可衡量、可程序化的工作会被机器职能所取代。北京大学国家发展研究院陈春花教授说："一切都在转换为数据……我们看到金蝶过去砸了好几次东西，这不是作秀，其实是把过去所有的经验和依赖的东西砸掉，转向云和数据的结合。……金蝶提出人与人和生态化产品/平台解决方案。"

移动时代最重要的一点是"个体力量"被释放出来。过去企业做信息化，做 ERP 是站在企业架构、业务流程、管理制度角度，提供效率、降低成本。现在企业级软件服务更多是要关注个体、激活个体，让他们能够与企业一起成长，同时在日常工作的时候也有很好的体验——不论是硬件办公环境，还是管理制度、企业文化、业务流程都要有体验，如报销更简单、审批更顺畅、沟通更平等、能力被发现、贡献被认可。要做到这一点只靠喊口号是做不到的，必须要通过移动办公软件，创新工作场景、优化协作模式，才能尊重员工体验。金蝶是从移动时代进入大数据时代的样本，经历管理的变革、思维的变革、管理的进化，金蝶在现在和未来都将翩翩起舞，前路开阔。

来源：金蝶公司官方网站：http://www.kingdee.com.

根据案例回答以下问题：

(1) 如案例所示，金蝶企业着重于怎么能让工作回归工作本身，让人更加拥有价值。用各种可量化、可复用的方式来处理决策、信息分享和人事评价的难题。请探讨金蝶企业如何做到在大数据时代，有效地管理工作和人之间的关系。

(2) 如果你所在组织购买了金蝶人力资源管理解决方案，你预计这会给本组织的职业管理带来哪些方面的挑战？你的个人职业规划是否会发生改变？可能发生什么改变？你又将如何应对这些改变？

◆　　培 训 游 戏　　◆

某跨国家居企业的员工职业发展计划

游戏类型：行动学习
活动形式：全体参与
所需时间：25 天到 30 天
场地要求：会议中心、本组织工作场地
所需材料：该企业核心价值观宣传材料、组织和员工职业发展规划相关资料

活动目的

1. 让学员实地操作，学习如何设计员工个人的职业发展规划。

2. 让学员掌握职业生涯发展规划设计步骤、原则及主要内容。

操作步骤

1. 培训师向所有学员介绍行动学习的背景，了解这家跨国家居企业的核心价值观。即：我们相信每个人都有自身的价值，在工作方式上我们努力构建相同的价值观。具体地，它包含以下内容：

团结——团结是企业文化的核心。当我们相信彼此、朝同一方向努力、一起分享乐趣时，我们才是一个强大的团队。

关心人类和地球——我们希望成为社会积极变革的动力，我们能够为社会带来持久而重要的影响——不仅为今天的人们，更是为了子孙后代。

成本意识——应该让尽可能多的人拥有一个成本较低、美观实用的家。一直以来，我们都在不断挑战自我和他人，只为了以更少的资源制造更多的产品，同时保证品质卓越。

简单——追求简单、直接、务实的生活方式。其核心就是做自己，脚踏实地。我们不拘礼节、实事求是。

更新和改善——我们始终致力于寻找更好的发展方式。我们今天所做的一切，未来都可以做得更出色。为几乎不可能完成的挑战寻找解决方案是我们的一大成就，也是激励我们不断迎接全新挑战的灵感源泉。

与众不同而又意义非凡——与其他公司不同，而且也不想趋同于其他公司。我们喜欢对已有的解决方案提出质疑，打破传统的思维方式，不断试验，且敢于犯错。

承担责任——我们相信应该赋予员工权力。承担责任是实现个人成长和发展的方式。彼此信任、积极乐观、不断进取，可以激励每个人为公司发展贡献自己的力量。

以身作则——认为领导是一种行为，而不是职位。比起能力和经验，我们更看重员工的价值观。我们偏爱能够以身作则的行动派，要做的就是成为最好的自己，同时注重发掘每个人身上最好的一面。

2. 培训师向受训者描述行动学习要解决的问题：如上所述，该跨国家居企业希望员工在工作中具有和组织相同的价值观。然而，新进员工的价值观与组织价值观趋于一致需要一个过程。

3. 培训师向受训者描述本次行动学习的要求：请你联合几位学员，组成行动学习小组。通过实地调查、问卷、访谈、文献查阅等，为"门店店员"岗位的新进员工，设计个人职业发展计划。

提示

1. 要求各组受训者采用多种调查方法，设计公司"门店店员"岗位新进员工的个人职业发展计划。

2. 要求受训者明确公司"门店店员"岗位的岗位职责和任职资格。

岗位职责

· 确保职责区域干净、整洁、存货充足、标价正确，最大限度地提高销量和盈利。确保产品在任何时候都状况良好。

- 对产品销售充满热情，积极了解产品的功能和优点。希望和顾客、同事分享相关知识。
- 主动接触您发现需要帮忙的顾客，向他们推荐最适合他们家庭的解决方案，以期售出更多产品。
- 整理职责区域，以便补充存货并为次日营业做好准备。
- 了解所在部门的计划，协助实现工作目标。
- 热爱零售行业和有自己明确职业生涯规划。

任职资格

- 自信能够友善、有礼与人接触和交谈，热爱团队合作。
- 对家居用品和日常生活感兴趣。
- 能够对自身工作进行统筹安排，高效利用时间。
- 大专及相关学历以上。
- 能吃苦耐劳，愿意承担压力。
- 有一定的英语基础和电脑办公软件的操作能力。
- 应届生或者有工作经验1~2年。

相关讨论

1. 设计基层员工的职业发展计划需要注意哪些要点？

2. 在设计员工职业发展计划的过程中，学习小组遇到哪些现实问题？今后如果遇到类似问题，你将如何应对？

参 考 文 献

[1] 徐芳. 培训理论及技术[M]. 上海：复旦大学出版社，2015.

[2] 唐静，程云. 人力资源培训[M]. 北京：电子工业出版社，2010.

[3] 颜世富. 培训[M]. 北京：北京师范大学出版社，2007：56-57.

[4] 区林岩. 学习理论的发展与学习创新[J]. 高等教育研究，2008（1）：70-78.

[5] 王海东. 美国当代成人学习理论评述[J]. 中国成人教育，2007（1）：126-128.

[6] KOLB D Management and the learning process. California Management Review，1996，18：21-31.

[7] MERRILL D Instructional Strategies and Learning Style：Which takes Precedence? In Trends and Issues in Instructional Technology. R Reiser and J. Dempsey. eds. Englewood Cliffs，NJ：Prentice Hall，2000.

[8] NADLER L，NAGIER Z. Designing Training Programs. 2nd ed. Houston： Gulf Publishing Company，1994.

[9] 格兰特·R M. 现代战略分析：概念、技术、应用[M]. 罗建萍，译. 北京：中国人民大学出版社，2005.

[10] 诺伊·A R，霍伦贝克·J R.，格哈特·H，等. 人力资源管理：赢得竞争优势[M]. 刘昕，译. 北京：中国人民大学出版社，2005.

[11] GOAD T W. Building Presentation：A Top-Down Approach，in Effective Training Delivery. Minneapolis：Lakewood Publishing，1989：21-24.

[12] MARGOLIS F H，BELL C R. Managing the Learning Process . Minneapolis：Lakewood，1984.

[13] 纽拜·T. 培训评估手册[M]. 戴晓娟，译. 北京：中国劳动和社会保障出版社，2007.

[14] 彭剑锋，荆小娟. 员工素质模型设计[M]. 北京：中国人民大学出版社，2003.

[15] DOLEZALEK H. Americredit. Training， 2003（3）：46-47.

[16] 沃纳·J M.，德西蒙·R L. 人力资源开发[M]. 徐芳，董恬斐，等译. 北京：中国人民大学出版社，2009.

[17] 德西蒙·R L，沃纳·J M，哈里斯·D M. 人力资源开发[M]. 北京：清华大学出版社，2003.

[18] 张宏远. 人员培训：理论、方法、实务[M]. 北京：人民邮电出版社，2017.

[19] 杨生斌. 培训[M]. 西安：西安交通大学出版社，2006.

[20] 郭京生. 人员培训[M]. 北京：北京交通大学出版社，2015.

[21] ROYER H. Theories of the transfer of learning. Educational Psychologist，1979(14)：53-69.

[22] 赵耀. 员工培训[M]. 北京：首都经济贸易大学出版社，2012.

[23] NAVY U S. Center for Personal Professional Development. Navy Instructional Theory

NAVEDTRA 14300A，Chapter 9 Course Materials. This article incorporates text from this source， which is in the public domain，2010.

[24] 王淑珍，王铜安. 现代人力资源培训[M]. 北京：清华大学出版社，2010.

[25] 金延平. 人员培训[M]. 大连：东北财经大学出版社，2013.

[26] 曲孝民，郗亚坤. 员工培训[M]. 大连：东北财经大学出版社，2016.

[27] 李前兵，周昌伟. 员工培训[M]. 南京：东南大学出版社，2013.

[28] 陈国海. 员工培训[M]. 北京：清华大学出版社，2012.

[29] 徐庆文，裴春霞. 培训[M]. 济南：山东人民出版社，2004.

[30] 张石森，欧阳云. 哈佛 MBA 培训与激励全书[M]. 2 版. 呼和浩特：远方出版社，2003.

[31] 张俊娟，韩伟静. 企业培训体系设计全案[M]. 北京：人民邮电出版社，2001.

[32] 华敏. 培训管理工具箱[M]. 2 版. 北京：机械工业出版社，2011.

[33] 丽莎·哈德菲尔德-罗. 训人有方：团队内训自助手册[M]. 北京：中国经济出版社，2002.

[34] 米奇·霍莉. 经理人员培训教程[M]. 北京：中国商业出版社，2002.

[35] 郭京生，张立兴，潘立. 人员培训实务手册[M]. 北京：机械工业出版社，2002.

[36] 曹传浩，郭雪. 企业培训评估机制的建立[J]. 人力资源管理，2011（8）：45-47.

[37] 杨光. 柯氏四级培训评估模式[J]. 企业改革与管理，2011（3）：60-61.

[38] 陈泓任. 公务员培训效果有效性分析：基于柯克柏里克四层次培训评估模型[J]. 当代经济，2013（8）：116-117.

[39] 孙永军. 企业培训效果评估分析[J]. 中国培训，2011（5）：45-46.

[40] 赵艳，马颖，徐王权，等. 国内培训效果评估模型的应用现状与思考[J]. 中国公共卫生管理，2014，30（6）：793-795.

[41] 高杰，范新. 基于多维度全流程的培训效果评估体系研究：以神华集团管理学院为案例[J]. 中国人力资源开发，2014（24）：38-43.

[42] 朱光辉. 人力资源培训效果评估中的问题与优化[J]. 人才资源开发，2014（2）：81-82.

[43] 李燕萍. 培训与发展[M]. 北京：北京大学出版社，2007 年.

[44] HALL D T. Careers in and out of organizations. Thousand Oaks，C.A.: Sage Publications，2002.

[45] HALL D T. The protean career：A quarter-century journey. Journal of Vocational Behavior，2004，65(1)：1-13.

[46] HALLl D T. Protean careers of the 21st century. Academy of Management Executive，1996，10(4)：8-16.

[47] BRISCOE J P，HALL D T，DEMYTH R F. Protean and boundaryless careers：An empirical exploration，Journal of Vocational Behavior，2006，69(1)：30-47.

[48] BURKE R J，PAGE K M，COOPER C L. Flourishing in life，work and careers：Individual wellbeing and career experiences，Edward Elgar Pub，2015.

[49] ARNOLD J. Career concepts in the 21st century. The Psychologist，2011，24(2)：106-109，.

后　记

　　从人力资源大国迈向人力资源强国，意味着从关注人力资源的数量到关注人力资源的质量。员工的能力与行为不仅具有天然禀赋，更重要的是后天的习得与规范，员工培训与开发成为各类企业人力资源管理的重要任务。随着科学技术的飞速发展及应用，不仅改变着我们的生活方式，也改变着我们的工作方式，新技术、新工艺、新工具、新模式等不断涌现与变化，使员工培训与开发不仅要顺应新时代的要求，而且还要成为提高员工创新能力的重要途径。

　　本书的框架结构由杜跃平提出，由团队成员共同讨论确定，分工编写。具体分工如下：杜跃平编写第一、二、五、八章；王林雪编写第三、四、六、七章；方雯编写第九、十章，王姣玥、王峥、李大玉、王超、周佳蕊、崔璞丹对本书的案例资料、培训游戏进行了收集和整理，全书最终由杜跃平、王林雪、方雯进行统稿、定稿。

　　本书在编写过程中，参阅和吸收了大量的国内外相关研究资料，也借鉴了员工培训与开发研究的新成果，尤其是在每章后增加了培训游戏，对相关人员的默默支持与理解表示真诚的感谢！感谢西安电子科技大学教材立项基金的支持！感谢西安电子科技大学出版社戚文艳为本书出版付出的辛勤劳动！

编　者
2020 年 4 月